城市公交企业信息化建设与管理

济南市公共交通总公司　编著

人民交通出版社股份有限公司
China Communications Press Co.,Ltd.

内 容 提 要

本书系统阐述了城市公交企业信息化的发展历程、规划方式、建设管理等相关理论与实践，同时还介绍了城市公交企业信息化建设相关的指标、制度和规范方面的内容。

本书可供城市公交企业信息系统的管理人员和专业人员阅读，也可供从事城市公共交通信息化建设及管理的工作人员参考。

图书在版编目(CIP)数据

城市公交企业信息化建设与管理 / 济南市公共交通总公司编著. —北京：人民交通出版社股份有限公司，2017.8

ISBN 978-7-114-14016-7

Ⅰ. ①城… Ⅱ. ①济… Ⅲ. ①城市交通运输—公共运输—交通运输企业—信息管理—中国 Ⅳ. ①F572.6

中国版本图书馆 CIP 数据核字(2017)第 170151 号

Chengshi Gongjiao Qiye Xinxihua Jianshe yu Guanli

书　　名：城市公交企业信息化建设与管理
著 作 者：济南市公共交通总公司
责任编辑：刘　博　杨丽改
出版发行：人民交通出版社股份有限公司
地　　址：(100011)北京市朝阳区安定门外外馆斜街 3 号
网　　址：http://www.ccpress.com.cn
销售电话：(010)59757973
总 经 销：人民交通出版社股份有限公司发行部
经　　销：各地新华书店
印　　刷：北京鑫正大印刷有限公司
开　　本：787 × 1092　1/16
印　　张：12.5
字　　数：290 千
版　　次：2017 年 8 月　第 1 版
印　　次：2017 年 8 月　第 1 次印刷
书　　号：ISBN 978-7-114-14016-7
定　　价：50.00 元
(有印刷、装订质量问题的图书由本公司负责调换)

编　委　会

编　写　组

主　　编：吴玉冰　王建辉

编写人员：（按姓氏笔画排序）

王逢宝　孙晶晶　巩丽媛　邱　洋　吴玉荣

武　勇　郭　娜　倪亚洲　綦忠平

序

FOREWORD

21 世纪是信息技术时代，信息化成为当代社会发展的主流。信息技术的应用已经遍及我们工作、学习和生活的各个角落，它给人们传统的思维方式、工作方式、生活方式带来了猛烈的冲击和震撼。信息技术正在成为人们生活的一个基本要素、一种生活的素养。以互联网技术为核心的信息技术已成为拓展人类能力的创造性工具，特别是“互联网+”发展的新业态，重塑了物联网、云计算、大数据等新一代信息技术的新形态。

信息化在社会各领域的应用和渗透日趋广泛，成为衡量企业核心竞争力的关键指标之一。具体到公共交通行业，城市公交企业组织结构分散，点多、线长、面广，流动分散、不易管理。受行业特殊性的影响，尤其是随着交通需求量的迅猛增加和道路交通拥堵压力的加大，利用现代信息技术、通信技术等手段和方式对传统公交系统进行改造与创新，可以较好地解决公交企业点多面广、分散管理难度大的问题，实现企业的精细化管理，充分发挥企业现有运力的效率，有效提高企业的运营管理能力，推动企业由劳动密集型向技术创新型企业转变，保证企业的健康持续稳定发展。另一方面，推行企业管理信息化，普及推广互联网和各种软硬件的应用，建立信息化的运营管理和服务平台，可以更好地满足广大乘客的出行需求，更好地履行公交企业社会责任。

随着信息化技术的飞速发展，公交企业信息化应用大有可为，应用前景非常广阔。摆在读者面前的这本《城市公交企业信息化建设与管理》，就是一项公交企业信息化建设与管理研究的新成果。本书由济南市公共交通总公司组织有关人员，依据国内外专家、学者的学术成果，参照国内公交企业在信息化建设和管理方面的做法及经验，结合公交企业信息化需求的特殊性，从理论和实践两个层面进行研究探讨和总结后编写完成的，其主要内容包括：公交企业信息化建设的规划，公交企业信息化项目建设的具体方法和步骤；企业信息化的管理、维护和企业信息化管理人才的培训等，本书还总结了信息化建设与管理应注意的问题，提出了公交企业的信息化管理标准框架和企业信息化建设的评价体系，并对公交企业信息化的未来需求进行了展望。

由于信息技术正处于深刻变化发展过程之中，也由于在公交企业这一层面研究尚属初创阶段，本书在一些方面还不够成熟，还有待于理论的进一步挖掘与实践的进一步推进。希望本书的出版，对于提高公交企业的信息化管理水平，深化公交企业信息化管理研究，推动企业信息化建设工作和信息化管理人才培训，能起积极的促进作用，也希望更多的专家学者高度关注和重视研究公交企业信息化建设与管理问题，共同推动中国城市公共交通企业信息化理论与实践的进一步发展。

济南市公共交通总公司党委书记、总经理

2017 年 5 月 11 日

目录
CONTENTS

第一章 绪　　论

第一节 企业信息化相关背景知识

一、信息化相关知识

在当今社会,信息已经成为人们工作、学习和生活中不可或缺的组成部分。电子信息技术的持续快速发展,引发了世界范围内的信息技术、信息产业、信息服务的革命,特别是自20世纪90年代初以来的Internet普及应用,促进了整个社会信息化应用的爆发式发展。

(一)信息化的概念

1963年,日本学者梅棹忠夫发表了一篇《论信息产业》的文章,在世界范围内第一次使用"信息产业"概念。梅棹忠夫在《信息产业论》一书中描绘了"信息革命"和"信息化社会"的前景,预见到信息科技的发展和应用将会引起一场全面的社会变革,并将人类社会推入"信息化社会"。经过几十年的发展,信息化的概念在全球已经得到了广泛的认同和使用。

目前,专家学者们对信息化一词尚没有一个权威性的定义。1998年,联合国教科文组织出版的《 知识社会 》一 书中对信息化的描述为:"信息化既是一个技术的进程,又是一个社会的进程 。它要求在产品或服务的生产过程中实现管理流程、组织机构、生产技能以及生产工具的变革。"

我国在1997年召开了首届全国信息化工作会议。会议将信息化定义为:"信息化是指培育、发展以智能化工具为代表的新的生产力并使之造福于社会的历史过程。"信息化不仅仅是一个技术发展的过程,同时还是一个社会进步的过程,而智能化生产工具与过去生产力中的生产工具不同的是,它不是一件孤立分散的东西,而是一个具有庞大规模的、自上而下的、有组织的信息网络体系。信息化不仅仅具有生产力(生产技能与生产工具)发展的内涵,信息化还包含着生产关系(管理流程和组织机构)的变革。

首届全国信息化工作会议定义的国家信息化是:"在国家统一规划和组织下,在农业、工业、科技、国防及社会生活各个方面应用现代信息技术,深入开发广泛利用信息资源,加速实现国家现代化进程。"确定国家信息化体系的六要素为:"开发利用信息资源,建设国家信息网络，推进信息技术应用，发展信息技术和产业，培育信息化人才，制定和完善信息化政策。”

（二）信息技术及其发展历程

1. 信息技术

信息技术（Information Technology，简称 IT），是主要用于管理和处理信息所采用的各种技术的总称。一切与信息的获取、加工、表达、交流、管理和评价等有关的技术都可以称之为信息技术。

2. 信息技术的发展历程

人类进行信息处理的历史已很悠久，按照某些历史学家的观点，信息处理技术的发展在漫长的历史长河中经历了五次革命。

第一次信息技术的革命是语言的使用。早在远古时期，人们就通过简单的语言、壁画等方式交换信息。信息在人脑中存储并加工，利用声波等进行传递。

第二次信息技术革命是文字的发明和使用。大约在公元前 3500 年，人类社会出现了文字。文字的发明、使用使人类信息的存储与传递超越了时间和空间的局限。

第三次信息技术革命是印刷术的发明。印刷术和造纸术的发明和应用，使得信息可以大量地生产、存储和流通，进一步扩大了信息交流的范围。

第四次信息革命是电报、电话、广播、电视的发明和普及应用。19 世纪中叶，电报、电话发明并开始应用，使人类进入了以电信号作为信息的载体、利用电子技术进行信息处理的时代。20 世纪初，由于电磁波的发现，广播和电视的发明和应用，使信息传递的效率和手段再一次发生了质的飞跃。

第五次信息革命是电子计算机和现代通信技术的发明和应用。1946 年，世界上第一台电子计算机埃尼阿克（eniac）在美国宾夕法尼亚大学问世，预示着计算机时代的到来。计算机应用技术的进步和发展，使人类对信息处理和传递的速度得到惊人的提升，同时极大地推动了信息产业的发展。1971 年，英特尔公司生产的世界上第一个微处理器芯片 4004 问世，标志着人类进入了微电子技术时代。20 世纪 80 年代，随着多媒体技术的兴起，计算机具备了综合处理文字、声音、图像等各种形式信息的能力，其对信息处理的品质和方便，受到广泛的认可，使信息技术日益成为生产、管理、生活等必不可少的工具。随着网络技术迅速发展，网络的通信介质从普通的导线发展到光纤、光缆乃至无线，使信息的存储和传输更加便捷。如 20 世纪 90 年代以来，随着 Internet 商用化，互联网应用技术迅速普及，仅中国的网民人数（截至 2013 年年底）就达到 6.32 亿，互联网普及率为 46.9%，手机网民用户规模达 5.27 亿。如今互联网已经深入到人们工作生活的各个方面，人们通过电子邮件、短信、微博、微信、浏览器等各种方式进行信息的传递和共享。可以说，第五次信息技术革命引领世界进入了信息时代。

二、企业信息化

（一）企业信息化概念及内涵

当代许多成功发展的企业都离不开信息技术的成功应用。通过使用信息技术和采用信息化手段，使企业能够更加有效地开发利用企业的资源，不断地提升企业的管理效率，有效提升了企业生存能力和市场竞争力。信息技术以其发展的快速性、广泛的渗透性、使用的便捷性等特点，不断创造出大量信息化产品以及卓有成效的信息化应用成果，使得企业对信息化工作越来越重视。

1. 企业信息化概念

企业信息化是指企业在对业务流程的优化和重构的基础上，利用计算机技术、网络技术和数据库技术，对企业生产经营活动中的各种信息进行控制、挖掘和集成化管理，实现企业内外部信息的共享和有效利用，不断提高生产、经营、管理和决策的效率及水平，以提高企业的经济效益和市场竞争力的过程。

总体来看，信息技术在企业的应用，从布局上是一个由无到有、由点到面逐步发展的过程；在时间上是经由若干个阶段逐步推进的过程，是由战术层次到战略层次逐步提升的过程。

2. 企业信息化的内涵

(1)企业信息化的战略内涵。

企业信息化建设的实质在于增强企业核心竞争力。随着企业信息化建设从局部、无序状态向整体、有序状态转变，从需求导向向规划导向转变，从业务手段向战略手段转变，信息化已经成为企业战略管理的重要内容，并与企业财务战略、经营战略等共同构成了企业战略规划的核心内容。

(2)企业信息化的管理内涵。

企业信息化建设的目的是实现信息技术与企业管理的融合，通过信息技术对企业生产、管理各环节的渗透和融合，完成对企业管理的创新。企业的信息化系统蕴含着先进的管理思想和理念，这必然促进企业进行一系列变革，包含对企业管理模式、管理理念的更新，对企业组织结构的调整，对企业业务流程的梳理、优化或再造等，这都是企业信息化管理内涵的具体体现。

(3)企业信息化的技术内涵。

企业信息化是通过利用信息技术对企业的生产过程、管理活动进行全面改造和提升，如利用信息技术对数据的采集、传输、处理，加工成企业生产经营各个生产环节所需要的信息；按照各管理系统的需求，使用信息技术自动完成数据分析并生成反映企业生产现状、生产控制管理和决策的各类信息等。整个流程充分体现了信息技术对生产和管理活动的支撑。

(4)企业信息化的过程内涵。

企业信息化是根据企业的经营发展水平、信息技术发展水平(包括社会信息化水平)和社会经济发展的水平不断提升发展的过程，不能一蹴而就。主要体现在两个方面：

①技术上从单机应用、局域网集成应用到互联网应用，并向更深更广范围发展经历了若干发展阶段。

②应用上从初级应用、中级应用到高级应用，其每个过程都需要一定的时间。

企业信息化的发展速度和水平与企业的人员素质、企业实力以及企业的外部环境等也有一个逐步适应和发展的过程。因此，企业信息化体现了事物发展的一般规律，即有一个由低而高、循序渐进的过程。

(二)企业信息化的发展的相关理论

企业信息化是一项复杂的系统工程,一般都要历经从初级阶段到高级阶段逐步发展的过程。对此,企业信息化理论界专家对其发展规律有多种总结和论述,其中比较有影响的是“诺兰模型”和“米歇模型”。

1. 诺兰模型

美国管理信息系统专家诺兰(Richard L. Nolan)通过对200多个公司、部门发展信息系统的情况进行考察总结,于1973年提出了著名的信息系统进化的阶段模型,即诺兰模型。并于1979年进一步完善。

诺兰将企业信息系统的发展划分以下六个阶段:

第一阶段:起步。

第二阶段:扩展。随着应用开发的扩展呈现快速增长态势。

第三阶段:控制。因加强控制改造,应用发展相对缓慢。

第四阶段:集成。基于主题数据库的应用,应用开发再度加快。

第五阶段:数据管理。进一步加强集成,应用发展再度趋缓。

第六阶段:成熟。数据处理发展基本适应企业的发展。

诺兰模型是诺兰对企业信息化技术应用发展历程的总结,如图1-1曲线所示,呈波浪式上升发展过程。深入理解这条曲线,将有助于企业、部门更有效地管理这段进化过程。

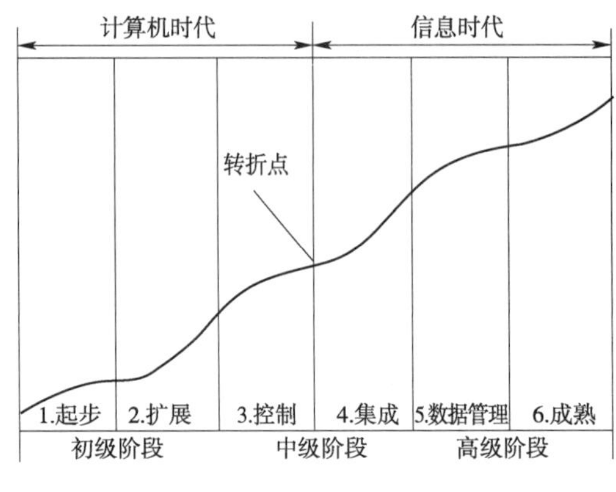

图1-1 诺兰模型

诺兰模型总结了发达国家信息系统发展的经验和规律。企业在确定开发建设信息系统策略或者在制定信息系统规划的时候,可以比照曲线的不同阶段明确本单位当前处于哪一阶段,进而根据该阶段特征来指导信息化建设。

需要说明的是,诺兰模型是根据发达国家企业20多年信息化发展历程总结出来的,在这一过程中,企业历经的信息化发展的每个阶段,是与当时的信息技术的水平相对应的。现在,我们在使用诺兰模型审视企业的信息化发展时,应当从当前的信息技术发展水平入手,跨越技术上的某些发展阶段,结合企业的信息化应用现状,准确定位企业所处的信息化发展阶段。

2. 米歇模型

米歇模型将企业综合信息技术的应用划分为四个阶段(图1-2),每个阶段都有其特定的特征,这些特征不仅涉及数据处理工作的增长和应用,而且涉及IT文化的建设、IT理念的培育、信息技术应用水平和企业员工的素质以及信息技术服务的及时性和满意度。米歇模型在诺兰模型的基础上建立并有所发展,同时米歇模型更好地反映了当代信息技术发展的新特征,这些特征包括技术、应用、数据、IT文化以及全员素质等。分析米歇模型我们可以看到,在信息技术发展的每个阶段,企业的信息技术状况、应用和集成的程度、数据的处理能力、技术与企业文化的融入度以及企业员工的整体素质和对信息技术理解的深度等，都对企业的信息化应用水平有着直接的影响。更重要的是，米歇模型强调了信息技术发展水平与企业 IT 文化以及企业员工素质之间的关系，即企业的信息技术发展水平越高，对企业 IT 文化和员工的素质的要求就越高。因此，企业在进行信息化规划和建设时，对于企业员工素质的培养必须予以高度重视。

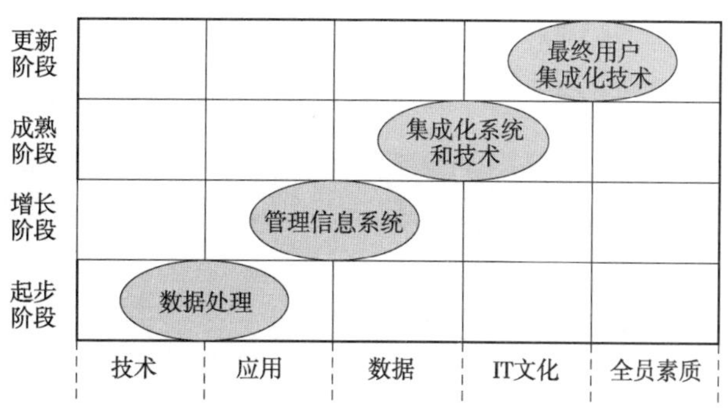

图 1-2　企业综合信息技术应用发展的米歇模型

米歇模型从更多角度综合考察分析了企业信息化的发展状况，可以帮助企业更加明确自身信息化建设目前处于哪个阶段，找出存在的问题，为企业信息化的发展和建设提供依据。

（三）我国企业信息化应用发展

根据我国企业应用信息技术的情况，以及企业开发和利用信息资源的程度，一般将我国企业信息化的发展分为以下四个阶段。

（1）单机应用阶段。以单一系统独立应用为主要特点，即使用单独的计算机，采用相应的计算机软件，进行工艺设计、管理报表处理和日常办公活动等方面的简单应用。例如：企业利用计算机辅助设计（Computer Aided Design，简称 CAD）功能来进行产品设计，运用计算机技术解决企业财务和企业管理某些方面的需求。但这些应用仅限于企业内部的某些管理部门，且其使用的信息都是静态和孤立的，使用功能模块仅限于数据的计算、存储、查询等。这一阶段，计算机的使用主要解决的是企业部分业务的烦琐计算、重复操作等问题，但也有一小部分企业开始尝试运用计算机技术进行产品和工艺的设计。

（2）局域网应用阶段，也可称为关键业务应用阶段。随着局域网技术的成熟，企业开始应用网络技术来实现企业内部跨部门的计算机应用，建立了业务部门级的应用数据库，实现了主要业务部门之间的信息共享。这一阶段，企业信息化应用主要集中在财务管理、资金管理、产品研发与营销管理、物料供应管理等企业主要业务领域，显著提高了企业的管理水平和生产效率。

（3）企业范围内集成应用阶段，也可称为扩展整合及优化升级应用阶段。这一阶段，企业开始进一步统一和整合信息资源，扩展信息资源的共享范围，在网络数据库的支持下，形成资源共享的内部网络系统，将原有的独立子系统整合成为覆盖整个企业范围的信息系统，解决了企业关键业务信息系统未集成的问题。其典型的应用包括：全程供应链应用、客户关系管理（CRM）、产品生命周期管理（PLM）、电子商务、企业信息资源计划（ERP）等，企业的经营管理水平得以进一步提升。

(4)跨企业的集成应用阶段,也是企业信息化的战略应用阶段。互联网的出现和快速发展,为企业信息化发展提升提供了新机遇。企业通过使用(引进)互联网技术,彻底突破了局域网原有的局限,将信息化应用扩展到供应链的上下游以及企业经营所涉及的全部外部环境,使企业可以从战略层面去组织生产、谋划发展。如:许多企业通过采用商务智能技术、引进全面绩效管理体系、建立随需而变的架构及机制等举措,其战略思想得以全面贯彻与实施。

第二节　公交企业信息化发展历程

一、公交企业信息化的建设历程

(一)20 世纪 80 年代

20 世纪 80 年代末,随着改革开放和电子信息技术的发展,微型计算机的应用逐步向企业普及,公交企业开始关注计算机在企业的应用。早期的计算机应用主要是以单机的方式,由信息技术人员根据企业的某些业务需求,开发企业管理报表等程序,供部门管理人员使用,如工资表、统计报表、统计数据分析、统计预测、营运管理、乘客信息处理等单功能业务。如济南市公共交通总公司(以下简称济南公交)1987 第一台电子计算机投入使用,1989 年完成了济南市公交车随车客流调查约 20 万条数据的处理。20 世纪 80 年代初,济南公交还曾经进行过计算机技术应用于公交车辆运行调度方面的研究。

(二)20 世纪 90 年代

进入 20 世纪 90 年代,公交企业在计算机单项应用的基础上,在计算机网络化应用方面不断进行新的探索与实践,使信息技术在企业生产和管理中的作用逐步显现。

20 世纪 90 年代,公交企业开始实施无人售票运营模式,智能 IC 卡技术在公交电子支付方面的应用,成为公交企业信息化应用关注的重点。许多公交企业开始对 IC 卡电子车票的技术发展以及应用效果进行研究和探索,拟通过电子技术解决在实施无人售票运营模式中,付费找零不便等问题。杭州、广州、深圳和珠海等城市公交企业是最早进行 IC 卡电子车票应用的城市。1994 年,杭州市公共交通总公司成功发行国内第一张接触式公交 IC 卡,并开始在线路上试用。随后广州、珠海也开始了更加广泛的应用尝试。1996 年,深圳成为我国第一个全面推行非接触式公交 IC 卡的城市。此后,上海、柳州、济南、南宁等城市开始全面推行使用公交 IC 卡。

公交 IC 卡的应用,有效地解决了城市公交企业售票“找零难”等问题,助推了公交企业“无人售票”运行模式的成功实施,削减了人工售票的成本,减少了点钞环节的人工投入,杜绝了假冒月票,减少了公交企业的监管成本,大大方便了乘客,实现了公交企业经营成本的大幅度下降和运行效率的有效提升,同时为公交企业提供了更准确的客流和票收数据。

公交 IC 卡在公交企业的成功实施,成为公交企业信息化建设的突破口,带动了公交企业信息化在其他业务方面的开展。如:20 世纪 90 年代中期,北京、上海、杭州和青岛等地公交企业探索公交车辆 GPS 车载设备的应用,开始尝试采用信息技术手段解决运营生产过程中的监管和监控等问题。

(三)21 世纪以来

21 世纪以来,大力推进国民经济和社会信息化建设,已成为我国推进现代化建设全局的战略举措。2001 年《中国智能交通系统体系框架》一书正式出版。城市公共交通的规划、运营和信息服务等内容成为框架体系中的重要组成部分。

“十五”期间,科技部批复的国家科技攻关重大项目——“智能交通系统关键技术开发和示范工程”正式实施,北京、上海、天津、重庆、广州、深圳、中山、济南、青岛和杭州成为首批智能交通应用示范工程试点城市。

2005 年 9 月,国务院办公厅转发建设部等部门《关于优先发展城市公共交通意见的通知》,明确了城市公共交通在城市发展中的地位,同时提出“推动智能公共交通系统发展。要积极利用高新技术,改造传统的公共交通系统,以信息化为基础,促进乘客、车辆、场站设施以及交通环境等要素之间的良性互动,推动智能公共交通系统建设。推广建设公共交通线路运行显示系统、多媒体综合查询系统、乘客服务信息系统,使广大乘客能够方便了解公共交通信息,合理安排出行。充分运用信息技术,建立电脑营运管理系统和连接各停车场站的智能终端信息网络,加强对运营车辆的指挥调度,提高运营效率”。

2011 年 4 月,交通运输部发布的《交通运输部“十二五”发展规划》(以下简称《规划》),对“十二五”期间城市信息化建设提出了明确的发展目标和要求。《规划》指出:“十二五”时期,要推进交通信息化建设,大力发展智能交通,提升交通运输的现代化水平。要重点开展城市智能交通关键技术的专项研发,包括:重点研发智能车载终端设备、公共交通信息采集监测与服务、运营监管和应急保障等关键技术,显著提高城市交通运营管理与服务水平。为落实《规划》内容,交通运输部还开展了城市公共交通智能化示范工程。

各地城市公交企业根据各自情况,积极推进信息化的建设,业务应用系统逐步增加,应用范围逐步扩展。其典型应用主要有以下方面。

1. 公交 IC 卡应用

城市公交 IC 卡的应用进一步普及。以北京、上海、广州为代表的部分城市开发面向其他服务领域的“一卡通”或一卡多用。部分城市还推出了网上充值、网上信息查询,公交乘车手机支付、银行卡支付等服务方式。广东、福建、天津等省市通过与银行进行合作,开始发行金融 IC 卡。IC 卡的拓展应用,使公交的信息化服务进一步延伸,助推了城市信息化的发展。

IC 卡还广泛应用于员工工作考勤、加油领料、材料管理以及场站保卫等,成为提升企业运营生产和办公管理效率的有效工具。IC 卡的广泛应用带来了大量的采集信息,这些信息成为企业用于客流分析和企业经营分析的动态信息来源。随着大数据处理技术的普及应用,这些信息还可以发挥更多的作用。

在 IC 应用技术发展方面,全国许多城市已经完成了公交逻辑加密卡向 CPU 卡系统的升级改造,提升了系统的安全性,公交 IC 卡的使用功能得到进一步拓展。

2. 公交智能化调度

公交智能调度系统采用 GPS(全球定位系统)或北斗定位技术、无线传输技术(GPRS、

3G、4G)、GIS(地理信息系统)技术,以电子地图为载体,通过对公交车辆、客流和道路信息的采集、传输和处理,实现对公交运营车辆的实时监控和科学的调度,以此提高运营车辆的使用效率。线路驾驶员可以通过车载系统及时获取调度中心的各种指令;遇到意外情况可以与调度员进行互动;同时车载系统可以按照系统的要求自动进行线路的预报站、报站等适时的语音服务。智能调度系统通过网络,建立了调度员与驾驶员实时的联系,形成调度员与驾驶员相互协作共同完成线路运营的工作模式。

智能调度系统的应用显著提高了车辆的利用率,保障了线路运行秩序,公交的服务质量明显上升。系统实时采集的数据经过后台的处理,自动生成统计报表,取代了烦琐的人工操作,提升了管理效率。

3. 公交安全监控

随着我国安防产业迅速发展,利用信息技术手段进行安防管理已经成为企业不可或缺的手段。公交企业通过信息化解决企业的安全管理主要包括车厢监控、场站监控、站台监控以及电子巡更等方面。

公交车厢监控是在运行的公交车辆上安装车载监控系统,车载监控系统通过车载 DVR 主机、摄像机、拾音器和紧急报警装置,进行视音频和 GPS 信息采集、存储,并通过 DVR 主机内置无线模块(3G/4G)传输至调度中心。

公交车厢监控系统的应用效果非常显著,主要体现在:实时监控线路车辆的运行秩序和满载情况;公交管理和服务的视频取证;特殊情况下的紧急报警和远程指挥。另外,视频的实时采集还起到了“电子警察”的作用。据某城市公安局一个阶段的数据统计,3G 监控系统的应用,使公交的扒窃案件同比下降了 30%。车厢监控已经成为公交安全管理的重要组成部分。

公交场站监控。主要用于对公交场站、场站金库以及企业其他重点区域的监控管理。场站监控一般是根据需要在固定的地点安装监控设备,利用有线网络连接到网络平台进行统一监控管理,配合电子围栏报警系统,有效地震慑和制止异常情况的发生。

公交站台监控。主要用于公交站台秩序、站台上下客情况以及客流情况的监控。另外,站台监控的数据,还可以作为公交企业掌握线路运营状况的具体资料,为科学合理地制订行车作业计划提供依据。

电子巡更系统是管理巡检人员工作的管理系统,主要功能是对公交场站、办公区域和重点部位巡检人员的工作,通过信息化手段实现计划发送、执行、统计等全程管理。

巡更管理系统实现了对公交场站等区域夜间安全巡查工作的实时监控和管理,调度值班人员可随时掌握各场站的巡查情况,对巡更工作质量实时监督,对出现异常情况或遇到突发事件及时进行有效处置。巡更管理系统实现了停车场站的集约化的管理,调度中心的值班人员可以监管企业全部有关场所的安保情况,随时与各个场所进行互动,显著提高了安保管理效率。

4. 乘客信息服务

乘客信息服务系统是公交企业为乘客提供公交服务信息的系统。其服务内容和形式表现在以下方面:从信息的分类上,可分为公交常规的静态信息服务和公交实时的动态信息服务;从乘客出行的角度看,可以分为乘客出行前的和出行过程中的信息服务,具体体现在互联网上的公交信息服务、公交站台的信息服务以及公交车厢的信息服务；从信息服务的载体可分为移动终端、电脑终端、公交热线、广播以及各种信息发布屏（包括触摸屏、电子站牌）等信息服务。随着公交企业的信息化建设内容的逐步扩展，采集的信息愈加全面，为乘客提供的服务信息也越来越丰富，乘客信息服务的方式也开始向多元化发展。近几年，公交企业发布的公交线路实时的动态信息，成为乘客乘车关注度最高的公交服务信息，而以手机终端为载体的动态来车信息服务系统，成为最受乘客欢迎的服务形式。

信息服务的内容还包括公交 IC 卡的服务信息，例如网上消费查询、网上充值服务也成为近几年公交企业为乘客提供信息化服务的重点建设内容之一。同时，在公交信息服务的基础上，各地公交企业也在逐步深化和延伸为乘客的信息化服务，依托服务信息系统平台，与乘车服务相关的生活信息服务业发展迅速，为乘客带来了更加便利和周到的服务。

5. 企业平台建设

“十一五”到“十二五”期间，各地公交企业积极探索并进行企业信息化的实践。大部分企业建设了以关键业务为主的信息系统和围绕企业运营的管理系统，使用效果明显，成为企业日常生产、办公不可或缺的企业运营模式。例如公交 IC 卡电子车票系统、智能调度系统、公交视频监控系统、后方保障系统、企业办公系统、乘客信息查询系统等。这些系统的应用已覆盖到企业管理和生产运营的各个层面，其应用已经逐步成熟。在此基础上，很多企业建立了信息化管理平台等综合业务平台，业务信息系统的应用开始趋向集成统一和综合应用，进一步促进了公交企业由传统管理模式向现代化管理的转变，使公交企业逐步进入信息化管理的发展阶段。

6. 公交 ERP 管理

ERP 是当今国际上一流企业普遍实施的一种企业信息化管理模式。其主要思路是把企业的物流、人流、资金流、信息流统一起来进行管理，以求最大限度地利用企业现有资源，实现企业经济效益的最大化。

ERP 最早应用于制造企业。在服务行业，沃尔玛、苏宁等企业是成功应用 ERP 的典型代表。公交 ERP 是指能够满足公交企业全面信息化集成管理的系统组件，ERP 通过纵向整合，加快了企业决策层、管理层到操作层面的信息传递，促进了企业组织的“扁平化”变革；ERP 通过横向整合，实现了公交企业管理、生产运营、公交服务、安全管理、后方保障等各个管理部门的数据交互，使企业的信息化管理按照统一标准、高效沟通、资源共享的协同管理模式开展工作。目前，国内一些公交企业正在建设或着手建设公交企业 ERP 系统，有些企业已经取得良好的效果，例如郑州、柳州等地的公交企业。

但公交企业 ERP 目前还处于初级应用阶段，其建设水平和应用深度除了受主客观条件限制外，还与企业对信息化认识的深度和要求有很大关系。

7. 信息化基础设施和基础管理

进入 21 世纪，公交企业的信息化基础设施发展迅速，许多企业进行了企业机房、企业级数据库和企业网络的建设，使企业信息化应用向高水平、系统化、专业化发展。许多企业建设了信息化指挥中心和多媒体视频会议系统等，显著提升了企业信息化管理的装备水平。

绝大多数公交企业已经建立了信息化管理部门，建立起一支企业信息化专业人才队伍，并逐步建立健全了信息管理制度和管理标准，为企业信息化向纵深发展打下了良好的基础。

二、公交企业信息化发展存在的问题

公交企业的信息化应用环境较复杂，对信息系统建设的要求较高，随着企业信息化的推进，公交企业仍然面临许多信息化发展过程中的问题。归纳起来主要有以下几个方面。

（一）系统集成和信息共享存在的问题

许多公交企业在前期已经完成多项基础系统的建设并成功应用，在企业运营和生产中发挥着重要的作用，但随着企业信息化推进的深入，企业对各业务系统的综合应用的需求逐步显现，企业面临系统之间的标准化的集成和整合、老系统的升级以及不同系统之间的融合应用的问题。

（二）企业信息资源规划存在的问题

由于早期信息系统的建设，主要是按照业务分类进行的，造成了企业信息系统之间存在很多信息互不流通的信息“孤岛”和“烟囱”。随着大数据时代的来临，企业对各系统采集的海量数据进行综合分析应用愈加关注。如何对企业的信息资源进行规划和有效利用，实现企业信息资源的共享，是企业信息化进一步深化必须解决的问题。企业资源规划一方面可以解决企业信息资源的再利用问题，同时还可以解决一部分系统集成的问题。

（三）企业 IT 文化建设滞后的问题

许多企业信息系统上线运行后，企业的业务流程得到了优化，工作岗位的操作大大简化，但整体使用并没有达到预期的效果。分析其主要原因是企业的 IT 文化滞后，主要体现在：

（1）企业的岗位职责、工作标准、管理制度以及绩效考核办法，与信息化管理的工作标准不能匹配，在新系统上线运行后，企业继续按照传统方式进行管理，信息系统运行的要求达不到标准，信息化的高效管理难以发挥作用。

（2）企业的培训不到位，体现在两个方面，一是思想观念没有转变，二是技能培训不能满足信息化应用要求，造成在信息化推进过程中，态度消极，操作不到位。

（四）企业信息化与业务战略匹配存在的问题

早期的公交企业信息化建设，企业对其的定位多集中在如何提升企业关键业务的工作效率，以单系统为框架，需求范围是局部的，应用领域是按业务分类划分的。随着企业的发展，企业管理已提升到战略发展的层面，企业信息化与企业战略的匹配的问题列入了企业信息化规划。企业的信息化不仅要在企业战略目标的指引下，完成企业目标，还要担负提升企业总体管理能力和水平的双重任务。企业的信息化战略与企业战略匹配的问题已成为企业未来发展的重要课题。

（五）企业组织管理存在的问题

企业信息系统的应用，加快了组织之间的信息传递，实现了信息共享，为企业管理的扁平化奠定了基础。但有些企业对信息化的理解仍然停留在利用信息化解决日常业务的阶段,还没有从管理的层面解决好与企业信息化管理配套的组织建设问题。公交企业还需要进一步转变观念,从优化企业流程的角度去思考企业的组织应如何匹配信息化的管理,而不是使信息化迁就企业现行管理组织。

(六)企业 IT 管理存在的问题

在信息系统生命周期中,系统的运行是系统生命周期的主要阶段,系统运行的效果与系统日常的维护管理有很大的关系。但在某些企业信息化建设过程中,存在着重建设轻管理的情况,造成系统上线运行不久,就开始不断出现问题,并引发对系统建设质量和作用的质疑和误解。因此,当企业的系统建设完成后,企业必须高度重视,做好系统的维护工作,以保证系统的正常运行。

总之,公交企业信息化对提升公交服务水平、提高企业的管理效率和管理效益有重大的作用,因此,企业需要不断转换观念,进一步深刻理解企业信息化的内涵和意义,正确认识企业信息化的发展规律,准确把握企业信息化所处的发展阶段和主要特征,正视企业信息化建设过程中存在的问题,采取与之相适应的工作方针和实施策略,推进企业的信息化建设不断向纵深发展。

第二章　公交企业信息化规划

第一节　公交企业信息化战略规划

一、公交企业信息化战略规划及意义

(一)企业战略规划和企业信息化战略规划

1. 企业战略规划

企业战略规划是指企业依据外部环境和自身条件的状况及其变化,对企业发展方向、发展路线、发展策略以及方式方法等进行的全局性的筹划。企业战略规划不是一成不变的,其一,要随着企业发展条件及外部环境的变化及时进行调整;其二,要根据实施过程中反馈出的问题及时进行调整。

企业无论大小,在它的发展中都有战略规划,只是有些企业的战略规划是明晰的、成体系的,而有些企业的战略规划可能比较模糊,甚至仅存在于企业领导的脑海或者潜意识中。

2. 企业信息化战略规划

企业信息化战略规划是指以整个企业的战略规划和业务需求为基础,吸纳行业内外信息化方面成功实践的经验以及对信息技术发展趋势的掌握,确定企业信息化建设的远景、使命、目标和阶段性任务,规划出企业信息化建设的架构。该架构主要包括企业信息化总体架构(企业信息化业务架构、企业信息化应用架构、企业信息化数据架构、企业信息化技术架构)、企业信息化安全架构、企业信息化组织架构、企业信息化文化架构等,为信息化建设的实施提供一副较为完整的蓝图,全面系统地指导企业信息化建设的进程。简而言之,企业信息化战略是以企业发展战略规划为依据而制订的企业信息化建设总体计划。

(二)公交企业信息化战略规划

公交企业信息化战略规划是指公交企业根据公交经营发展的特点、战略规划和业务需求,采用现代化信息技术,作出的企业信息化建设谋划。由于公交企业具有与其他企业不同的特点,公交企业在制订信息化战略规划中应综合考虑以下几个方面。

1. 充分考虑公交企业的社会公益性属性

公交企业的社会公益性是指公交企业的运营和管理活动不以盈利最大化为目标，而更加注重社会效益。公交企业的社会公益性不仅体现在为广大群众提供安全、方便、舒适、快捷、经济的出行服务，最大限度地满足乘客出行需求，降低乘客出行成本上，而且体现在促进城市交通资源和其他资源的有效利用、缓解城市交通拥堵、节约能源、减少环境污染等方面。所以公交企业信息化战略规划应全面体现社会公益性属性，将安全可靠、方便周到、经济舒适和节能环保等纳入信息化战略规划。

2. 充分考虑公交企业的社会化属性

公共交通是城市客运交通的主体，在运营生产过程中与社会各界以及广大乘坐者都有着密切的联系，具有很强的社会化属性。公交企业信息化战略规划应充分考虑城市经济社会发展水平，充分考虑当地信息化、智能化水平以及使用者的应用水平，保证公交企业信息系统与行业及社会相关部分系统的有效衔接，使广大乘客能够便利地接受公交企业提供的信息化服务。

3. 充分考虑公交系统运行的复杂性

城市公共交通系统是人、车、路、网和运营组织相互作用的综合系统，并与城市相关公共设施和系统组成动态的、开放的、复杂的运行系统，具有多变量、多目标、多层次和多属性等特点。公交企业在信息化规划中，需充分考虑利用信息技术手段来提升应对各种复杂情况下运营服务的能力和管控能力，同时，公交信息化系统还应具备与城市交通管理系统功能融合以及协同配合的能力，以应对各类复杂的运营环境和突发事件。

4. 充分考虑公共交通运营方式的特点

公交企业有着点多面广、高度分散和流动作业的运营特点，对网络化管理有迫切的需求。例如由于公交各条线路的客流经常发生变化，这就要求公交企业运用信息技术对线路的运营组织作出科学的策划和调度。还有，如何控制运行高峰期间的满载率，平、低峰期间如何科学合理地安排运力，如何科学调整和规划公交线路，如何使公交企业在提高社会效益的同时对运营成本进行更有效的控制等，都对信息系统的规划设计提出了特定的要求。

（三）公交企业信息化战略规划的意义

1. 公交企业信息化战略规划是公交企业战略规划的组成部分

公交企业信息化战略规划是为满足企业经营发展的需要，由企业高层领导、信息技术专家、信息系统用户，根据企业的战略目标，对企业的信息化建设进行的统一规划和设计，包括信息化建设远景与使命、主要目标的确立、关键技术的采用、相关实施策略和规范的制定等内容。公交企业信息化战略规划是企业信息系统建设在较长时期内必须遵循的依据，是企业整体发展战略的重要组成部分，是企业战略目标实现的有效途径。

2. 公交企业信息化战略规划是公交企业信息化建设的蓝图

公交企业信息化战略规划确定了公交企业信息化建设的总体架构和实施策略，使企业领导、工程技术人员、业务人员及全体员工对信息化建设的内容（包括目标任务、实施策略、规范标准等）一目了然。公交企业可以按照规划对每个战略阶段的内容提前进行准备，认真组织实施，为信息化建设提供思想保障、组织保障、人员保障、资金保障和制度保障。

3. 公交企业信息化战略规划是实现公交企业信息资源有效利用的基础

公交企业信息化战略规划采取统一规划、分步实施的战略，按照标准规范搭建起公交企业信息资源有效利用的平台，从而减少和避免“信息孤岛”现象，实现信息的充分共享，有效提升企业信息资源的利用率，进而促进企业经营管理水平和效益的提升。

二、公交企业信息化战略规划制订的原则

（一）公交企业信息化战略规划要与企业发展战略规划保持一致

如前所述，公交企业信息化战略规划是企业发展战略规划的有机组成部分，所以公交企业信息化战略规划与企业发展战略规划的一致性是信息化建设成功的关键。信息化战略规划应纳入企业的发展战略规划，要与企业的业务需求和经营发展充分结合。只有这样，公交企业的信息化建设才能健康发展，企业发展的各项战略目标才能如期实现。

这里要注意的是，在强调公交企业信息化战略规划要与企业发展战略规划保持一致时，前提条件是企业的发展战略规划必须是正确的、科学的、可行的，如果公交企业的战略规划已经不适合现实需要，那就需要适时修订。

（二）公交企业信息化战略规划要满足企业经营发展的需要

公交企业信息化战略规划要从企业发展的需要出发，要根据企业的内外发展环境和现状以及企业的经济能力，作出科学的、近远期目标相互衔接的谋划，并确定各阶段推进实施的目标和策略。首先要满足企业业务尤其是企业关键业务和主要业务对信息系统的需求，同时综合考虑改善企业管理、提高经营水平和运行效率等方面的需求，以达到全面提升企业竞争力的目标。

（三）公交企业信息化战略规划要具有前瞻性和可持续性

信息技术的日新月异使得信息化建设不断面临新形势和新课题，这就要求公交企业信息化战略规划必须具备一定的前瞻性。另外，公交企业信息化战略规划还要立足长远未来，具备可持续性。在制订规划时，要注意各阶段规划之间的相互衔接，以保证信息化建设健康有序的发展。在信息化战略规划和建设中，还要注意各信息系统的可拓展性，使其具备灵活开放的接口，能根据时势的变化进行拓展和调整。

（四）公交企业信息化战略规划要具备创新能力和公交特色

制订公交企业信息化战略规划，要根据城市公交企业的信息化环境和现状，因地制宜，突出城市公共交通的特色和创新。要结合公交企业运营环境复杂、高度分散和开放流动的特点，在转变管理理念、变革管理组织、转换管理模式、优化业务流程、创新管理手段等方面努力探索创新，使公交企业管理逐步完成向科学化管理方式的转变。

此外，在制订信息化战略规划时，还要做好信息系统安全风险的评估和防范工作，以确保信息系统运行的安全性和稳定性，以及业务系统的可靠性和可用性。在信息化战略规划实施过程中，还应做好规划的适时修订工作，以适应企业战略的适度调整和信息化环境、技

术等条件的变化。

三、企业信息化战略规划的主要方法

(一)常用信息化战略规划方法

随着企业信息化的发展,信息化规划方法关注的重点也在发生转移。按照《企业信息化战略规划方法与实践》一书的说法,信息系统规划方法经历了三个阶段。第一个阶段,主要以数据处理为核心,围绕职能部门需求的信息系统进行规划,主要的方法包括:IBM 企业系统规划法(Business System Planing,简称 BSP)、King 提出的战略集合转移法(Strategy Set Transformation,简称 SST),Rockart 提出的关键成功因素法(Critical Success Factors,简称 CSF)。在第二个阶段,主要以企业内部管理信息系统为核心,围绕企业整体需求进行的信息系统规划,主要的方法包括:James Martin 提出的信息工程法(Information Engineering,简称 IE)、Holland 提出的战略系统规划法(Strategic System Planning,简称 SSP)、McFarlan 提出的战略栅格法(Strategic Grid,简称 SG)。第三阶段的方法则是在综合考虑企业内外环境的情况下,以集成为核心,围绕企业战略需求进行的信息系统规划,主要的方法包括:Port 提出的价值链分析法(Value-Chain Analysis,简称 VCA)、Handerson 提出的战略一致性模型(Strategy Aligment Model,简称 SAM)、范玉顺提出的基于模型的企业信息化规划等方法。

以下选择每个阶段具有代表性的方法进行介绍。

1. 关键成功因素法

关键成功因素法(CSF)是以关键因素为依据来确定系统信息需求的一种系统总体规划的方法。其主要做法是通过与企业高级管理者的交流,了解企业的发展战略及其相关的企业问题,识别企业的关键成功因素,根据这些关键成功因素来确定系统开发的优先次序。此方法的优点是能够直观地引导企业高层管理者掌握企业战略与信息化战略之间的关系,使信息系统在满足企业关键成功因素需求的同时,兼顾各个方面的需求。其步骤如图 2-1 所示。

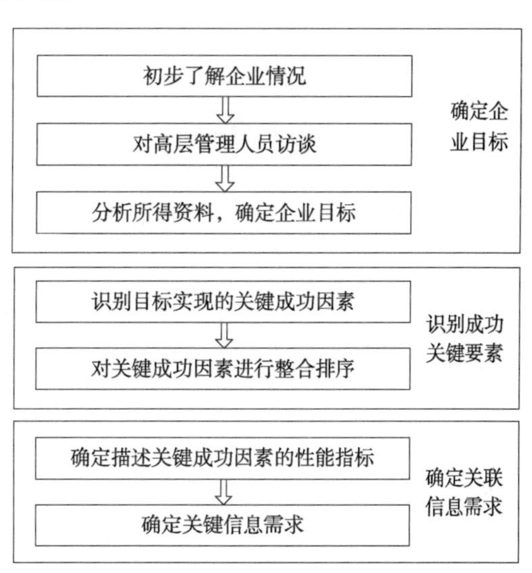

图 2-1 关键成功因素法的步骤

2. 战略集合转移法

战略集合转移法(SST)把企业战略目标组合为一个企业战略集合,然后建立信息化规划与企业战略间的互联关系,进而将企业战略目标转化为企业信息化战略目标的方法。它首先识别组织的战略集合,然后转化为信息系统战略集合,得到企业信息化建设的目标、约束及设计原则等,最后提交整个企业信息化建设的信息系统结构。其步骤如图 2-2 所示。

3. 企业系统规划法

企业系统规划法(BSP)是对企业自上而下的目标进行识别和细分,通过识别企业目标、业务流程及数据分析,围绕企业流程和数据进行规划,然后再自下而上进行数据建模、系统结构设计,以支持企业目标的实现。通过这种自上而下的规划、自下而上的实施,有利于通过信息系统战略表达出企业各个管理层次的需求,向企业提供一致性信息,对组织机构的变动具有适应性。此方法强调,高层管理人员的支持和参与是规划的成败关键。其步骤如图 2-3 所示。

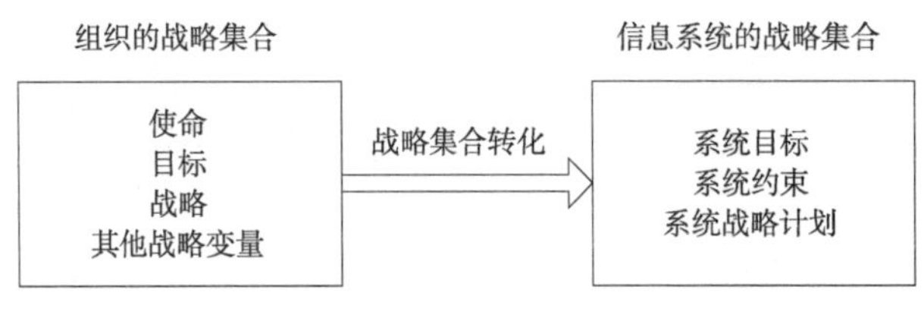

图 2-2　战略集合转移法的步骤

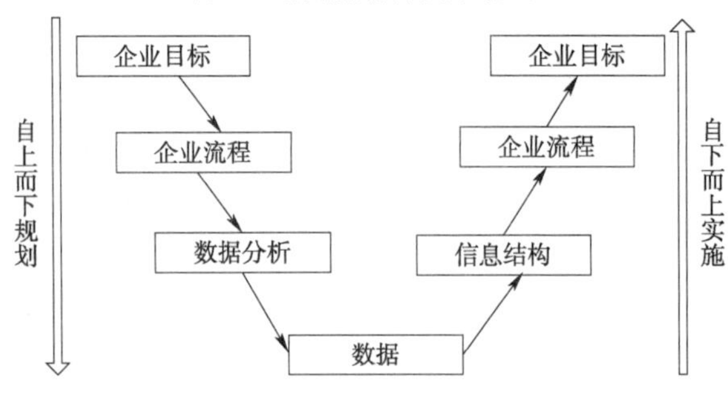

图 2-3　企业系统规划法的步骤

4. 模型驱动规划法

模型驱动是指通过模型及模型操作(包括创建、编辑、转换与映射甚至模型销毁等)作为信息化规划工作执行语言的一种实施方法。

模型驱动的信息化规划基本原理如图 2-4 所示,企业信息化规划中的模型驱动方法是以模型及模型操作作为企业信息化规划过程的执行语言,且模型与模型操作是用来满足模型驱动定义的一种企业信息化规划方法。将企业信息化规划作为一项具体工作,以模型来表达规划工作的具体内容和成果,以模型之间的操作,包括模型创建、编辑、转换与映射作为规划工作的基本步骤和活动。

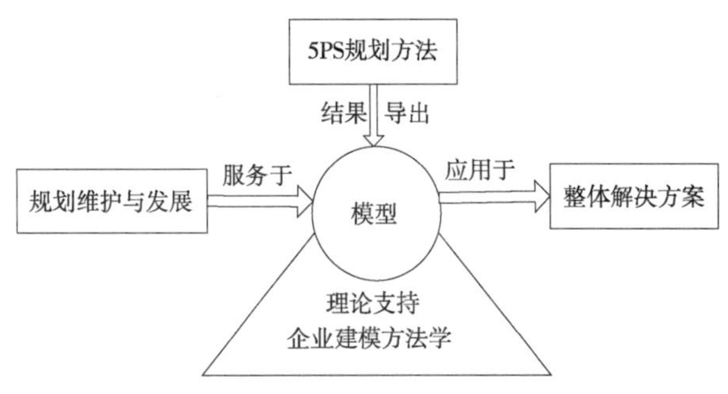

图 2-4　模型驱动规划法原理图

(1)在 5PS 规划方法指导下,进行企业信息化规划,通过模型定义企业信息化规划的结果,即 5PS 规划方法的结果导出具体的模型。

(2)以模型表达的规划结果作为企业信息化整体解决方案的核心内容。

(3)为实现规划结果(模型)的可持续应用或在企业信息化进程中得以继承和发展,在模型驱动的信息化规划方法中给出了信息化规划维护与发展方法。

(4)模型驱动的信息化规划方法以企业建模方法学作为构建模型的理论基础。

5. 战略栅格法

战略栅格法(SG)是一种诊断企业中信息系统作用的工具,如图2-5所示。该方法利用栅格表,依据现行的应用项目和预计将开发的应用项目的战略影响,确定出四种不同的信息系统战略规划条件,即战略、转换、工厂、辅助。栅格表中每一个方格确定了企业中信息系统的位置,通过对当前应用项目和将开发应用项目可能产生的影响分析,以诊断当前状态和调整战略方向的作用。

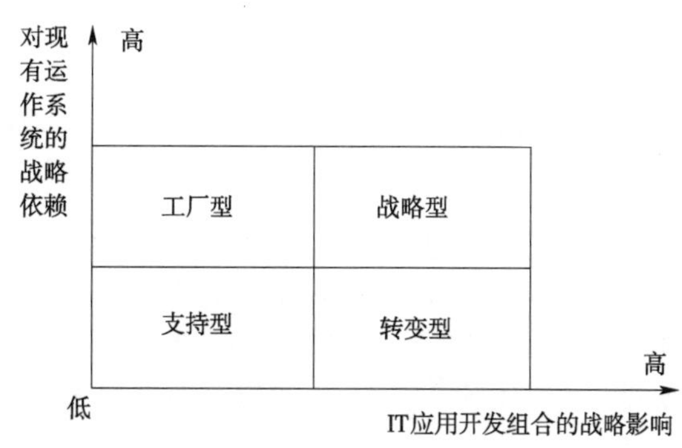

图2-5 战略栅格法

6. 战略一致性模型

随着企业信息化的逐步推进,信息技术已经成为企业整合内外资源,获取竞争优势的有力武器。更多的企业认识到信息化规划决定着企业信息技术战略投资的有效性并极大地影响着企业战略目标的实现。因此,企业信息化战略与自身发展战略的一致性匹配成为企业信息化规划的根本要求,两者之间相互影响、相互支持,两者的一致性也直接影响着企业信息化的成效。战略一致性模型(SAM)正是基于对企业信息化战略规划和企业战略规划的一致性匹配展开研究与实践的,主要目的是在于帮助企业检查经营战略与信息架构之间的一致性。

战略一致性模型把企业战略规划(BSP)和信息化战略规划(ISP)的关系划分为内、外两大部分。其中,外部区域是指企业所面临的外部竞争环境,如产品或信息技术市场等;内部区域包括企业组织结构、整体信息构架和业务流程等。模型由企业经营战略、组织与业务流程、信息技术战略、信息架构和流程四大领域构成,如图2-6所示。

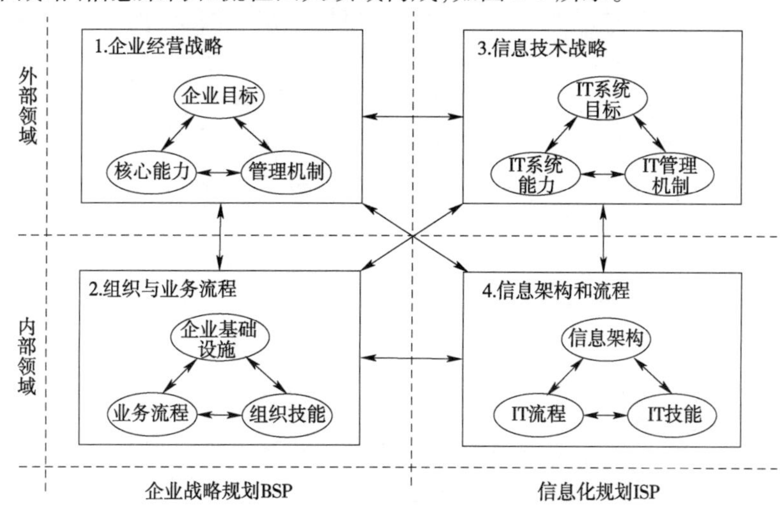

图2-6 战略一致性模型

以上介绍的6种方法,其中关键成功因素法、战略集合转移法、企业系统规划法和模型驱动规划法主要应用于战略的规划,战略栅格法和战略一致性模型主要应用于对战略规划的评估。近几年来,又有一种规划方法被中国企业逐步认知并使用,这就是企业架构规划法。

(二)企业架构规划法

1. 企业架构的作用

企业架构(Enterprise Architecture,简称EA)是在信息系统架构设计与实施的实践基础上发展起来的。约翰·扎克曼(John Zachman)被公认为是企业架构领域的开拓者。他认为使用一个逻辑的企业构造蓝图(即一个架构)来定义和控制企业系统和其组件的集成是非常有用的。企业架构是一种对企业多角度的综合描述,它反映了企业的人、流程、技术的组织和安排。对于企业的不同参与者,企业架构提供了不同的视图,用他们容易理解的方式和语言反映企业的状态。

对于企业架构,目前还没有统一的定义。按照金涛的说法,企业架构是研究如何将业务功能与需求映射到IT系统,并为选择、设计、开发和部署企业所有的IT系统提供一种符合企业战略和业务功能需求的平衡方法。开放组体系结构框架(The Open Group Architecture Framework,简称TOGAF)对企业架构的定义是"信息系统各组件的结构及其关系,以及指导其设计和演化的原则和方针"。

发展企业架构的最主要原因,是为了解决信息化的战略发展问题,是为了解决越来越复杂的信息系统和IT基础设施的建设问题。一个好的企业架构能使企业以一个恰当的IT效率和投资,在业务创新中得到一个准确的平衡。它既允许各业务部门为了追寻竞争优势而不断创新,同时也保证了整个组织获得一个集成的信息化战略,在企业整体扩展中,取得最佳的和最可能的聚合能力与协同能力。

企业架构是对企业多层面、多角度的建模与描绘。以往,企业管理者提到企业架构时,通常会把它理解为企业的组织架构、业务架构和流程,而IT人员则会把企业架构简单地理解为IT架构。现在人们已经认识到企业架构应该包含IT架构,IT架构是企业架构不可缺少的组成部分。企业架构与企业战略和企业运营环境密切相关,企业战略决定了企业架构的形态,而企业实际的运营环境是在企业架构指导下建立起来的企业日常运作。企业架构的构成及在组织信息化中的定位如图2-7所示。

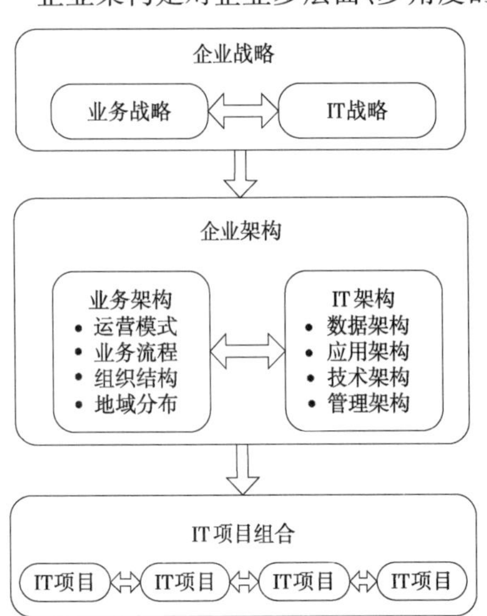

图2-7 企业架构的构成及在组织信息化中的定位

2. 企业架构理论

架构框架是一个或一套基础结构,用来开发大范围的不同架构。它描述一个用构建块的集合来设计企业目标状态的方法,并显示这些构建块如何搭配在一起。它应该包含一套工具并提供共同词汇，也应该包含所提议标准的清单以及符合标准的可以实现构建块的产品。构建块可以是架构元模型实体的目录清单、矩阵及图表、功能规格、应用模块、软件/硬件产品及其组合。企业架构框架并不是企业架构本身，但是它可以告诉我们如何组织和描述企业架构。

目前影响较大、使用比较广泛的企业架构框架和方法论主要有 Zachman、TOGAF、FEA 和 DoDAF。

(1)Zachman 架构框架。

第一个企业架构框架理论是由约翰·扎克曼于 1987 年创立的，至今这个架构还是最广泛地被企业和政府所接受。Zachman 架构框架理论最具代表性的是通过 6 列 5 行共 30 个元素表示的矩阵表格，如表 2-1 所示，它以最简便的形式刻画了构成所有内在关系的设计元素以及这些元素在设计中的功能和作用，构成了一个完整的理论和模型。扎克曼将每部分都看成独立的变量，这是关系型数据库中的标准思维，数据必须与功能、网络位置独立区分，以保持思维的灵活性和清晰性。

Zachman 架构框架　　表 2-1

元素	WHAT 数据	HOW 功能	WHERE 网络	WHO 人员	WHEN 时间	WHY 动机
范围 规划者	对业务重要 的事物列表	业务执行 过程列表	业务操作 地点列表	对业务重要 的组织列表	业务关键事 件周期列表	业务目标 策略列表
业务模型 拥有者	语义 模型业务	业务过程 模型	业务路基 系统	工作流程 模型	总进度表	业务 计划
系统模型 系统设计者	逻辑数据 模型	应用程序 架构	分布式 系统架构	人机界面、架构	处理 结构	业务规则 模型
技术模型 技术设计者	物理数据 模型	系统 设计	技术架构	表示层 架构	控制 结构	规则 模型
详细规范/定义 系统开发者	数据 定义	软件 程序	网络架构	安全性 架构	定时 定义	规则 规约

Zachman 架构框架从 5 个层次和 6 个方面定义了企业架构和需求。将 30 个元素有机结合，就可以建立起企业业务运营中实际运行的系统。Zachman 架构框架主要还是解决系统建设问题，而不涉及业务和流程的设计。

(2)TOGAF 架构框架。

TOGAF 架构框架是由欧洲共同体的 IT 协会 The Open Group 开发的一个企业架构框架理论。由于 TOGAF 是一个跨行业、开放的免费架构框架，所以在全球得到了广泛使用。TOGAF 架构框架能为企业各级领导和员工描绘出一个未来企业信息化中业务、信息、应用和技术互动的蓝图。

TOGAF 架构框架是沟通业务与信息技术间的桥梁，是适应企业业务变革的"方向盘"。它是一个多视图的体系结构，它由企业的业务架构、信息架构、应用架构和技术架构共同构成。

(3)FEA 框架。

FEA 框架是美国政府在长期的电子政府实践中探索和总结出来的一个顶层架构或顶层设计。FEA 框架的核心思想是通过一个顶层架构来进行跨机构的 IT 投资立项分析和 IT 项目管理。特别是 FEA 实施指南中的分块架构方法论,是一个将整体问题科学合理地分割成一个个有机联系的分块,从而将复杂问题简单化的有效方法。FEA 框架的核心思想和方法论,是关于一个复杂组织的 IT 投资立项和 IT 项目管理的最佳实践,值得各国政府和集团型企业借鉴学习。

(4)DoDAF 框架。

2008 年 12 月 24 日,美国国防部副首席信息官发布了《国防部体系结构框架 2.0 版草案》,开始征询意见。这是自 2007 年 4 月 23 日颁布《国防部体系结构框架 1.5 版》的过渡版本之后,首次推出 2.0 版。由全局视图、功能视图、数据和信息视图等 49 个视图组成。

DoDAF 是采用标准方法,表述"EA 的数据和关系类型"的指引,是表述"EA 的模型标准集之格式和内容"的指引,是解决复杂系统[含人的因素,如行动者(机构或人员)类型]结构化问题的指引。DoDAF 的目的要确保两个方面,一方面是各个指挥组织、服务提供者和各个部门的系统和信息架构的描述和定义是一致和相互协调的;另一方面是各个组织的运行、系统和技术架构的规范是兼容和可以集成的,而且这些兼容和集成是跨组织和部门的。

企业架构方法有很多,但 TOGAF 是最主流的,不仅有 80% 的福布斯全球排名前 50 的公司在使用,而且支持开放、标准的 SOA[1] 参考架构,是目前认知度与接受度最高的架构框架,超过一半的企业已经了解 TOGAF 框架方法,并且 37.5% 的企业在构建企业架构时,会选择 TOGAF 框架。企业在考虑框架方法时,最关心的 5 个重要因素包括:架构的技术基础是否为业务导向、是否是开放的架构、是否可以落地实施、是否有成功案例的应用以及对 SOA 的支持能力如何。TOGAF 框架的特征优势以及价值恰恰在此。根据有关调研机构的报告,TOGAF 的市场占有率已经超过 50%。

3. 企业架构规划

企业架构主要包括企业业务架构和 IT 架构。业务战略决定业务架构,它包括业务的营运模式、业务流程、组织结构和地域分布等内容。企业架构是战略与实际运营之间的桥梁,有助于战略的落实。IT 架构是指导 IT 投资和设计决策的 IT 框架,是建设企业信息系统的蓝图,包括数据架构、应用架构和技术架构,同时还包括 IT 治理,它虽然也隶属于信息化总体架构,但是行业经验通常把它分离成一个独立的 IT 管理领域。

(1)企业业务架构:贯彻企业业务战略。

企业业务架构描述了企业各业务之间相互作用的关系结构。企业的业务架构以企业的业务战略为出发点,以企业各主营业务为主线,以企业各辅助业务为支撑,以人流、物流、资金流、信息流等联络各业务线,构成贯彻企业业务战略的企业基本业务运作模式。

业务架构包含业务的模块、功能和关系等,是企业全面的 IT 战略和 IT 体系架构的基础,是数据架构、应用架构和技术架构的决定因素。业务架构将企业的战略目标转换成可操作的业务模型,描述业务应该以何种方式运作才能实现预期目标。

---

[1] SOA 是面向服务的体系结构。

业务架构可以针对企业整体业务，也可以针对某一单项业务。业务架构通常是在业务模型的基础上实施的业务设计。

(2)企业应用架构:实现企业信息流动。

企业应用架构是以企业数据架构为基础，建立支撑企业业务运行的各个业务系统，通过应用系统的集成运行，实现企业信息自动化流动，代替手工的信息流动方式，提高企业业务的运作效率，降低运作的成本。

应用架构在业务架构、信息架构和技术架构之间建立了非常关键的联系，应用架构把所有这些元素组合到一起，并使提升一切架构元素和资源来构建一个集成的、企业范围的、可重复使用的解决方案成为可能。

(3)企业数据架构:建立企业信息模型。

企业数据架构是将企业业务实体抽象成为信息对象，将企业的业务运作模式抽象成为信息对象的属性和方法，建立面向对象的企业信息模型。企业数据架构实现从业务模式向信息模型的转变，业务需求向信息功能的映射，企业基础数据向企业信息的抽象。数据架构描述了企业的数据资产，显示了如何管理和共享信息资源，用以决策支持，最大限度地发挥数据的价值。

(4)企业技术架构:保障企业应用执行。

企业技术架构是实现企业应用架构的底层技术基础结构，通过软件平台技术、硬件技术、网络技术、信息安全技术间的相互作用支撑企业应用的运转。

除上述四个架构之外，目前 IT 治理越来越受到企业的重视。IT 治理主要涵盖信息化组织、安全和维护等相关内容，IT 治理是管理企业的 IT 资源、IT 流程、IT 需求及 IT 项目，从而能够实现企业战略目标，实现与总体架构一致的 IT 项目管理流程，包括组织的机制和管理实施机制。IT 治理贯穿了业务架构、信息架构、技术架构和应用架构的各个层面的内容。详细内容可参考本书后续章节有关内容以及相关读物。

四、公交企业信息化战略的规划步骤❶

(一)建立规划组织，确定规划职责

做好信息化战略规划准备阶段的工作，是信息化规划工作取得成功的必要条件。根据信息化规划项目的特点，在准备阶段需要做好以下具体工作。

1. 明确规划目的和目标，确定规划范围

在规划工作中要高度重视组织中不同人员的参与。通过与部门和与参与人员沟通，并结合本企业的实际，明确企业信息化规划工作的目的以及要达到的目标。同时要确定包含在规划范围内的业务信息系统，对关键信息和系统实施监控和管理。

2. 制订项目计划

对于信息化规划项目，立项建设一般是由企业的 IT 部门提出，也可以通过 IT 部门和企

❶本书“规划步骤”主要使用的是“基于模型的企业信息化战略规划方法”“关键成功因素法”和“架构”的规划方法。信息化战略规划的方法各有不同的特点，企业在进行信息化战略规划时可以根据需要选择不同的方法。其他方法的应用，读者请参考有关书籍。

业业务部门组建的信息化规划项目筹备团队提出并撰写立项建议书,并制订出详细的项目计划。良好的立项建议书应该具备很强的说服力,保证企业决策层通过立项建议书了解项目目标、资源需求、项目流程等,并确保项目能够通过审批并及时启动。

3. 组建项目团队,确定规划职责

对于信息化规划项目,组建的项目团队一般是由以下几种角色组成的。

(1)项目执行委员会:由企业高层、各相关业务部门经理组成,是整个规划项目的领导委员会。其主要作用是协调项目实施过程中出现的各类问题,并最终作出决策。

(2)项目主持部门:IT 规划的具体主持部门一般是企业的 IT 部门,通常是 IT 规划项目的发起部门,负责主持项目各项工作。

(3)项目负责人:也称为项目经理,是项目实施的实际组织者、管理者。

(4)项目核心小组:是执行项目规划工作的核心人员,以项目负责部门为主,同时需要业务、管理、IT 人员搭配,基本上全职参与项目。

(5)项目协作人员:信息化规划项目在很大程度上依赖于业务部门的大力支持和协助,因此需要确定相关业务部门与信息化规划项目的接口,形成广泛的协作群体,配合项目核心小组完成部门调研、需求分析、结果分析与反馈等工作。项目协作人员主要由业务部门人员组成,要保证一定的参与时间。

(6)扩展的团队:聘请信息化咨询服务提供商、供应商或相关领域专家构成的外部专家团队,作为规划项目的扩展团队,但是否需要聘请外部专家团队,取决于企业或项目的实际需要。

4. 培训与启动

培训的目的是使从事企业信息化工作的相关人员能够用战略的观点和系统化的方法,从整体角度来看待企业信息化规划工作。培训内容主要包括信息技术的基本概念和内涵、企业战略规划与信息系统规划方法、企业信息化整体解决方案组成、企业建模与诊断方法、业务流程再造方法、企业信息系统集成技术与方法、标准与规范技术、信息技术与电子商务技术等。

信息化规划项目正式启动需要选择一个最佳时机,也就是需要具备以下 3 个条件:

(1)高层主管有实际行动全力支持信息化。

(2)企业内外部对信息化有普遍认同,形成了有利于信息化的企业文化。

(3)拥有稳定的信息化人才梯队,资金、人力资源要素能进行持续投入。

5. 业务流程分析与优化

分析并确定不合理、效率低、与企业战略目标不符的流程和环节,发现能够在现有环境中实现企业战略目标,并使企业获得竞争力的关键业务驱动力以及关键流程,从而根据企业战略目标和外部环境,进一步优化流程。

信息系统的特点如果能够和这些直接创造价值的关键业务流程融合,这对信息技术投资回报的贡献是非常巨大的,也是信息化建设成败的一个衡量指标,因此要高度重视信息化与企业业务的融合。

6. 加强对信息化规划的舆论宣传

加强对信息化规划工作的宣传力度,注重舆论引导,创新宣传形式,增强宣传实效,提高企业员工对信息化建设重要性的认识水平,营造有利于信息化战略规划的舆论氛围,积极开展工作交流,充分发挥先进典型的激励和示范作用。

(二)对公交企业环境进行分析

对企业所处的环境进行分析是信息化规划必不可少的工作,是规划的依据。在这部分工作中,需要深入分析企业所处的国内外宏观环境、行业环境,企业具有的优势与劣势,面临的发展机遇与潜在的风险等。首先要分析行业的发展现状、发展特点、发展动力、发展方向,以及信息技术在行业发展中起的作用。其次要分析并掌握信息技术本身的发展现状、发展特点和发展方向,从而产生信息化建设的思路。另外要重点深入了解其他企业特别是公交企业信息技术的应用情况,包括具体技术、实现功能、应用范围、实施手段以及成果和教训等。一般情况下,应选择借鉴公交企业和其他企业信息化建设中技术上先进可靠、使用效果明显并相对成功的实践经验和做法。

(三)对公交企业业务和信息技术能力进行分析

首先要从企业的业务能力现状和企业的信息技术能力及现状两个方面来对企业现状进行分析和评估。企业的业务能力分析是对企业业务与管理活动的特征、各项业务活动的运作模式以及业务活动对企业战略目标实现的作用进行分析,揭示现状与企业远景之间的差距,确定关键问题,探讨改进方法。企业的信息技术能力及现状分析是诊断企业信息化的当前状况,主要包括信息化程度和信息资源分析。

信息化程度分析包括信息化现有技术水平分析、信息化业务覆盖分析、信息化功用和价值分析、信息化能力提升需求分析、信息化组织和结构分析以及不足和风险等。

信息资源分析的内容包括:

(1)基础设施,包括网络系统、信息存储系统和处理系统;

(2)信息技术架构,包括信息技术应用系统架构、数据架构等;

(3)应用系统,包括各种应用程序;

(4)信息安全系统,包括全员信息化安全意识、事件管理和权限管理、信息安全机制等;

(5)信息化治理,包括 IT 管理、IT 战略管理和 IT 绩效管理等;

(6)企业员工 IT 技术素质,包括技能、经验、知识和创新等。

在此基础上,分析评价信息系统对企业发展的适应能力和推进能力,并给出企业信息化能力评估,为下一步信息化建设的科学规划提供基础。

(四)对公交企业业务信息化需求进行分析

在对企业内外部环境、企业定位和企业现状分析的基础上,分析信息化的支撑作用,明确企业经营目标对信息化的需求,确定企业的业务战略目标、需求及相关模型。

(1)在企业战略的引导下,利用企业信息化战略规划法,识别出业务战略目标,制定出企业业务目标与实现企业业务目标的战略,包括企业拟采用的先进的流程、先进的业务运营方案等。

(2)对业务目标进行分析,列出影响业务目标实现的关键成功因素(KSF),通过比较分析,确定系统开发的优先次序,具体见表 2-2。保证信息系统在满足企业关键成功因素需求的同时,兼顾各个方面的需求。

关键成功因素与业务目标的影响因子表　　表 2-2

业务目标	KSF				
	KSF1	KSF2	KSF3	KSF4	KSF5
业务目标 1	高	低			高
业务目标 2		高	中	中	
业务目标 3	低		高		低
业务目标 4		中		高	低

(3)在明确企业业务战略目标和分析影响业务目标关键成功因素的基础上,通过对企业的业务过程、功能、信息、组织、产品、资源等进行描述(必要时可选择有关建模工具),建立相应的视图。围绕过程模型,在对组织、资源、产品等模型分析的基础上,建立功能模型和信息模型,从而提取出业务模型对企业信息系统的需求。

(五)进行公交企业流程分析,设计信息化总体架构

企业信息化总体架构是企业信息化整体结构与组件的抽象描述,一般用于指导企业信息化规划和建设的总体设计。它可以构建企业复杂信息系统的每一个组件和模块,将所有的应用和系统有机地组合到企业业务战略和 IT 战略的规划蓝图之中,使企业达到对 IT 建设的有效管理,并满足企业当前及未来的业务需要。

信息化总体架构就是信息化建设的体系结构,以结构化和直观化的方式,从应用、数据、基础设施、信息安全、IT 治理等多个角度对未来的信息化建设状况进行描述和设计。通过信息化总体架构的设计,可以保证未来信息化建设的体系化和完整性。

同时,信息化技术总体架构应还具有先进性、可扩展性、灵活性、稳定性和安全可靠性等特性。企业架构的设计要具备先进性,在先进理论的指导下,采用先进的方法和信息技术;具备通用性,确定总体架构的基本思想和基本方法不是针对某个特定企业的,而是适合于所有企业;具备可扩展性,留有足够的接口以便扩充业务规模;具备灵活性,以支持不断变化的业务需求;具备稳定性,保证架构在一定周期内长期适用;具备安全可靠性,以保证系统的正常运行。

1. 业务架构

业务架构是业务的主要流程和共享流程的适当划分。它可以重新思考潜在的业务分类和流程,为每一个功能模块提供一个非常清晰的定义。同时业务架构可以检查功能定义的冗余和缺损,通过修改业务功能的清单或改变它们的定义,尽可能地消除冗余和重复,其目的是构建更有效的业务功能模块,为改进信息架构铺设基础。

建立业务架构模型和流程的步骤如下:

(1)将业务驱动分类、确定定义范围和领域。

(2)开发业务架构的框架结构。

(3)确定业务架构目标、元素和建模业务对象。

(4)协调和沟通相关部门、单位和个人。

(5)集成所有信息(如业务变化及增长点、行业变化和企业组织结构变化、流程变化等信息)。

(6)建立基础业务架构框架蓝图(以一个和多个业务架构模型为基础)。

(7)鉴别业务功能交叉领域和信息共享领域。

(8)建立业务架构仿真模型(如有必要)。

(9)发现和报告业务模型和仿真结果的架构的完整性(发现缺陷,协调,改进)。

(10)返回(4),调整和汇集所有原有的和新增的信息和架构结果。

业务架构建立的流程是一个循环重复的流程,经过企业一系列的业务流程的分类、定位、集成、构建、模拟、存档,企业会得到一个非常清晰的总体架构中的业务架构,并为下一层的信息架构(数据架构)提供基础和输入。

城市公交企业业务模型如图 2-8 所示。

城市公交企业业务架构功能定位如图 2-9 所示。

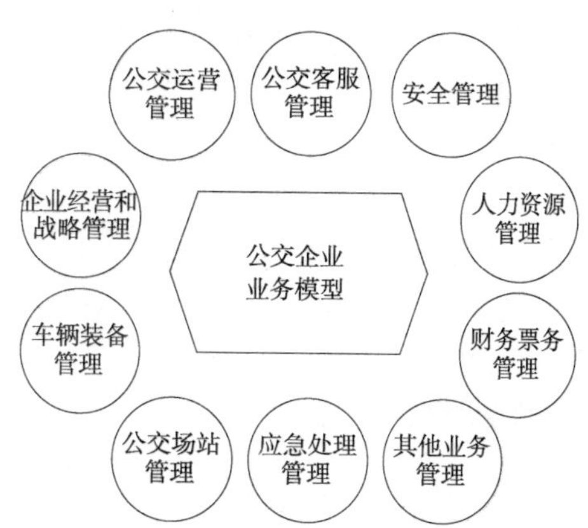

图 2-8　城市公交企业业务模型图

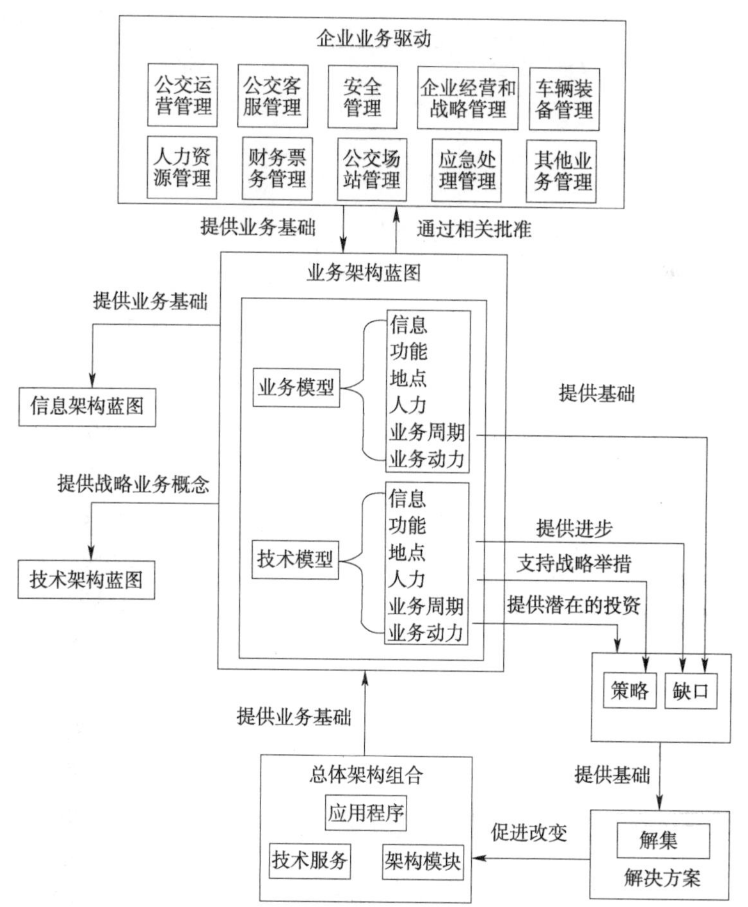

图 2-9　城市公交企业业务架构功能定位图

从图 2-9 我们可以看到，中间的业务架构蓝图由业务模型和技术模型两大模块组成。其中业务模型包含信息、功能、地点、人力、业务周期、业务动力。技术模型有同样的元素，但是是从技术的角度进行分析的。业务蓝图为信息架构（数据架构）提供了业务的基础，为技术架构提供了战略业务概念，为框图右边的实施计划和解决方案提供了一系列的输入。在蓝图的输入方面，则是企业总体业务驱动和总体架构的组合（应用程序、技术服务、架构模块）。总体业务驱动要包括业务短、长期的战略规划，行业特点，主营业务和附加业务等。

另外需要说明的是，图 2-9 中“企业业务驱动”所列的 10 个方面，各公交企业是不尽相同的，其业务分类和流程各企业也不尽相同，各公交企业应根据自身的管理实践和 IT 战略规划进行模型的分类与设计。表 2-3、表 2-4、表 2-5 分别是某公交企业运营管理、安全管理和车辆管理业务模型。

某公交企业的运营生产业务模型

表 2-3

	需求调查分析	运营规划与线网规划	运营计划与运营生产管理	乘客服务	保障体系
战略层	居民出行调查、客流调查与数据分析	公交运营战略制定和实施规划； 公交线路及线网的设计规划		公交运营服务规划与标准	人力资源； 财务； 车辆装备； 安全管理； 车辆维修； 物资供应； 场站管理
控制管理层		公交线路及线网的优化调整	编制公交运营计划和方案； 公交运营生产监控与调度； 公交运营计划管理及考核； 运力、运量评估及调配； 公交运营设施管理； 公交运行外部环境有关事宜的协调处理	公交服务管理及考核； 公交服务设施的管理与维护	
执行层			所辖区域线路行车作业计划的制定与调整； 所辖区域运营调度与监控； 所辖区域行车作业计划执行和考核； 所辖区域公交运力、运量评估及调配	运营服务管理与考核； 公交服务设施的管理与维护	

某公交企业的安全生产业务模型 表2-4

	安全管理	保障体系
管理与执行	营运安全管理； 安全生产管理； 消防安全管理； 企业治安保卫； 企业防汛抗灾； 安全风险评估及控制	安全生产工作方案； 安全生产控制指标； 安全培训与安全考核； 人员组织保障； 经费保障； 车辆装备和安保装备保障； 物资保障

某公交企业的车辆管理业务模型 表2-5

	车辆管理	保障体系
管理与执行	车辆生命周期管理（购置、更新、报废）； 车辆使用操作管理； 车辆技术管理； 车辆维护管理； 车辆维护、维修设备管理； 技术标准和工艺标准管理； 车辆技术人员、驾驶员和维修人员的培训； 车辆技术开发和改造	人力资源保障； 财务保障； 安全管理保障； 物资供应保障； 场站及车辆维修设施保障

2. 应用架构

应用架构设计原则是：建立统一的应用架构和标准化的应用系统；尽可能使用成熟软件包，尽量减少自行开发；在与外部软件公司合作开发中争取应用系统的自主版权；优化业务流程，减少客户化开发；应用系统集成；集中管理应用系统等。

应用架构的设计是在需求分析的基础上，针对每个业务活动的功能需求，设计满足需求的应用功能，对应用功能进行组合，设计相应的应用系统。参照业务架构蓝图，标识出支持业务活动的应用系统，构建应用架构图。

图2-10所示是一个典型的企业应用架构模型。

3. 信息/数据架构

数据架构的设计原则是：赋予企业数据管理明确的角色和职责；在源头采集数据并数字化传输，同步更新，减少重复；满足员工在任何地方以任何方式访问任何授权信息的需求；重视数据集成。

完整的数据架构包括数据定义、数据分布与数据管理三部分内容，数据定义包括数据模型和数据标准，主要是定义企业的数据分类、数据属性和数据标准。数据分布包括数据业务分布与数据系统分布。数据管理包括数据管理、数据分析和数据挖掘。图2-11所示为典型的企业数据架构模型，图2-12所示为某公交企业的数据架构模型。

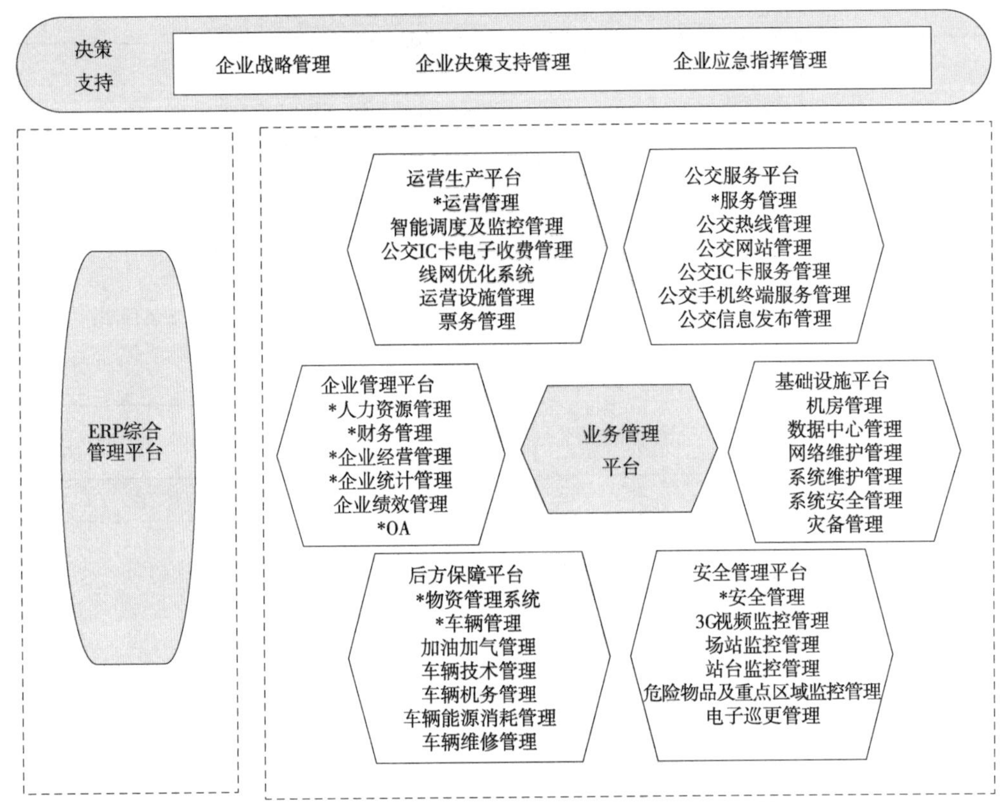

图 2-10　典型的企业应用架构模型

注：图 2-10 业务管理平台中标注 * 的同属于 ERP 综合管理平台。

4. 技术架构

技术架构包含了企业科技和 IT 的所有有关的科技管理、技术和技术标准，从最高层的政策、原则、指导纲要到技术领域的技术标准和标准化、技术选项和技术元素。技术架构的主要方面是技术系统的构建和部署，即如何搭建各个系统的技术架构，如何部署生产系统、系统灾备、测试环境和系统开发线，如何进行企业级的技术方案部署等。

技术架构的范畴比较广泛，表述的方法也是多种多样的，如图 2-13 所示为企业的网络和数据中心部署方案。

图 2-14 所示为某公交企业信息技术架构示意图。企业信息系统运行的基础设施包括：机房设备、网络通信、数据中心、安全管理、应用系统、基层单位的信息化设备部署以及采集终端设备等。

(六)制定公交企业信息化战略，编写战略规划书

在对公交企业进行环境分析、信息化需求分析、信息化能力分析和公交企业流程分析的基础上，可以制定企业信息化战略。所谓企业信息化战略规划，是指以整个企业的战略规划和业务需求为基础，吸纳行业内外信息化方面成功实践的经验以及对信息技术发展趋势的掌握，确定企业信息化建设的远景、使命、目标和阶段性任务，规划出企业信息化建设的架构。

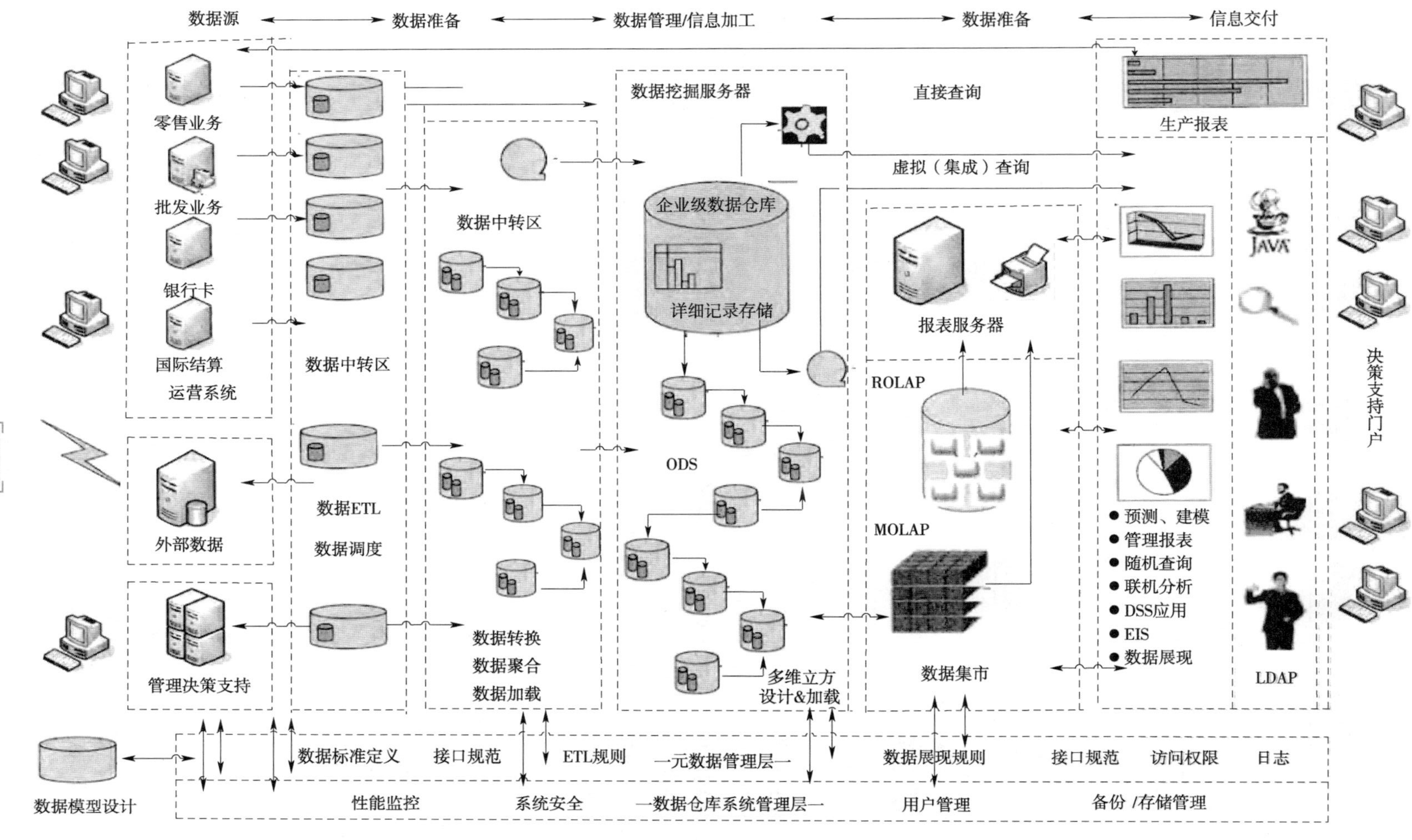

图 2-11　典型的企业数据架构模型

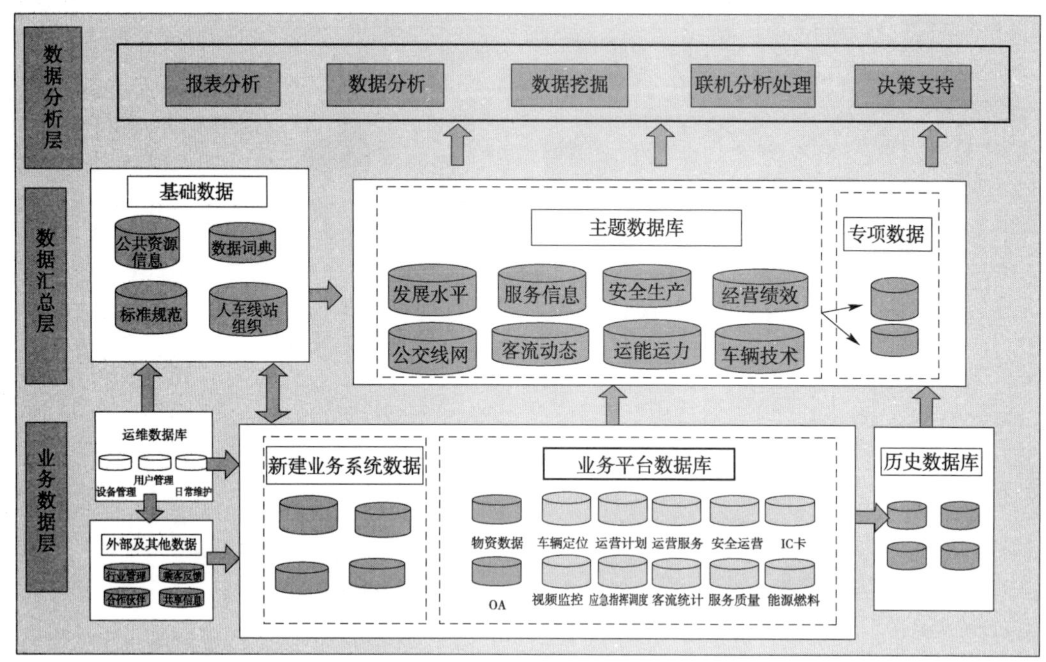

图 2-12　某公交企业数据架构模型

信息化战略规划是以企业发展战略规划为依据，根据本企业的战略需要和经济能力，将企业信息化建设的长远和近期的总体计划描述出来。信息化战略规划最根本的作用在于为企业信息化建设提出一个纲要性的目标和指导，使信息化建设与业务的结合上更缜密细致，目的性、计划性更强。

信息化战略规划定义了企业信息化的发展方向和企业信息化在实现企业发展战略过程中应起的作用；确立了企业信息化基本原则，即信息技术部门在管理和实施信息化建设工作中要遵循的企业条例；制定了企业信息化发展目标；明确了企业在未来几年为了实现远景和使命而要完成的各项任务。

信息化战略规划主要包括以下内容：

1. 信息化战略纲要

信息化战略纲要包含以下内容：

(1)信息化规划的愿景和使命。

愿景和使命阐述了企业信息系统存在的理由、目的和在企业中的作用以及信息系统的发展方向和结果。

(2)信息化规划的指导思想。

指导思想一般是以企业发展战略为指导，阐述信息技术对企业业务的促进作用，明确信息技术与业务之间的关系，指明企业对信息技术和信息化建设的指导思想和目标要求。

以下是郑州公交“十二五”期间信息化发展规划中的指导思想：

按照加快发展现代交通运输行业和建设“数字郑州”的总体部署，紧密结合郑州市交通运输信息化发展的需求，以信息资源的整合为先导，以信息资源的综合应用为目标，通过信息化建设实现全市交通运输行业管理与服务的转轨变型，全面提升交通运输管理现代化水

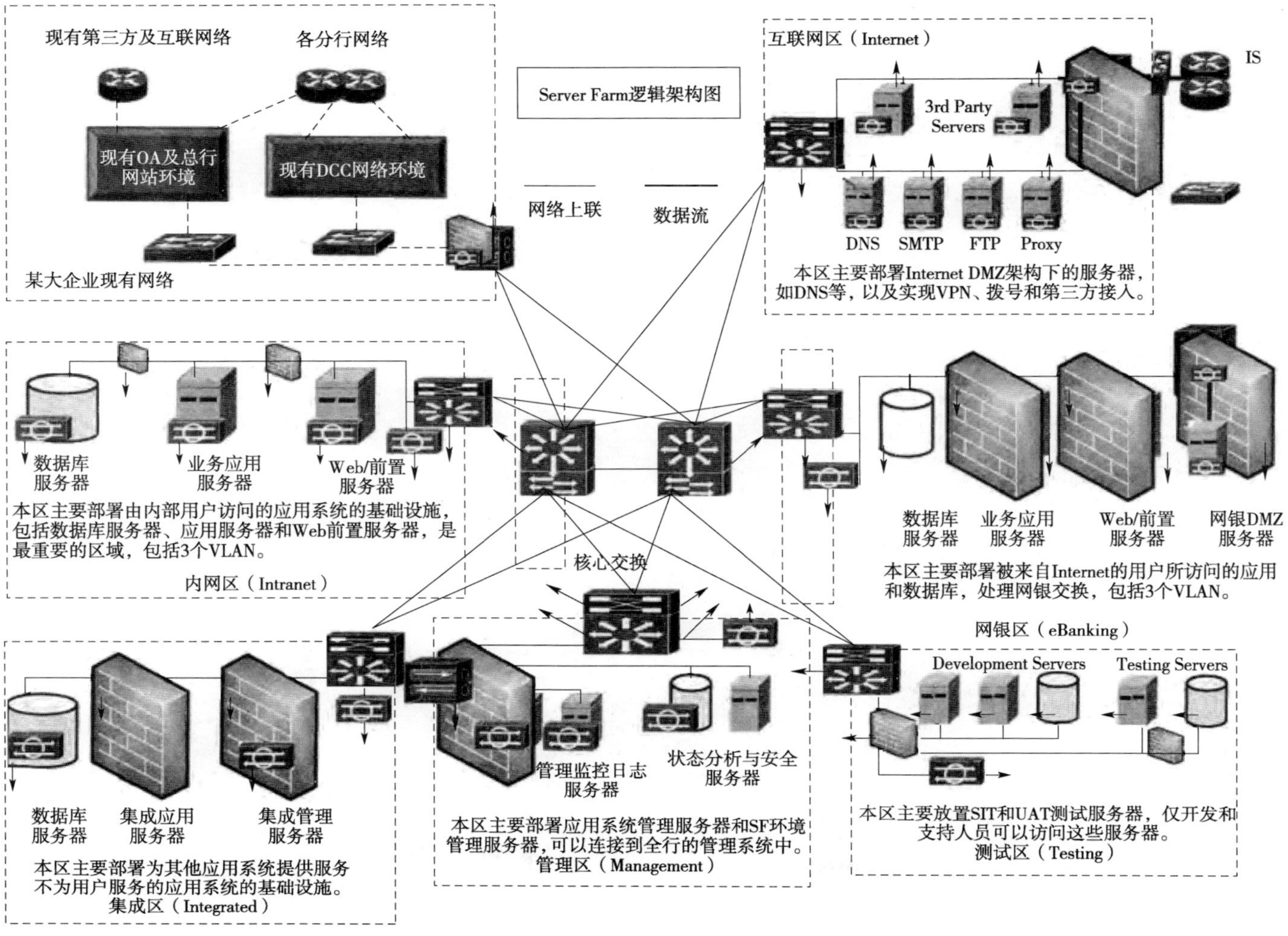

图2-13 企业的网络和数据中心部署方案

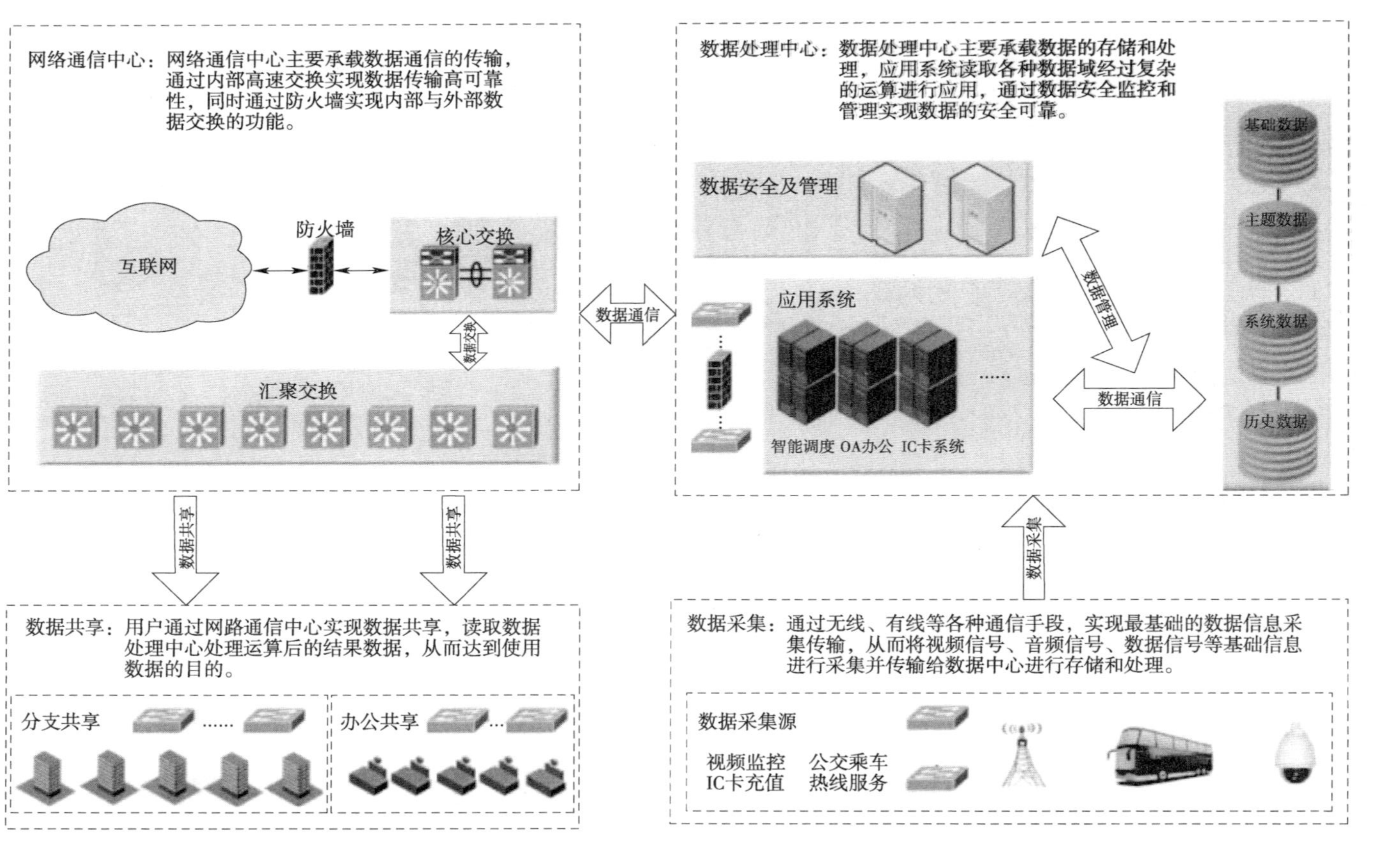

图 2-14　某公交企业信息技术架构

平，以交通运输的信息化带动现代物流业、旅游业和会展业的发展，进一步强化郑州作为全国重要枢纽城市的交通优势，为把郑州打造成为全国一流交通强市作出积极贡献。

(3)信息化规划的战略目标。

战略目标分近期与长期目标，近期目标明确未来几年内信息化建设的发展目标、实施步骤、管理架构和资源配备；明确企业在实施总体发展战略中，信息管理和信息化建设的定位；完善信息化建设管理体系及相应的配套制度；确定总体规划与分步实施的战略部署。长期目标规划了企业未来信息化建设的总体蓝图，明确企业在未来信息化中的发展方向，确定信息化与企业经营管理的关系与作用。

(4)信息化规划的基本原则。

信息化规划基本原则是指为加强信息化能力而提出的基本的准则和指导性的方针，是有效完成信息化使命的保证。基本原则要符合企业总体发展战略，要明确企业信息化建设是企业战略发展的支持平台。

以下是郑州公交“十二五”期间信息化发展规划中的基本原则：

①把握方向，遵循指导。要准确把握和遵循上级(交通运输部、河南省交通运输厅、郑州市政府)制订的相关规划、发展战略的指导思想和发展方向，保持与宏观发展方向的一致性。

②统筹规划，分步实施。交通运输信息化建设涉及面广，实施过程复杂，交通运输主管部门应统一规划、加强管理，促进不同部门、不同单位协调发展，保障交通运输信息化发展的系统性。同时要根据郑州市交通运输信息化发展的现有水平、需求、资金和技术发展的实际情况，分步推进交通运输信息化建设。

③资源整合，业务协同。以交通运输行业内信息资源的整合、开发、利用为中心，加强行业信息化发展的统筹协调力度，打破信息资源部门分割、地域分割的局面，全面加强业务协同能力建设，形成行业发展合力。同时，站在全局的角度，注重与行业外其他相关部门(如公安、工商、铁路、民航、城管等)的资源整合和业务协同，充分发挥信息化建设的整体效益和规模效益。

④重点支持，加强引导。针对郑州市交通运输信息化发展的现状，深入分析交通运输信息化各领域中的突出特点，紧密结合政府职责、行业发展、公众信息服务的实际需求，加大政策、技术、人才、资金等方面引导和支持的力度，充分调动全行业信息化建设的积极性，重点推进基础性、公用性平台和需求迫切、效益明显、具有牵动性作用的应用系统的建设，兼顾各领域信息系统的建立和完善，采取以点带面、点面结合的方式，全面推进行业信息化进程。

2. 信息化战略规划内容

信息化战略规划的内容包含：

(1)企业信息化现状的诊断与评估。

(2)确立信息化建设的整体战略框架，明确信息化规划的战略目标。

(3)确立信息化建设的信息管理框架。

(4)确立信息化建设的技术支撑框架。

(5)确立信息化建设组织体系。

(6)建立规范的信息化标准体系。

(7)建立信息化建设测评指标体系。

(8)确定分阶段的实施计划。

(9)开展相关培训工作。

3. 信息化战略规划的实施策略

信息化战略规划的实施策略包含组织建设实施策略、人员保障实施策略、流程梳理和再造策略、分期实施策略、信息技术实施和提升策略、制度标准制定和完善策略、资金保障策略(投融资)、风险评估和应对策略等。

信息化战略规划书制定后要获得企业广泛的共识,切实发挥其对信息化建设的指导作用,以实现企业的信息化战略目标。

五、企业信息化战略规划应注意的问题

(一)把握好信息化战略制定的基础和时机

信息化战略规划要与企业战略及企业业务相结合,将信息化战略规划置于企业战略规划的总体框架之中,从而为企业信息化建设奠定一个坚实的基础。企业信息化规划,必须从企业的长远发展战略角度出发,规划的内容和目标要能够支撑企业战略的实现,通过信息化建设的实施,提升企业的经营发展能力。信息化战略规划要与企业战略规划相匹配,当企业战略规划尚不明确的时候,不要盲目进行信息化战略规划。另外,当企业战略规划不适应信息化时代要求的时候,企业战略要进行相应的修订。

(二)正确地选择信息化战略规划方法

在本书前面有关内容中已简要介绍的多种信息化战略规划方法可供参考,但企业在进行信息化战略规划时,切忌机械照搬以上方法,而应根据企业业务和实际需要选择适合自己的方法,并灵活、合理地加以综合运用。

(三)要积极借鉴国内外信息化建设和应用的成果及经验

要认真研究国内外信息化研究成果和应用成果,积极借鉴国内外同类企业成功应用的经验,紧密结合行业特点及所处的地域特点,充分发挥和挖掘企业信息化给企业经营发展带来的优势,重视对企业现有信息资源(软件、硬件、网络等)的利用,注意做好与企业现有信息系统的衔接,编制出具有企业个性的、适合企业经营发展总体思路的信息化战略规划。

(四)要重视优化企业内外部经营发展环境

企业信息化建设必须重视优化企业内外部经营发展环境。一方面,持续推进公司的内部信息化建设,促进企业业务流程的重组与优化,提升企业精细化管理和科学管理的水平;另一方面,通过信息化建设整合内外各类信息资源,增强企业与社会各界相关企业及服务对象的沟通与合作,为企业经营发展营造优良环境。

(五)要对信息化战略规划实施情况进行跟踪管理

许多企业虽然做了信息化规划,但在实际工作中还存在诸多问题,如有的企业做的规划

不能落地，与企业的业务需求结合不够，目标不切实际，内容不便操作，导致不能执行，起不到规划应有的作用；有的企业虽然做了比较全面详细的规划，但缺少相应的管理制度保证，规划形同虚设；还有，信息化技术和客观条件发生了变化，原规划的某些方面已不适应企业需要等。因此，企业要设立相应的组织对信息化战略规划的实施情况进行跟踪管理，遇到问题及时提出措施，并定期对规划进行调整和修订。

第二节　公交企业信息资源规划

在企业现代化管理活动中，时刻有大量信息在产生、流动和使用。企业通过有意识地采集、加工和积累形成了宝贵的信息资源。随着企业信息化应用水平的不断提升，企业的这些信息资源及其应用越来越受到企业管理者的关注，正如某国际知名企业所说，信息不仅是共享性资源，而且还是企业的战略性资源，对企业的生存和发展具有重要的意义。

对于信息资源概念，有狭义和广义之分：狭义的信息资源，指的是信息本身或信息内容，即经过加工处理，对决策有用的数据，开发利用信息资源的目的就是为了充分发挥信息的效用，实现信息的价值。广义的信息资源，指的是信息活动中各种要素的总称，“要素”包括信息、信息技术以及相应的设备、资金和人等。本书讨论的是指狭义的信息资源的内容。

企业要想利用好信息资源，使之在企业管理中发挥作用，首先要解决企业信息资源如何进行管理的问题。美国信息资源管理学家霍顿（F. W. Horton）和马钱德（D. A. Marchand）等人在20世纪80年代初就指出：信息资源（Information Resources）与人、财、物资源一样，都是企业的重要资源。因此，应该像管理其他资源那样管理信息资源。所谓企业的信息资源管理，是指在生产和经营活动中对信息的产生、获取、处理、存储、传输和使用进行全面管理。

信息资源管理是信息化管理的必然要求，是对信息化社会的信息活动有效控制与协调。企业通过对信息资源实施科学管理，使企业内外信息流保持畅通，对信息资源实现有效利用，从而达到有效提高企业效益和竞争力的目的。为了更好地管理企业信息资源，首要工作是要做好信息资源规划。

企业信息资源规划是建立在企业信息资源管理基础上的，是在企业信息化战略规划指导下进行的，其主旨是对企业信息资源进行总体规划，同时建立数据基础标准和数据管理规范。信息资源规划侧重于对信息资源的开发与应用的统筹规划，重点解决的是正在使用系统的整合和新建系统的数据规划两大类问题。

一、企业信息资源规划的概念及意义

（一）信息资源规划的概念

国内学者在对信息资源管理理论跟踪研究的基础上，提出了信息资源规划的概念，以大连海事大学高复先教授为代表的一批学者在这方面作了深入的研究和实践推广工作，提出了基于信息资源规划的信息化工程解决方案，并大力推广信息组织技术、使用技术。

高复先教授在《信息资源规划——信息化建设基础工程》一书中给出了信息资源规划（Information Resource Planning，IRP）的概念定义：信息资源规划是指对企业生产经营活动所

需要的信息，从产生、获取，到处理、存储、传输及利用进行全面的规划。

（二）企业信息资源规划的意义

1. 有效消除企业信息化过程中形成的“信息孤岛”

许多企业通过多年的信息化建设，各类业务系统已逐步建设完成并成熟应用，这些系统已经成为企业愈加依赖的应用系统。但是这些应用系统是根据早期的业务需求而设计建设的，存在平台不统一、标准不一致、企业信息内部难以共享、外部交流困难等问题，形成了许多“信息孤岛”和“数据烟囱”。企业信息资源规划，通过采用系统工程的方法，从企业总体数据规划入手，将不同系统的数据进行整合，从而实现企业内外信息资源交换畅通并得到更加有效的利用，以此进一步提升企业信息化的应用水平。

2. 可以推进企业信息化管理的规范化和制度化

进行信息资源规划，可以促进企业建立企业信息标准和信息系统模型，并用这些标准和模型来衡量现有的信息系统及各种应用，符合的就继承并加以整合，不符合的就进行改造优化或重新开发。企业进行信息资源规划可以进一步规范企业的业务活动，优化业务流程，有效地防止信息丢失和信息冗余，从而推进企业信息化管理的规范化和制度化。

3. 支持科学化决策

随着企业信息化建设的推进，企业信息资源愈加丰富，通过信息资源规划，企业可以从全局的角度，结合业务需求对企业信息资源做整体分析和分类建模。对信息资源进行深入的挖掘和利用，建立可以支持企业决策的数据仓库、数据集市、模型库和知识库，形成集成化的信息资源网络体系，使企业信息资源分析和利用更加全面、更加科学，从而有力地支撑企业的决策管理。

4. 提升企业信息系统运行效率

企业信息资源规划，是利用信息组织技术，建立企业的信息资源管理的基础标准，通过科学的实体分析和建立规范化的数据结构，达到建立高档次数据环境和实现系统集成的目的。通过信息资源的规划，将企业数据结构的不足以及不合理等情况加以完善，将标准不一致的“数据库”进行规范化的重新组织，从而解决数据冗余问题，取消或有效减少数据接口，改善系统数据应用的环境，提升信息系统运行的效率。

信息资源规划是企业信息化战略的系统工程的方法论，它既是一项重要的顶层规划工作，同时也是信息化工作中不可或缺的一项基础性工作，尽管没有建设一两个信息系统取得的效果那么直接，但对企业的信息化工作却有着全面而深远的影响。

二、相关理论

（一）信息工程论

詹姆斯·马丁（James Martin）是美国著名的管理和信息技术专家。20 世纪 80 年代初期，詹姆斯· 马丁在研究了数据处理先行国家的“信息孤岛”“数据处理危机”等问题的基础上，发表了《战略数据规划方法学》和《对数据库环境的管理》两本著作，揭示了计算机化的信息是一个企业或其他组织机构最有价值的宝贵资源；对企业或组织的全部数据加以全面的战略管理是必要的,没有战略数据规划就无法建立计算机化的企业。20 世纪 90 年代初期,詹姆斯·马丁完成了《信息工程》一书,提出了建设集成化企业信息系统的理论与方法,创建了一个新学科——信息工程,强调信息工程方法是引导企业走向信息化应用成功的关键因素。在此之后,詹姆斯·马丁又出版了《总体数据规划方法论》(Strategic Data-Planning Methodologies)一书,对信息工程的基础理论和奠基性工作——总体数据规划方法,从理论到具体实践作了阐述。

1. 信息工程的基本原理

信息工程的基本要点包括:

(1)以数据为中心。

(2)数据是稳定的,处理是多变的。只要企业自身的生产经营方向不变,即业务主体不变,所使用的数据类就很少变化。

(3)最终用户应真正参加信息资源的开发工作,企业的高层领导和各级管理人员都是计算机应用系统的最终用户(End User),他们最了解业务过程和管理上的信息需求,所以从规划到设计实施,在每一阶段上都应该有用户的真正参与。

2. 四类数据环境

"数据环境"(Data Environment)是为解决"数据处理危机问题"而提出的重要概念。马丁在《信息工程》和《总体数据规划方法论》中将计算机的数据环境分为四种类型,并认为清楚地了解它们之间的区别是很重要的,因为它们对不同的管理层次(包括高层管理)的作用是不同的。

第一类数据环境:数据文件(Data Files)。早期的数据处理还没有出现数据库管理系统(DBMS 实际上是一种操纵数据库的软件),是系统分析员和程序员根据应用的需要,用程序语言分散地设计实现各种数据文件。这是一种数据组织技术简单、相对容易实现的数据环境。

第二类数据环境:应用数据库(Application Data Bases)。系统分析员和程序员一般是根据报表的原样"建库"。这些数据库不能支持数据的共享,因此叫作"应用数据库",这种数据库环境像数据文件环境一样,随着应用的扩充在不断地增加,构成了第二类数据环境。

第三类数据环境:主题数据库(Subject Data Bases)。这是一种真正意义上的数据库,经过科学地规划与设计,其结构与使用它的处理过程是独立的。各种面向业务主题的数据,通过一些共享数据库被联系和体现出来。这种主题数据库的特点是:经过严格的数据分析,建立模型需要花费时间,但其后的维护费用很低,最终会使应用开发加快,并能使用户直接与这些数据库交互使用数据。

第四类数据环境:信息检索系统(Information Retrieval System)。这种数据环境的目的是保证信息检索和快速查询的需要,以支持高层管理和辅助决策,而不是大量的事务管理。20 世纪 90 年代,这种数据环境被称为数据仓库(Data Warehouse),它是面向主题的、单一的、完整的和一致的数据存储。数据从多种数据源获取,经过加工成为最终用户在一定程度上可理解的形式。可以说数据仓库是主题数据库的集成,是深加工的信息。

以数据文件或应用数据库为主体的数据环境,是低档次的数据环境。而现代化较高管理水平的企业,应该具有第三类和第四类的数据环境,即高档次的数据环境,才能保证高效率、高质量地利用数据资源。

(二)信息资源管理理论

企业的信息资源管理,是指在生产和经营活动中对信息的产生、获取、处理、存储、传输和使用进行全面管理。由于信息过程与管理过程紧密地联系在一起,所以,企业信息资源的管理就成为企业管理的重要组成部分。

信息资源管理最早是霍顿(F·W·Horton)和马钱德(D·A·Marchand)等人于20世纪80年代初提出的资源管理(Information Resources Management,IRM)的概念。主要思想包括:

(1)信息资源与人力、物力、财力和自然资源一样,都是企业的重要资源,因此,应该像管理其他资源那样管理信息资源。

(2)信息资源管理包括数据资源管理和信息处理管理。

(3)信息资源管理的目标是通过增强企业处理动态和静态条件下内外信息需求的能力来提高管理的效益。

威廉· 德雷尔(William Durell)提出和总结了数据管理(Data Administration)方面的原则和经验,在建立信息资源管理基础标准方面,丰富了IRM的理论、方法,指出没有卓有成效的数据管理,就没有成功高效的数据处理,更建立不起来整个企业的计算机信息系统。他强调注重逻辑层的信息资源标准的建立,提出了关于数据管理标准的十项重要原则,并认为其中最重要的是一致性标准,即数据命名、数据属性、数据设计和使用的一致性。他把信息系统设计人员了解和掌握数据管理的标准的重要性,比喻成就像建筑设计师了解和掌握建筑材料的标准一样重要。

我国从事企业信息化应用的专家学者,就是在詹姆斯·马丁"信息工程"方法论与威廉·德雷尔"数据管理"理论基础上,提出了企业信息资源规划的思想和方法。

三、信息资源规划方法与实施

大连海事大学高复先教授曾参加多项大型信息化工程开发的实践,并形成了一套面向企业、行业和政府部门信息资源开发和规划的方法和工具体系。其方法概括起来可以归纳为两个阶段、五个标准、三个模型、一套软件工具、五个要点。

两个阶段:即需求分析阶段、系统建模阶段。

五个标准:即数据元素标准、信息分类编码标准、用户视图标准、概念数据库标准、逻辑数据库标准。

三个模型:即系统功能模型、系统数据模型、系统体系结构模型。

一套软件工具:即信息资源规划工具软件。

五个要点:即规划过程中,实施标准和规范的要点。

1. 两个阶段

两个阶段是指实施企业信息资源规划需要分两个阶段进行,即需求分析阶段、系统建模阶段。

需求分析阶段,企业运用信息工程的思想方法,系统概括企业业务的功能结构,从企业战略和运营的目标出发,按照“职能域—业务过程—业务活动”的层次建立企业业务模型,并进行企业的数据流分析,规范各职能域数据流程图和用户视图,完成企业信息资源管理的“五个标准”的制定工作。

系统建模阶段,企业在需求分析阶段成果——业务模型的基础上,分析职能域之间、职能域内部、职能域与外部的数据的流向,通过计算机化的可行性分析,建立系统功能模型。同时根据系统分析阶段数据流分析的结果,建立符合数据元素标准、信息分类编码标准的数据模型,设计完成企业概念数据库和逻辑数据库,设计完成体系结构模型。

总结以上两个阶段的内容可以看出,需求分析是系统建模的准备,系统建模是需求分析基础上的设计成果。

2. 五个标准

信息资源规划的五个标准,即为信息资源管理的最基础的标准。所谓“信息资源管理基础标准”,也可称为数据管理标准,包括:数据元素标准、信息分类编码标准、用户视图标准、概念数据库标准和逻辑数据库标准。

(1)数据元素标准。

数据元素(Data Elements)是最小的不可再分的信息单位,是一类数据的总称。例如:企业每一个职工都有一个编号,可以概括出“职工编号”这个数据元素。通常职工档案中的“简历”“受奖情况”等,就不是数据元素,因为“简历”至少包括时间、地点等信息,是可以继续分解的信息。

数据元素的标准包括:数据元素命名标准、数据元素标识标准和数据元素一致性标准。

数据元素的创建和使用的规划是信息资源规划的重要内容。建立并执行数据元素标准,可以大幅度减少企业数据处理系统中所使用的数据元素的总数,使所有数据建立在有限数目的“核心”数据元素的基础之上,从而简化其数据结构。数据元素的质量是建立坚实的数据结构基础的关键。

需要注意的是,执行数据元素一致性标准,进行数据元素的一致性控制,靠人工的方法是十分困难,须有相应的软件工具支持。要在企业中建立高档次的数据环境,实现信息的共建、共享,数据元素的标准化是最基本的要求。

(2)信息分类编码标准。

信息分类编码(Information Classifying and Coding)是标准化的一个领域,已发展成了一门科学,有自身的研究对象、研究内容和研究方法。美国新兴管理学的开创者莫里斯·L·库克(Monis L. Cooker)说:“只有当我们学会了分类和编码,做好简化和标准化工作,才会出现任何真正的科学的管理。”在工业社会中,信息分类和编码是提高劳动生产率和科学管理水平的重要方法。在信息化时代,信息分类编码标准是信息标准中最基础的标准。

所谓信息分类,就是根据信息内容的属性或特征,将信息按一定的原则和方法进行区分和归类,并建立起一定的分类系统和排列顺序,以便管理和使用信息。而信息编码就是在信息分类的基础上,对信息对象(编码对象)赋予有一定规律性的、易于计算机和人识别与处理的符号。通常具有分类编码意义的数据元素是数据库中最重要的一类数据元素。关于信息分类编码的规定,可按照“国际/国家标准—行业标准—企业标准”的顺序原则,引用或建立企业的信息分类编码标准。

(3)用户视图标准。

用户视图(User View)是一些数据元素的集合,它反映了最终用户对数据实体的看法。用户视图是数据在系统外部(而不是内部)的样子,是系统的输入或输出的媒介或手段。威廉·德雷尔认为,用户视图与外部数据流是同义词。例如:输入的表单、打印的报表、更新的屏幕数据格式、查询的屏幕数据格式等。

视图标准包括:用户视图的分类编码和用户视图组成的规范化两部分内容。

用户视图分类编码一般分为三大类、四小类。三大类指“输入”“存储”“输出”三类,代码分别为1、2、3;四小类指“单证”“账册”“报表”“其他”(屏幕表单、电话记录等)四类,代码分别为1、2、3、4;为区别不同的职能域的用户视图,同时还需要在编码的最前面标记职能域的代码,在编码的最后面标记表示同一视图规范化后形成的几个同簇表的簇码。用户视图分类编码如图2-15所示。

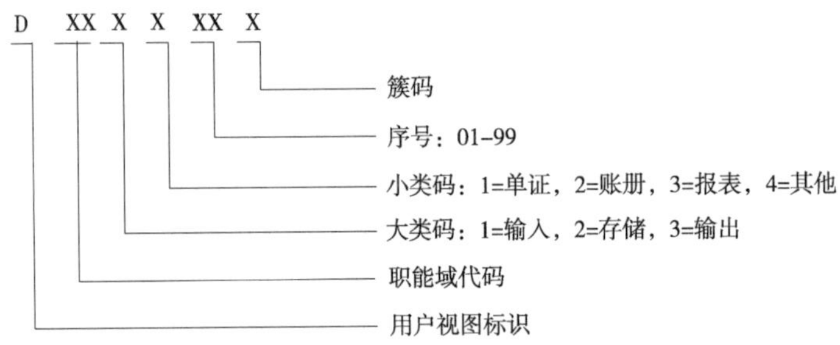

图2-15 用户视图分类编码

用户视图组成的规范化是指顺序描述其所含的数据元素或数据项,按“序号、数据元素/项标识、数据元素/项名称”这样的格式来表示一张用户视图。一般是通过进行一范式的规范,形成用户视图的组成。所谓一范式(INF)是指数据库表的每一列都是不可分割的基本数据项,同一列中不能有多个值,即实体中的某个属性不能有多个值或者不能有重复的属性。一般来说,存储类用户视图在表述其组成时要规范化到一范式。

(4)概念数据库标准。

概念数据库(Conceptual Database)是最终用户对数据存储的看法,是对用户信息需求的概括,是主题数据库的概要信息,也是建立逻辑数据的基础。

企业概念数据库标准是指列出企业所有的主题数据库的概要信息。经过总体数据规划工作,根据企业性质和规模,列出30~50个主题数据库概要信息,从而形成企业概念数据库标准。经过科学规划建立的概念数据库标准,是企业领导、CIO和系统开发人员共同把握企业数据环境建设,是实现系统集成的总纲,在企业信息化建设中有极其重要的意义。

(5)逻辑数据库标准。

逻辑数据库(Logical Database)的数据库逻辑设计主要是将现实世界的概念数据模型设计成数据库的一种逻辑模式,即适应于某种特定数据库管理系统所支持的逻辑模式。

一个逻辑主题数据库由一组规范化的基本表(Base 1、able)构成。基本表是按规范化的理论与方法建立起来的数据结构,一般要达到三范式(3NF)。所谓三范式是要求一个数据表中不包含在其他表中已包含的非主关键字信息。

企业的逻辑数据库标准是指以基本表为基本单元,列出企业全部的逻辑数据库。

3. 三个模型

模型是对系统的一种抽象描述,它可以揭示系统某一方面的本质属性,将复杂的问题简化为易于处理的形式,并可在决策实施之前,预测方案实施的后果。

模型是系统分析的形式,有两个特性:(1)模型是系统的抽象,它与系统存在着相似关系,在系统分析中可用来代替系统;(2)模型表明系统内主要因素之间的关系,通过对模型的研究,我们可以得到系统的有关知识。

企业信息资源规划的三个模型包括:系统功能模型、系统数据模型、系统体系结构模型。

(1)系统功能模型。

系统功能模型(Function Model)是对规划系统功能结构的概括性表示,主要解决系统“做什么”的问题。系统功能模型分“子系统—功能模块—程序模块”三层结构。功能模型的主要分析工作是对业务过程和业务活动作计算机化的可行性分析,并对要开发的信息系统的功能结构作出简明准确的定义。需要注意的是,业务模型是对现行系统功能的概括性认识,功能模型是对新系统功能的概括性认识。

系统的功能建模拟定的子系统是“逻辑子系统”(面向规划、设计人员),而不是“物理子系统”(面向最终用户)。

(2)系统数据模型。

系统数据建模是要解决系统的“信息组织”问题。这是信息资源规划的核心部分,是数据环境重建的根本保障。系统数据模型包括概念数据模型和逻辑数据模型。

概念数据模型。概念数据模型分全域和某一职能域两种模型形式。它们分别是指由各自的全部概念数据库所组成的列表。

概念数据模型采用“实体框表达法”,概念数据模型中各数据库之间的关系,采用序号标示。

概念数据库反映了用户的综合性信息需求,反映了用户信息需求的总体观点。建立规范的企业概念数据模型是一种比较复杂的认识过程,需要其设计者具有较广泛深入的业务领域知识和经验,需要业务行家参与,进行分析、识别、定义出各个数据库名称和数据内容,并形成统一的概念数据模型。

逻辑数据模型。逻辑数据模型是由逻辑数据库组成,而逻辑数据库(Logical Database)是系统分析设计人员的观点,是对概念数据库的进一步分解和细化。在数据组织的关系模式中,逻辑数据库是一组规范化的基本表(Base Table)。

由概念数据库演化为逻辑数据库,主要是采用数据结构规范化原理与方法,将每个概念数据库分解、规范化成三范式的一组基本表,而基本表是由企业管理所需要的基础数据组成的表,其他数据则是在这些数据的基础之上衍生出来的,它们组成的表是非基本表。基本表可以代表一个实体,也可以代表一个关系,基本表中的数据项就是实体或关系的属性。

逻辑数据模型分全域和某一职能域两种模型形式。全域或某一职能域的“逻辑数据模型”,是指全域或某一职能域的全部基本表及其关系的表述。

逻辑数据模型的表达一般采用“实体框表达法”。

逻辑数据模型能更科学准确地反映用户的信息需求。

(3)系统体系结构模型。

信息系统体系结构(Information System Architecture),是指系统数据模型和功能模型的关联结构,采用C-U矩阵来表示。系统体系结构模型的建立,是决定共享数据库的创建与使用责任、进行数据分布分析和制订系统开发计划的科学依据。

系统体系结构模型分为全域系统体系结构模型和子系统体系结构模型。全域系统体系结构模型即全域C-U矩阵,它表示整个规划范围所有子系统与主题数据库的关联情况;子系统体系结构模型即子系统C-U矩阵,它表示一个子系统的所有功能模块与基本表的关联情况。

系统体系结构建模识别定义每一主题数据库/基本表被功能模块存取的关系,从而形成各子系统和全域的C-U矩阵,是科学地制订总体网络—计算机配置方案、数据分布策略和项目进度计划的根据,同时,也是系统共享数据库的创建、维护和使用等责任的规定依据。有关C-U矩阵的内容,可以参考本章第一节相关内容。

4. 一套软件工具

在进行企业信息资源规划时,许多工作靠人工的方法完成是十分困难的,必须有相应的软件工具支持。信息资源规划工具IRP2000就是信息资源网规划建设的高层软件工具,是进行企业信息资源规划所不可缺少的工具软件。不同的企业可根据自己的特点,从实际出发,相对灵活地选择不同的数据集成策略,如:分段式集成策略、集中式集成策略或再造工程策略。利用软件工具完成企业信息资源规划的需求分析、系统建模和信息资源管理基础标准等工作,在软件的支持下完成企业信息资源规划。

信息资源规划工具即IRP2000可供下述三种情况的企业在进行信息资源规划时采用:

(1)计算机应用覆盖面较大,但数据环境质量较差,信息孤岛较多,需要建立共享的数据环境,整合提升已有的应用系统。

(2)计算机应用覆盖面中等,数据环境质量中等或较差,既需要开发一些新的应用系统,又需要改善数据环境,使已有的应用系统与新开发的应用系统能够高度融合。

(3)计算机应用覆盖与数据环境建设都远未形成一定规模,或者是新组建的企业,需要集成化地开发新一代的信息系统。

5. 五个要点

从理论和技术方法创新的角度来看,信息资源规划的要点有:

(1)在总体数据规划过程中建立信息资源管理基础标准,从而落实企业数据环境的改造或重建工作。

(2)工程化的信息资源规划实施方案,在需求分析和系统建模两个阶段的规划过程中执行有关标准规范。

(3)简化需求分析和系统建模方法,确保其科学性和成果的实用性。

(4)组织业务骨干和系统分析员紧密合作,按周制订工作进度计划,确保按期完成规划任务。

(5)全面利用软件工具支持信息资源规划工作,将标准规范编写到(固化到)软件工具之中,软件工具就会引导规划人员执行标准规范,形成以规划元库(Planning Repository,简称PR)为核心的计算机化文档,确保与后续开发工作的无缝衔接。

对信息资源规划的方法进行研究的还有：

国内学者范玉顺教授在《企业信息化战略规划法方法与实践》一书中提出模型驱动的信息资源规划方法。其方法可概括为：两条主线、两个阶段、三种模型、一套标准，规划过程的七个关键步骤。国内学者柯新生教授的《企业信息资源规划理论与方法研究》一书，在对信息资源规划概念、特点和分类的基础上，提出了基于网络的企业级 IRP 理论体系框架，其内容包括基础理论、IRP 方法与 IRP 相关技术，特别是在相关原则、标准和策略的指导下，提出了系统化、工程化的 IRP 方法。读者可根据需要查阅参考。

四、企业信息资源规划的实施

信息资源规划对我国大部分企业尤其是公交企业来说是一项新的复杂的工作，企业应该选择什么时候进行信息资源规划？如何进行信息资源规划？这些是大家关心的问题。根据前述内容，信息资源规划的核心是建设以主题数据库规划、设计和实现为主体的企业数据环境。我国有些学者认为，按照诺兰模型的六阶段学说（参见本书第一章），当企业信息化处于“控制”和“集成”阶段时，其数据环境必须达到詹姆斯·马丁所说的第三类数据环境，即主题数据库环境，这时候，企业就必须考虑进行信息资源规划。

从我国企业信息化的发展状况看，大部分企业基本上正处于“诺兰模型”所描述的“控制”和“集成”阶段，要想进一步推进企业信息化的发展，企业应该考虑在此阶段进行信息资源规划。

至于如何进信息资源规划，可以按照本书所介绍的信息资源规划法，分两个阶段进行。

（一）需求分析阶段

需求分析阶段，包括对功能的需求分析和对数据的需求分析。该阶段各项工作是企业信息资源规划的基础，直接关系到信息资源规划的质量。信息资源规划的需求分析与一般软件的实施工程有所不同，其过程应把握以下三个前提。

①分析范围是立足于整个企业。信息资源规划的需求分析强调对全企业、企业的大部分或企业的主要部分进行分析，是一种全局性的分析，必须站在企业全局的高度，对企业全局所进行的分析。

②需求分析必须有企业的高层领导和熟悉业务的人员参加。需求分析阶段业务人员应起主导作用，用以保证需求内容的完整和业务过程准确到位。

③信息资源规划的数据需求分析是要建立全局的数据标准，必须进行统一的、全局性的数据标准化工作，这项工作也是进行数据集成的基础准备工作。

1. 功能需求分析

信息资源规划之所以要进行业务分析，是为了按信息工程的思想方法来重新认识企业，以便能系统地、本质地、概括地把握企业的功能结构。在信息工程方法论中，一般是用“职能区域—业务过程—业务活动”三个层次结构来描述企业的功能，这就是企业模型（Enterprise Model）或业务模型（Business Model），其中包括以下三个内容。

（1）企业的职能域模型。

研究定义职能域是信息资源规划第一阶段的一项重要任务。职能域（Function Area）或职能范围、业务范围，是指一个企业或组织中的一些主要业务活动领域，如公交企业的主要业务活动是运营、服务、生产和管理等。职能域是企业功能划分的抽象，不是公交企业管理职能部门职能的照搬。职能域应考虑企业大部分或企业的主要部分业务的职能范围。职能域的识别，对企业来说，应保持相对稳定。研究职能域模型时需要特别注意的一点，是控制把握好职能域的数据量。图2-16为某公交企业职能域模型图。

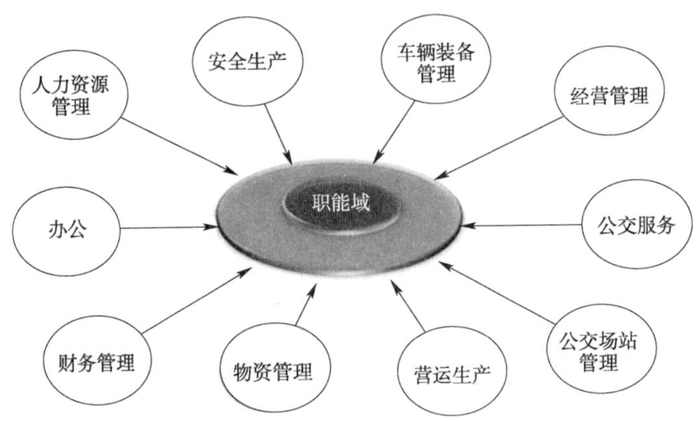

图2-16　某公交企业职能域模型图

(2)研制业务过程模型。

业务过程是企业模型的第二层结构，即业务过程的识别、命名和定义。

每个职能域都包括一定数目的业务过程(Process)。业务过程的命名应符合它们所起的作用。这项工作主要依靠业务人员来完成，是与业务人员共同商讨的结果，以保证对业务过程的命名和定义有一致的理解，最后整理出企业一、二层模型。表2-6反映了某公交企业营运生产服务过程。

某公交企业运营生产业务过程　　表2-6

职能域	业务过程	职能域	业务过程
运营生产	1.需求调查分析	运营生产	6.公交运营计划管理及考核
	2.制定公交运营战略和规划		7.运力、运量评估及调配
	3.公交线路及线网的设计规划		8.公交站点规划建设与管理
	4.线网优化调整		……
	5.编制公交运营计划和方案		

注：因运营安全管理和驾驶员操作监控等，已分别规划在“安全生产”和“车辆装备管理”的职能域中，本表不再列入。

需要说明的是，职能域业务过程的确定，应该独立于当前的企业管理组织机构，可称为“逻辑职能域(Logical Functional Area)”，这样业务过程具有相对稳定性，可以应对企业组织机构发生的变动。

(3)业务活动分析。

根据业务过程列出每个业务过程的各项业务活动(Activity)，在每个业务过程中都包含一定数目的业务活动。业务活动是企业功能分解后最基本的、不可再分解的最小功能单元。对业务活动命名可采用一个动词，以表示该活动所执行的操作。业务活动应分解到最基本的、具有凝聚的活动为止。某公交企业的运营生产业务活动分析见表2-7。

某公交企业的运营生产业务活动分析　　表2-7

业务过程	业 务 活 动	业务过程	业 务 活 动
调查与分析	客流调查与信息收集	运营计划管理及考核	编制行车作业计划
	客运市场的设计开发		制定并落实运营制度
	新辟线路的调研		统计分析线路各项运营指标
制定公交运营战略和规划	制定公交运营战略和规划		考核运营计划完成情况
公交线路及线网的设计规划	线路线网设计		应急预案管理
	新辟线路的设计和开通	运力、运量评估及调配	运力、运量评估及调配
线网优化调整	线网优化	公交站点规划建设与管理	公交站点线的规划与建设 公交站点设施维护
编制公交运营计划和方案	编制公交运营计划和方案		
	运营计划执行情况管理及考评		公交站点信息管理

需要说明的是，在需求分析的每一个步骤中，从职能域的划分、业务过程的识别和定义、业务活动的分析和确定，都需要规划人员与企业高层管理人员直至基层业务人员的深入参与，由粗到精地进行分类和定义。当初步的企业模型完成后，要进行认真的复查和审核。经过复查，从而确认所建立的企业模型已经是一种逻辑模型，这种业务模型应具有以下特点：

①完整性。这种模型应该是表示组成一个企业的各个职能域、各种过程和活动的完整图表。

②适用性。这种模型应该是理解一个企业的合理有效的方法。在每一个分析层次上职能和活动的确定，都应使参与工作的管理人员觉得是自然的和正确的。

③永久性。只要企业的目标保持不变，这种模型就应该保持正确和有效，以应对企业改组、改变工作方式以及调整组织机构等。

建立业务模型的过程，常常可以揭示出企业组织机构中许多冗余的和不合理的活动，对于这种情况，最高层管理人员往往不是完全清楚。因而，通过业务模型的分析，可以对整个企业组织机构的改组或调整提供依据，促进企业的组织机构与管理职能逐步向更加科学合理的方向调整，从而提高整个企业的管理水平。

2. 数据需求分析

数据需求分析是信息资源规划中最重要、工作量最大且较为复杂的工作，要求对企业管理所需要的信息进行深入的调查研究。数据需求分析包括用户视图分析、数据元素在用户视图中的分布分析以及数据流分析三个工作内容。

（1）用户视图分析。

用户视图的规范表达是要对用户视图按照标准进行登记，登记的内容包括：用户视图标识、用户视图名称、用户视图组成和主码。首先按照视图的三大类、四小类、职能与编码、簇码等相关标准，对用户视图进行视图标识的编码；其次进行用户视图的名称定义，即用一组短语表示其意义和用途；最后进行用户视图的生存期和视图记录的登记，然后对每一用户视图的数据项逐一进行登记，就得到用户视图的组成。在进行用户视图组登记时，还必须做一定的规范化工作，即对用户视图中的所有数据项之间的关系进行分析，如果发现其结构上存在问题,要加以科学地重新组织,按照规范解决这些数据项之间结构上的问题,这就是用户视图的规范化。规范化的用户视图不仅适合计算机处理,有利于数据库的设计,而且也更适合业务人员的使用。

图 2-17 所示为某公交企业信息系统的视图分析。

公交企业运营的基本元素为人、车、线、站及组织结构,是企业运行能力的基本构成,通过充分梳理、分析这些基本数据元素构成以及他们之间的关系,可以为下一步的数据建模打好基础。

企业还可以借助 IRP2000 软件,进行用户视图的调研、分析和规范化的工作,主要包括:规范化登记用户视图、规范化整理记录用户视图的组成、对已登记的用户视图做相应的统计分析。

(2)数据元素在用户视图中的分布分析。

分析数据元素在用户视图中的分布,就是分析同一个数据元素可能出现在哪些用户视图之中。出现频度越多的数据元素,越有可能是共享的数据元素,而出现频度很低的数据元素,例如出现频度为 1(即只在一个用户视图中出现)的数据元素,其有很大的可能是孤立的数据元素,或者是命名不当的数据元素。数据元素在用户视图中的分布分析,既有利于对公共数据元素的识别,也便于消除数据元素"同名异义"的现象。

(3)数据流分析。

分析数据流的方法是绘制各职能域的一级数据流程图和二级数据流程图。一级数据流一般有两种情况:一种是职能域与职能域之间的数据流,另一种是职能域与外单位之间的数据流。二级数据流是指企业职能域中业务过程的数据流。将上述两项工作结合起来,进行数据流的量化分析,即可统计获得数据的输入输出流量和存储的数据量。

(二)系统建模阶段

企业信息资源规划的主要成果就是建立起全企业集成化的信息系统模型,在系统建模阶段需要完成功能模型、数据模型和系统体系结构模型的设计。在建模过程中应注意要始终围绕企业管理目标,信息系统如何支持企业管理目标,信息系统的用户类型划分及如何为用户服务,信息系统的特征等思路进行建模工作。

1. 系统功能建模

系统功能建模是以各功能模块的识别和定义为主要工作,提出规划系统的功能模型初稿,即系统由哪些子系统、功能模块、程序模块所构成。

(1)明确功能模型和其表示方法。

系统的功能模型(Function Model)是对规划系统功能结构的概括性表示,通常采用"子系统—功能模块—程序模块"的层次结构来描述。经过功能需求分析,在业务模型的基础上建立功能模型,对要开发的信息系统的功能结构作出简明准确的定义。功能模型与数据模型两者大体存在如图 2-18 所示的对应关系。

(2)进行功能建模的分析研究工作。

功能模型的主要分析工作是对业务过程和业务活动作计算机化的可行性分析。通过分析确定,哪些业务过程、业务活动可以由计算机自动进行(A 类),哪些可以人—机交互进行(I 类),哪些仍然需要由人工完成(M 类)。

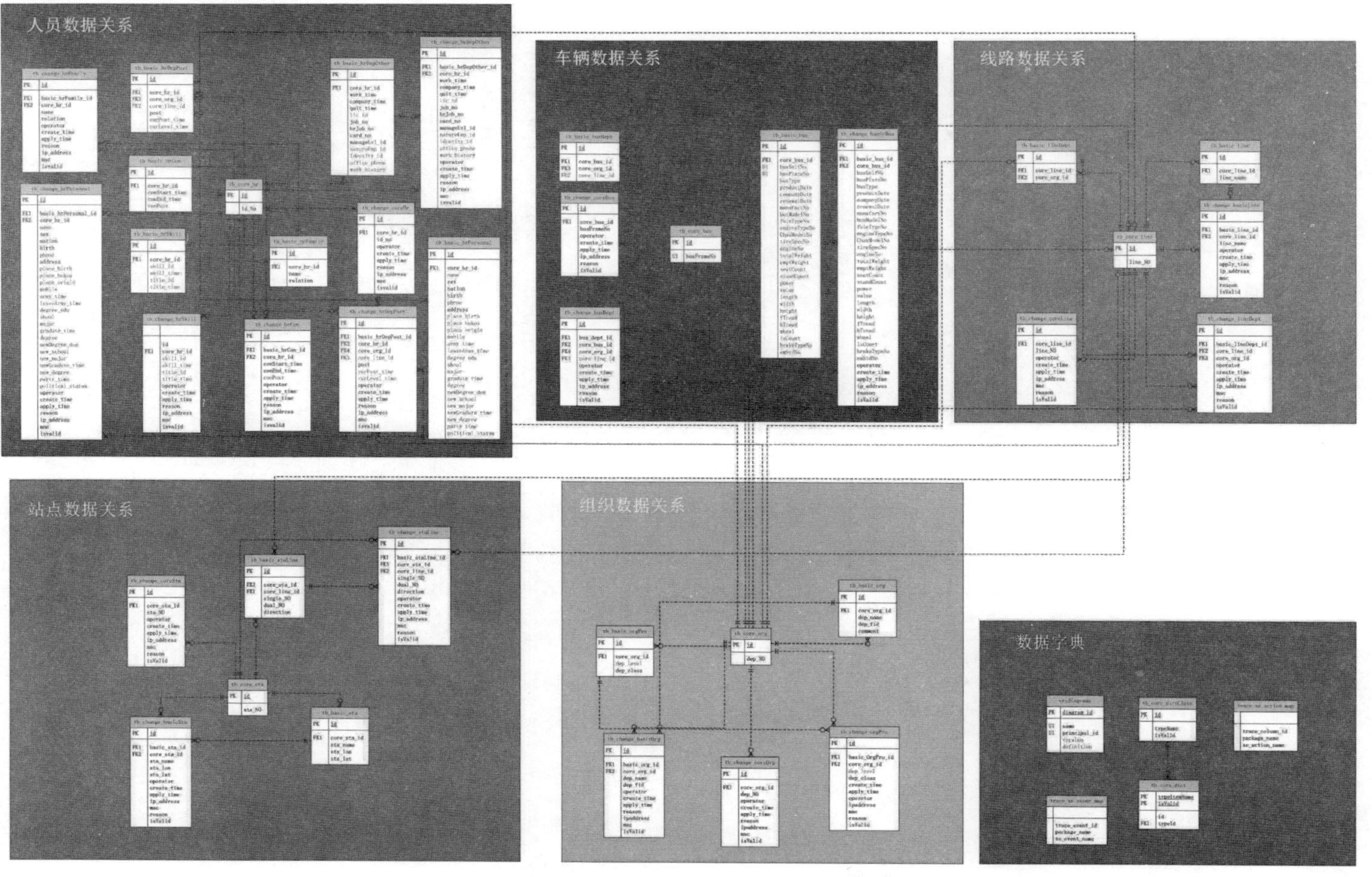

图 2-17　某公交企业的信息系统的视图分析图

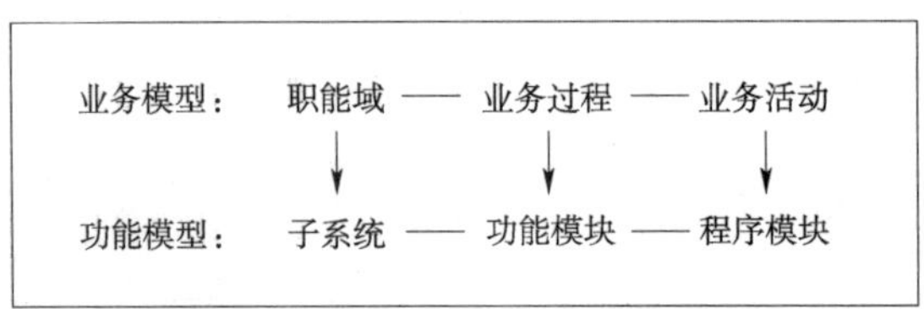

图 2-18 功能模型与数据模型对应关系图

(3)系统功能建模。

定义子系统,是主要确定子系统的目标、子系统的边界、子系统的加工处理深度或系统类型以及子系统的主要功能,并用准确的文字进行说明。

定义功能模块和程序模块,是针对子系统定义进行计算机化的可行性分析,并进行各项分析的复查确认。

在进行子系统设计的同时,还应考虑选取已经开发和使用的应用系统中的有用程序模块,如有可能,应借鉴同类系统的有关模块。图 2-19 所示为某公交企业的物资管理子系统功能模块。

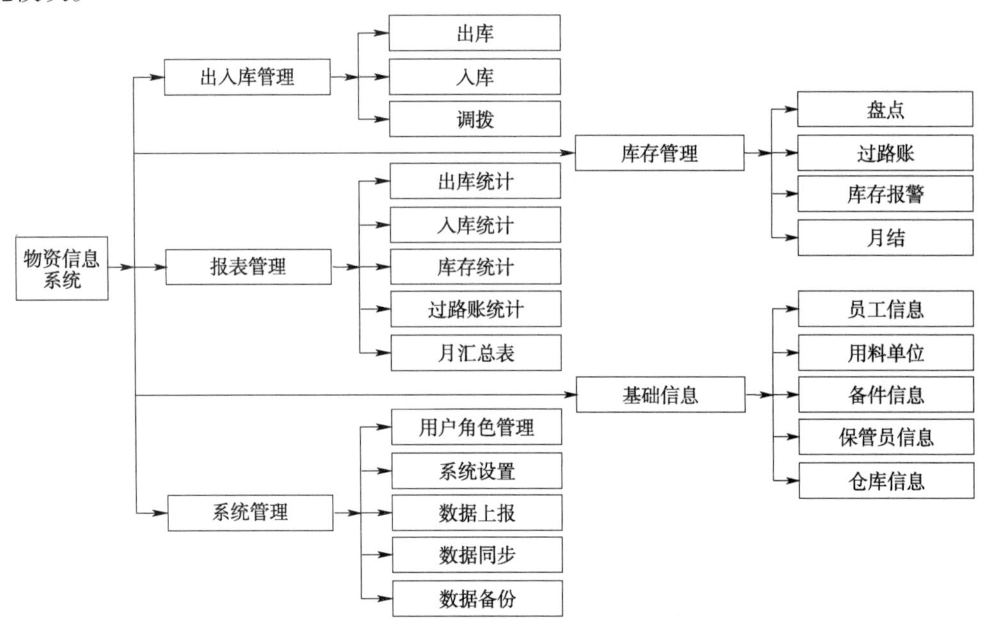

图 2-19 某公交企业物资管理子系统功能模块

需要着重说明的是,功能建模拟定的子系统是"逻辑子系统",而不是"物理子系统"(面向最终用户)。基于职能域的业务过程和数据分析,可以定义相对稳定的功能模块和程序模块,这样建立起逻辑系统的功能模型是确保能对企业管理变化有一定的适应性。因此,"逻辑子系统"作为这些功能模块和程序模块的一种分类(或分组),是对全企业信息系统功能宏观上的把握。

在应用开发中,加强可重用模块的开发和类库建设,这些模块和类库部件都以存取主题数据库为基本机制,就可以按照最终用户对象,组装多种"物理子系统"(图 2-20),从而能够灵活地应对企业组织机构的调整变化。如果组织机构需要做调整,信息系统并不需要重新开发,只是需要对模块/部件做重新组装。

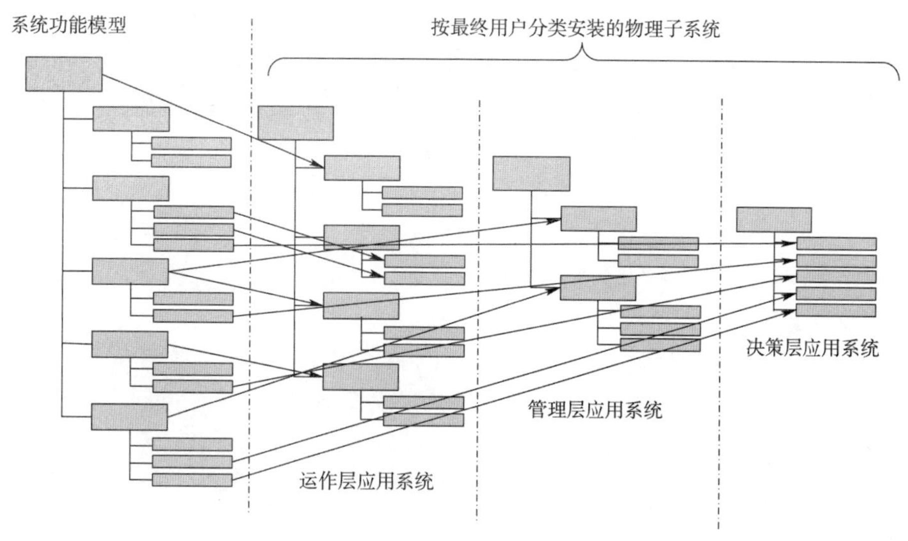

图 2-20 逻辑功能模型与应用系统安装(只标出部分箭头)

2. 系统数据建模

系统数据建模就是要解决系统的“信息组织”问题。这是信息资源规划的核心部分,是数据环境重建的根本保障。

(1)数据建模的基本工作和步骤。

汇总前期需求分析的基础资料,包括:各个职能域的用户视图及其组成,各个职能域的数据流程图(一级数据流程图 1 - DFD 、二级数据流程图 2 - DFD),各个职能域的输入数据流、输出数据流和数据存储分析报告,全域的数据元素集,全域的数据元素和用户视图分布分析报告等。

数据建模的基本工作内容有:识别定义业务主题,按主题将用户视图分组定义为实体大组,提出概念数据模型;按业务需要进一步分析实体的属性,规范化数据结构产生基本表,提出逻辑数据模型;数据元素规范化,进一步审核基本表的组成。

建立系统数据模型分以下三步进行。

第一步进行实体-关系分析。从业务主题出发确定实体大组,识别各个实体,也可以从数据流程图(DFD)出发,确定各个实体及关系,绘制 E-R 图,建立概念数据模型。

第二步进行数据结构规范分析。利用数据结构规范化的理论和方法,将每一实体规范化到三范式,形成基本表,确定基本表之间的关系,建立逻辑数据模型。

基本表可以代表一个实体,也可以代表一个关系,基本表中的数据项就是实体或关系的属性。基本表应该具有一些基本特性:

原子性,表中的数据项是数据元素;

演绎性,可由表中的数据生成系统绝大部分输出数据;

稳定性,表的结构不变,表中的数据原则上一处一次输入,多处多次使用;

规范性,表中的数据关系满足三范式;

客观性,表中的数据是客观存在的数据,是管理工作需要的数据。

基本表之间的关联是由基本表的外键联系起来的,所谓外键是指基本表中起到向外连接的数据项。一般来说，一个基本表的外键是另一基本表的主键。

第三步进行元素规范化分析。利用数据元素规范化的理论和方法，建立较完整的类别词表和基本词表，以便控制数据元素的一致性，使基本表进一步规范化。

在进行元素规范化分析过程中，应认真研究每个基本表的组成，其每个单元都应该是在信息系统中具有"原子意义"的数据元素，而不是还可以分解的复合数据项。同时，还要注意解决由于众多基本表的组成而积累起来的"数据元素集"的一致性问题，即通过分析，发现并处理"同名异义"和"同义异名"的数据元素。

（2）全域数据模型与子系统数据模型的关系。

全域数据模型指范围涵盖企业整体职能域的数据模型。对于数据建模过程和方法，既可以在全企业的范围内进行，也可以在某一职能域或子系统内进行。如果在全企业的范围内进行，即全域数据模型定义的主题数据库是面向全部职能域或所有子系统，如果在某一职能域或子系统内进行，则只需针对这一职能域或子系统，定义主题数据库。

全域数据模型与子系统数据模型的关系体现在以下三个方面：

①全域数据模型的所有主题和基本表都分解到各子系统的数据模型中去，各子系统数据模型的主题与基本表都合成到全域数据模型之中；

②全域数据模型的某一主题或基本表可以存在于几个子系统数据模型之中，它们之间完全保持一致性（标识、名称和组成结构相同）；

③全域数据模型是对各子系统数据模型的统览，每一基本表的创建和维护必须由具体的子系统负责（一般来说，一个子系统负责创建维护，多个子系统使用读取）。

图 2-21 为某公交企业的全域基础主题数据库结构模型，该模型根据公交企业固有的人、车、线、站以及组织结构等信息，建立企业全域基础主题数据库，该主题数据库的基本表的信息分别来源于相关的子系统，如运营、生产、服务、管理等系统数据库，同时，这些信息的维护由各个子系统的相关管理人员负责。数据元素组成按照"三范式"（3-NF）的数据结构进行设计，全域基础主题数据库按照标准规范与其他子系统进行关联，整合各业务子系统的

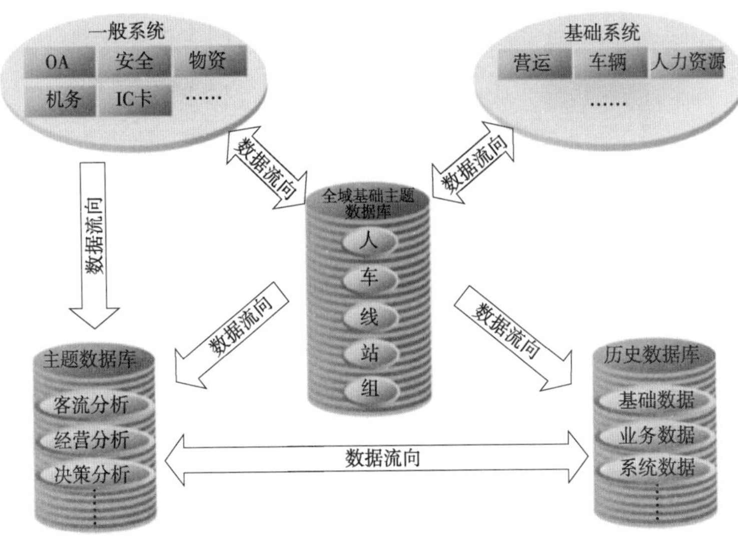

图 2-21　某公交企业的全域基础主题数据库结构模型

基础数据项，以实现企业对核心基础数据输入的唯一性和管理的一致性要求。企业的这种全域基础主题数据库的规划设计，既能满足多业务子系统对基础数据的使用的需求，同时可以提高数据分析的准确性，还可以简化系统的基础数据的维护，以达到提升管理效率的目的。

3. 系统体系结构建模

信息系统体系结构（Information System Architecture），是指系统数据模型和功能模型的关联结构，一般采用C-U矩阵来表示。

系统体系结构模型分为全域系统体系结构数据模型和子系统体系结构数据模型。

全域系统体系结构模型，即全域C-U矩阵，表示整个规划范围所有子系统与主题数据库的关联情况。全域系统体系结构模型的一般模式如图2-22所示，在全域C-U矩阵中，各列表示全系统的主题数据库（只有一级基本表，没有二级基本表），各行表示所有子系统。行列交叉处的“C”代表所在行的子系统生成所在列的主题数据库，即负责该主题数据库的创建和维护；“U”代表所在行的子系统使用所在列的主题数据库，即读取该主题数据库的信息；“A”代表既生成又使用所在列的数据库。

子系统体系结构模型，即子系统C-U阵，表示一个子系统的所有功能模块与基本表的关联情况。子系统体系结构模型的一般模式如图2-23所示，当某一子系统的功能—数据关联识别定义完毕，即可生成该子系统的C-U矩阵。其中各列代表基本表（分别属于某主题数据库），各行代表各子系统的功能模块或程序模块。行列交叉处的“C”代表所在行的模块生成所在列的基本表，即负责该基本表的创建和维护；“U”代表所在行的模块使用所在列的基本表，即读取该基本表的信息；“A”代表既生成又使用所在列的基本表。

	主题数据库1	主题数据库2	主题数据库3	……
子系统1	C	A	U	……
子系统2	U	C	A	……
子系统3		U	C	……
……	……	……	……	……

图2-22　全域系统体系结构模型的一般模式

	检修周期表	缺陷记录	检修计划—实绩	……
设备检修周期表维护	C			
设备缺陷报告		C		
制定检修计划	U	U	C	
检修监控			A	……
检修备件管理			U	
设备检修查询			U	
……	……	……	……	……

图2-23　子系统体系结构模型的一般模式

图2-23表达了某系统功能/程序模块与基本表之间的存取的C-U关系。图2-24是图2-23数据流程图的表达方式，两种方式是完全等价的。

从子系统C-U矩阵的构成内容可以看出，识别基本表与功能程序模块之间的关系，可以从两个方向进行：逐一地考察一个子系统的每个功能/程序模块，找出它所存取的基本表；逐一地考察一个子系统的每个基本表，找出存取它的功能/程序模块。显然，采用C-U矩阵来表达系统的体系结构比用数据流程图更科学、更简明、更实用。

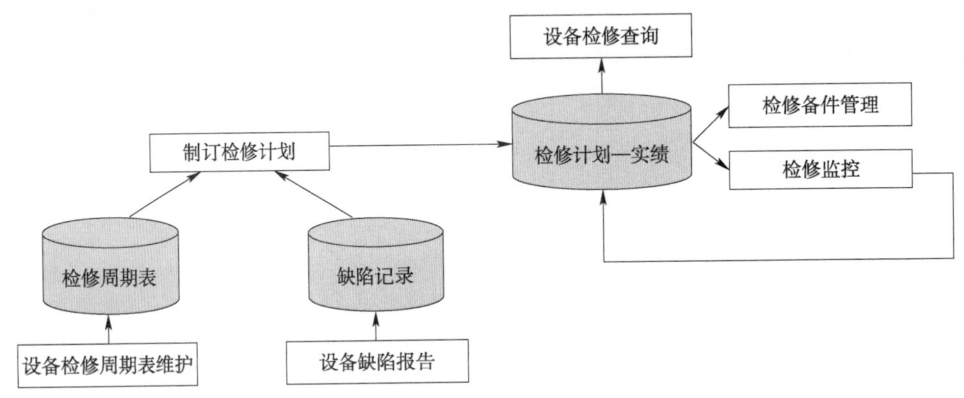

图 2-24　数据流程逻辑关系图

以上内容均可通过 IRP2000 系统软件工具来完成。

建立系统数据模型是系统建模难度最大的部分,模型的质量,将决定信息化工程建成后数据环境的建设质量,因此,相关人员应高度重视这一环节,此处只做了简单介绍,要详细了解有关内容,读者可以进一步参考相关书籍。

第三节　公交企业信息系统设计

企业早期的信息系统一般是针对不同业务建设的独立运行的系统。随着企业信息化的推进,企业的信息系统的集成应用已经纳入了企业信息化架构的整体规划中。企业如何在企业战略规划的引导下,进行企业信息系统的规划与设计,建立信息系统与应用架构、数据架构及技术架构之间的联系,从而完成企业信息化系统的架构规划以及系统的设计,是本节主要讨论的内容。需要说明的是,本节所讨论的内容主要是针对企业各信息系统的规划与设计,是比企业信息化战略规划更进一步的技术规划与设计,相当于系统技术层面的研究与设计,是为信息化建设决策提供依据的。

一、企业信息系统设计

(一)企业信息系统基本概念

1. 信息系统概念

信息系统是由计算机硬件、网络和通信设备、计算机软件、信息资源、信息用户和规章制度组成的,以处理信息流为目的的人机一体化系统。简单地说,信息系统就是输入数据/信息,通过加工处理生产信息的系统,如图 2-25 所示。

图 2-25　信息系统示意图

2. 企业信息系统的定义

企业信息系统(Enterprise Information System,EIS)是按照先进的管理理念,结合计算机和网络等信息技术建立起来的,在企业所有部门内以集成和协调的方式,执行从数据处理到生成管理信息全部任务的人机系统。

企业信息系统强调系统是基于整个企业范围的应用模式，是针对企业全部业务的信息系统。系统集中了来自销售、采购、生产制造、人力资源管理和其他各种经营活动的全部业务信息；系统的建立应用了先进的管理理念和系统理论；系统采用计算机和网络等一系列信息技术，进行信息收集、加工、存储、传输和利用；企业信息系统是一个综合的人机结合的系统。

3. 企业信息系统的组成

企业信息系统按照层次结构，可以分解为决策层、管理层、业务层三个层次。

（1）决策层。决策层的管理涉及企业的总体目标和长远发展规划，为决策服务的信息系统，企业数据和信息来源是广泛的和概括的，其中包括相当数量的外部信息，因此，它所提供的信息必须是高度概括和综合性的，这些信息可以为企业制订战略发展计划提供有益的参考。

（2）管理层。管理层属于企业的中层管理，包括各个部门工作计划的制订、监控和各项计划的完成检测与评价等主要内容，其信息来源一是战略决策层，二是作业处理层。战术管理层所提供的信息包括各部门的工作计划、计划执行情况的报告以及管理控制问题的分析评价等。

（3）业务层。业务层属于企业的基层管理，主要包括作业控制和业务处理两大类。由于这一层的管理活动比较稳定，可以按照一定的数据模型或预先设计好的程序和规划进行相应的信息处理。

企业信息系统按照功能结构，则可分成具有支持企业在不同层面的各种系统，这些不同功能的信息系统，构成了企业的整体的功能结构。例如：企业的市场营销系统、运营生产系统、经营管理系统、物资供应系统、人力资源系统、财务管理系统等。

（二）企业信息系统分析

1. 信息系统分析的概念

信息系统分析是指使用系统的观点和方法，把复杂对象分解为简单组成部分，并确定这些组成部分的基本属性和关系的过程。在此过程中使用了结构化系统分析方法、数据流程图、数据字典等方法和工具。

2. 信息系统分析的特点

（1）用画图的方法，直观且容易理解。

对现行系统的业务流程和数据流程进行描述时，不用烦琐的语言来描述，而是用画图的方式，简单明确地表达这个系统的现行状态，使用户能够从这些图中就能直观地了解系统的概貌和工作流程，这样可以避免用语言描述所带来的理解上的偏差，保证系统分析员能够正确理解现行系统和需求。系统分析员在理解的基础上所产生的新系统的逻辑结构仍然是用图形工具来描述，以方便用户理解新系统的概况及逻辑功能，并提出修正意见。对于设计人员来说，应根据这些图形进行系统设计，并保证设计的正确性。

（2）“自顶向下”的工作原则。

采用“自顶向下”的工作原则，把一个复杂的系统由粗到细、由表及里地分析和认识，符合人类的认识规律，是信息系统开发过程中一直倡导的工作原则。运用这一原则使用户和系统分析员不但对系统有一个总的概念性印象,而且随着逐级向下的扩展,对那些具体的、局部的组成部分也有深刻的理解,系统分析员能够很快地了解现行系统并提出新系统的逻辑结构,用户也能够对此进行评审,提出修改意见。相应地,还可以运用这一原则进行系统设计工作。

(3)强调逻辑结构而不是物理实现。

系统分析阶段的主要任务是确定新系统能够实现用户提出的哪些需求,能够达到什么目标,至于用哪种计算机、用什么技术、怎么去实现的问题不是系统分析阶段所要解决的。这样做的优点在于系统分析员在分析阶段可以不用过多地考虑具体的实现细节,而把精力放在逻辑功能的确定上,首先确保设计基础是正确的,进而才能保证未来系统的正确性。

(4)避免重复工作。

系统分析资料一方面可以用来与用户进行交流,另一方面可用来进行系统设计,这就大大增强了系统开发的一致性。系统分析员在编制文档资料的过程中要相当仔细,尽量避免出现错误,特别是逻辑上的错误或矛盾。一旦发现错误就要及时更正,不要把错误带到下一阶段的开发工作之中。

3.信息系统分析的目的与任务

系统分析的主要目的是进一步明确系统规划中确定的项目范围和系统开发的目标,在充分掌握现行系统的真实情况和分析用户信息需求的基础上,提出新系统的逻辑方案。

系统分析阶段的任务是确定新系统“做什么”的问题,该阶段的工作主要由系统分析员来完成,即系统分析员通过与用户接触,充分了解用户需求,再把双方的理解用系统说明书表述出来。

4.信息系统分析的内容与步骤

系统规模越大,系统分析复杂性也越高。通常系统分析工作包括以下两方面的内容。

(1)用户需求分析。

通过详细了解企业的组织结构、组织目标、组织的业务流程及数据流程,分析和理解用户与管理业务对系统开发的实际需求,包括对系统功能、性能等方面的需求,对开发周期、开发方式及软硬件配置等方面的意向及打算。通常情况下,先由用户提出初步的要求,然后经由系统分析人员对系统进行详细调查,进一步完善用户对系统的要求,最终以系统需求说明书的形式将系统需求定义下来。

(2)确定系统逻辑方案,形成系统分析报告。

在对系统进行详细调查的基础上,运用各种系统开发的理论、方法和技术,确定并表述出系统应具有的逻辑功能,形成系统逻辑方案(包括系统的结构、问题处理过程和分析计算模型)。新系统的逻辑方案在逻辑上描述新系统的目标和具有的功能、性能,它以系统分析报告的形式表达出来,作为下一阶段系统设计的依据。

系统分析的工作可以分两个阶段来完成,第一阶段的工作是进行系统初步调查和可行性研究;第二个阶段的工作是在可行性分析报告通过批准后,对系统进行详细调查和逻辑设计。系统分析的主要步骤是:系统初步调查、可行性研究、系统详细调查与分析、提出新系统逻辑方案。信息系统分析的基本步骤如图2-26所示。

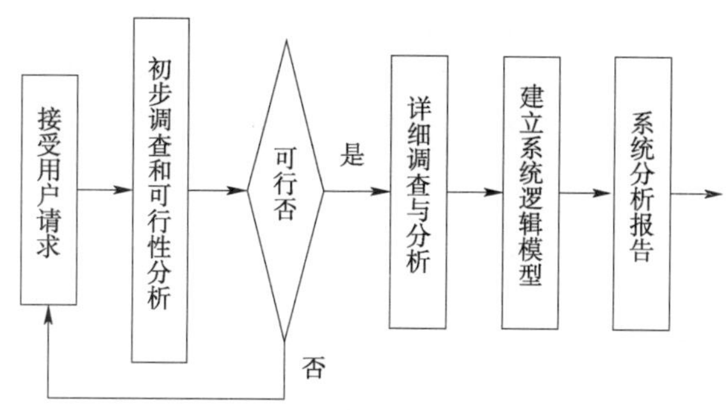

图 2-26 信息系统分析的基本步骤

①概要分析。接受用户请求,对企业管理现状、组织结构现状、信息和应用现状进行初步调查和可行性分析,获得第一手资料,并确认新系统开发为可行。

②详细分析。将调查获得的文档资料进行分析、汇总和处理,弄清组织结构与管理功能之间的关系、数据字典和数据之间的关系、实体-关系模型(E-R 图)、功能与数据间的关系(U/C 矩阵)、子系统划分、计算机软硬件环境支持需求或网络方案等,并进一步进行详细调查和确认。

③系统分析成果总结。即对前两步得到的分析结果进行总结,确定新系统拟采用的逻辑方案,编制系统分析阶段的成果"文档-系统分析报告"。

在运用上述步骤和方法进行系统分析时,调查研究将贯穿于系统分析的全过程。调查与分析经常交替进行,系统分析深入的程度将是影响管理系统成败的关键问题。

(三)企业信息系统设计

系统设计是新系统的物理设计阶段。根据系统分析阶段所确定的新系统的逻辑模型、功能要求,在用户提供的环境条件下,设计出一个能在计算机网络环境上实施的方案,即建立新系统的物理模型。

1. 信息系统设计的任务

信息系统设计阶段的任务是设计软件系统的模块层次结构,设计数据库的结构以及设计模块的控制流程,其目的是明确软件系统"如何做"。这个阶段又分两个步骤:概要设计和详细设计。概要设计解决软件系统的模块划分和模块的层次机构以及数据库设计;详细设计解决每个模块的控制流程,内部算法和数据结构的设计。这个阶段结束,要交付概要设计说明书和设计说明,也可以合并在一起,称为设计说明书。

系统设计是在系统分析的基础上,设计出能满足预定目标的系统的过程。系统设计内容主要包括:确定设计方针和方法,将系统分解为若干子系统,确定各子系统的目标、功能及其相互关系,决定对子系统的管理体制和控制方式,对各子系统进行技术设计和评价,对全系统进行技术设计和评价等。图 2-27 表示的是系统设计的过程。

系统设计通常应用两种方法:一种是归纳法,另一种是演绎法。应用归纳法进行系统设计的程序是:首先尽可能地收集现有的和过去的同类系统的系统设计资料,在对这些系统的设计、制造和运行状况进行分析研究的基础上,根据所设计的系统的功能要求进行多次选择,然后对少数几个同类系统作出相应修正,最后得出一个理想的系统。演绎法是一种公理化方法，即先从普遍的规则和原理出发，根据设计人员的知识和经验，从具有一定功能的元素集合中选择能符合系统功能要求的多种元素，然后将这些元素按照一定形式进行组合，从而创造出具有所需功能的新系统。在系统设计的实践中，这两种方法往往是并用的。

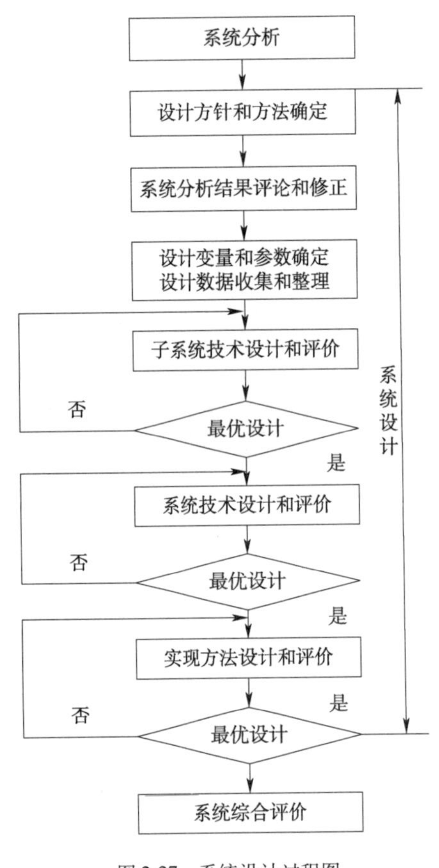

图 2-27　系统设计过程图

2. 系统设计的依据

系统设计是在系统分析的基础上由抽象到具体的过程，同时，还应该考虑到系统实现的内外环境和主客观条件。通常，系统设计阶段工作的主要依据可从以下几个方面考虑。

(1)系统分析的成果。从工作流程来看，系统设计是系统分析的继续。因此，系统设计人员必须严格按照系统分析阶段的成果——“系统说明书”所规定的目标、任务和逻辑功能进行设计。对系统逻辑功能的充分理解是系统设计成功的关键。

(2)现行技术。主要指可供选用的计算机硬件技术、软件技术、数据管理技术以及数据通信与计算机网络技术。

(3)现行的信息管理和信息技术的标准、规范和有关法律制度。

(4)用户的使用要求。对系统的直接评判者是用户，新系统的设计应充分考虑、理解并尊重用户的个性化要求。特别是用户在操作使用方面的要求，如工作习惯、计算机使用技能、人因工程方面的要求等。尽可能方便用户的操作和使用。

(5)系统运行环境。新系统既要匹配企业组织现行的管理水平、管理模式和方法，又要适应组织的变革与发展的需要，另外，还要考虑到系统的工作环境。在系统设计中还应考虑现行系统的硬、软件状况和管理与技术环境的发展趋势，要尽可能保护已有投资。

3. 信息系统设计的原则

信息系统设计的任务是将信息系统的逻辑模型转化为物理模型。信息系统设计应遵循以下原则。

(1)系统性原则：信息系统设计要从整个系统的角度进行考虑，系统代码要统一，设计标准要规范，传递语言要一致，实现数据或信息全局共享，提高数据重用性。

(2)灵活性原则：为了维持较长的信息系统生命周期，要求系统具有很好的环境适应性。为此，信息系统应具有较好的开放性和结构的可变性。在信息系统设计中，应尽量采用模块化结构，提高数据、程序模块的独立性，这样，既便于模块的修改，又便于增加新的内容，提高信息系统适应环境变化的能力。

(3)可靠性原则：是指信息系统抗干扰的能力及受外界干扰时的恢复能力。一个成功的信息系统必须具有较高的可靠性，如安全保密性、检错及纠错能力、抗病毒能力等。

(4)经济性原则:是指在满足系统需求的前提下,尽量节约成本。一方面,在硬件投资上不能盲目追求技术上的先进,而应以满足应用需要为前提。另一方面,信息系统设计中应尽量避免不必要的复杂化,各模块应尽量简洁,以便缩短处理流程、减少处理费用。

4. 信息系统设计评价标准

系统设计的评价标准包括系统总体方案评价标准和功能设计的评价标准两类。

(1)系统总体方案评价标准。

一般来说,评价系统方案主要从八个方面进行:运行效率、可靠性、可修改性、可扩充性、可移植性、灵活性、通用性和实用性。其中前三项是最重要的评价标准。

①运行效率。测量运行效率的指标有:系统中间文件的数量、数据文件的检索次数、外存访问次数、程序的调用和其他的系统开销所花费的时间以及程序的执行时间等。

②可靠性。测试可靠性的指标包括:校验码、批量控制、建立运行日志和信息追踪、文件的存取限制和可靠性指标等方案。

③可修改性。测试可修改性的指标包括对信息的修改、对系统的修改和进行维护的修改。

(2)功能设计的评价标准。

评价标准和设计质量息息相关,主要包括以下几个方面。

① 正确性。必须保证对分析阶段提出的所有功能和任务都进行了正确的功能设计,设计的正确与否主要由有经验的分析人员评估而定,评价的重点是经过设计阶段对系统的分解之后,原来分析阶段的业务逻辑是否仍然可以正确执行。

②完整性。设计阶段的完整性要求主要包括两个方面:结构的完整性和组成部分的完整性。结构的完整性是指必须对整个系统的各个方面都作出设计,不能有遗漏;组成部分的完整性是指各个组成部分应该含义清晰,责任明确。严格遵守面向对象设计中的封装原则可以避免过多地暴露细节,进而有助于完整性的实现。

③类设计的合理性。类是面向对象系统开发的基础,因此在系统设计工作中需要特别注意。类设计的合理性涉及类是否明确定义、类和类的关系是否清晰以及类的粒度是否合适等内容。

④接口定义严谨。接口定义要本着宁缺毋滥的原则,可以私有的接口绝不设为公有。接口的命名要反复推敲,既要准确达意,又要尽可能简化,同时,还需注意接口方法的具体参数选择。

⑤图表文档完备

设计图表和文档是帮助其他开发人员理解系统的最好手段之一,应尽可能完备且留有历史记录,以便于回溯。

5. 信息系统设计步骤

(1)系统架构设计。

系统架构设计一般特指系统的软件架构,也称作软件体系结构,是有关软件整体结构与组件的抽象描述,用于指导大型软件系统各个方面的设计。软件架构是构建计算机软件的基础,具有很强的实践性,同时得到了计算机及相关科学的良好理论支撑。随着技术的发展,应用程序正由单层架构逐渐发展为三层乃至多层架构。三层架构是现阶段主要应用的系统架构方式，它是将原来的应用程序进一步划分为表述层、业务逻辑层和数据库。系统架构设计主要包括系统架构的选择和系统架构的配置。

(2)系统界面设计。

系统界面设计可归类为系统交互设计，系统交互设计涵盖范围比较广，除可视界面交互外，还包括其他非视觉的人—机交互方式。可视界面设计一般可分为字符界面、图形界面和动画界面。

①输入输出方式。输入输出方式的设计主要依据具体的管理需求来确定，常用的方式主要有以下几种：键盘输入、A/D 和 D/A(即模—数和数—模)转换、网络或通信传输、报表或图形输出和数据输入输出过程的批处理或实施处理。通常键盘输入的校对措施主要有：人工校对、二次键入和利用统计中的一些平衡关系或财务账目中的平衡关系来进行校对。

②操作模式的设计。用户是通过界面了解系统能够提供什么功能以及如何使用这些功能，界面是系统的感知器官，为了使系统更好地工作，在界面上必须要有充分的提示来说明哪一部分是用来操作的，以及它们是如何操作的，提示用户如何实现人机交互，这就是功能的可见性。操作模式还有一个性能就是可供性，它提供了大量的和操作有关的线索。

③交互页面的设计。在确定了系统架构并完成了系统分析后，即可根据分析文档展开交互页面设计。交互页面的设计对于用户而言非常重要，因为界面是用户感知系统各项功能和特性最直观的窗口。交互界面设计包括界面显示结构、界面显示控制和界面实体三部分。

(3)系统功能设计。

系统功能设计是整个系统设计的核心部分。在选定架构和完成数据库的物理设计之后，就需要结合系统的功能分析结果，按照系统架构和 I/O 设计要求来进行新系统的功能设计。

①系统交互设计。系统交互设计考虑的是如何将系统内部逻辑与界面结合在一起，为用户提供容易理解、符合预期、操作简便的服务与支持。以 B/S 架构为例，交互设计包括客户端和服务器端两方面设计。由于客户端的设计可以做到和业务逻辑无关，也可以利用第三方客户端框架，甚至可以用程序自动生成客户端交互代码，因此主要的设计任务落到服务器端。从服务器角度看系统交互模式主要分页面流转方式和局部刷新模式两种。从响应时间角度来看可分为及时响应和提交等待两种模式。

②系统流程对象设计。系统流程指的是系统的业务流程，系统流程设计是对系统分析阶段成果的进一步完善和补充，也是按照整个系统架构设计思路，从物理实现的角度对系统设计进行新的分解和拓展。找到系统流程对象是流程设计的关键。流程对象的设计可以承受用例分析的成果，由粗而精，逐步展开。

③系统实体对象设计。系统实体对象是系统分析中确定的实体概念在设计阶段的具体变化，其特征是对象的全部或部分属性与数据库表的字段可以直接对应，属性值能够从数据库获得或者应该写入数据库中。系统实体对象设计中最重要的内容是确定实体所应包含的属性。系统实体对象的来源有两个：一个是来源于交互界面设计阶段的界面，另一个是来源于分析阶段数据建模的成果。根据数据库概念模型直接确定实体对象及其属性。

(4)数据库物理设计。

在系统设计阶段，数据库的设计应从实际的管理需求出发，按照用户对数据处理的要求，考虑到系统的效率、可靠性、可修改性、灵活性、通用性和实用性等各方面，主要完成以下设计内容。

①用户权限的设计。任何一个用户都不能随意存取数据库中的任何记录，系统设计员应该按照总体规划要求，为每一个用户分配权限，并建立好用户权限管理表，来实现对于用户权限的管理。

②索引文件的设计。一般的索引方式为顺序索引，在数据量较大时检索查询时间较长，数据库效率较低。建立索引文件，虽然要牺牲一定的存储空间，但可以有效提高数据库的效率，减少用户的查询等待时间，设计人员可以根据实际的管理需求建立适当的索引文件。

③中间文件或临时文件的设计。在实现某些数据处理功能时，常常要建立一些中间文件或临时文件保留中间结果，在处理完成后，最终的结果会保留在数据库中，利用中间文件可以在一定程度提高数据库的效率，但在使用后要注意及时进行删除。

④视图的设计。视图是若干个表的导出，它构成数据库的外模式。设计一些视图可以大大方便系统各项功能的实现，同时可以在一定程度上保证数据库的安全。但是对一个视图的消解过程需要耗费一定的计算机资源，建立视图越多，对视图的管理代价也越大，因此设计视图也要综合考虑各种因素。

⑤存储模式的设计。全局的数据模式在数据库中是被存放在一个物理库中还是被存放在若干个物理库中，这与管理方式相关，如果存在一个物理库中即采用集中管理，若存在多个物理库中则采用分布式管理模式。若采用分布式管理还要考虑数据库的同步和检索问题所带来的系统开销和管理代价。

(5)程序设计。

①分析问题。对于接受的任务要进行认真的分析，研究所给定的条件，分析最后应达到的目标，找出解决问题的规律，选择解题的方法，完成实际问题。

②设计算法。即设计出解题的方法和具体步骤。

③编写程序。将算法翻译成计算机程序设计语言，对源程序进行编辑、编译和连接。

④运行程序，分析结果。运行可执行程序，得到运行结果。能得到运行结果并不意味着程序正确，要对结果进行分析，看它是否合理。不合理要对程序进行调试，即通过上机发现和排除程序中的故障的过程。

⑤编写程序文档。许多程序是提供给别人使用的，如同正式的产品应当提供产品说明书一样，正式提供给用户使用的程序，必须向用户提供程序说明书。内容应包括：程序名称、程序功能、运行环境、程序的装入和启动、需要输入的数据，以及使用注意事项等。

(6)系统实现。

系统实现是设计工作的最后一步，在此阶段首先要根据系统设计方案进行配置，设定相关参数，从而搭建系统运行的软硬件平台，然后将测试完成的系统程序及相关文档部署到平台上。

①系统配置及设定。系统配置需要根据选定的架构来确定整体配置方案，方案包括系统硬件配置和系统软件配置两大部分内容。

系统硬件配置需要考虑以下内容：服务器配置、网络配置、客户端配置、其他配置。

系统软件配置需要考虑以下内容：服务器操作系统及运行时环境配置、客户端操作系统及运行时环境配置、数据库系统配置、WEB 服务器配置、系统管理软件的配置、其他软件配置。

②系统的部署。B/S 和 C/S 架构下的系统部署存在较大差异。B/S 架构下的部署一般只针对服务器;而 C/S 架构下的部署必须同时考虑服务器和客户端两个方面。

二、公交企业信息系统设计

(一)公交企业信息化需求分析

1. 公交企业信息化需求分析

公交企业的信息化需求来源于企业业务应用的各个方面,以下内容主要围绕公交企业的业务运营进行信息化的需求分析,包括乘客服务需求、企业管理需求、行业管理需求以及公交企业信息化对信息技术的需求。

(1)乘客服务需求。

公交企业作为服务行业,重点是做好城市公共交通服务,满足城市居民公交出行的需求,从信息化服务的角度看,对居民的服务主要包括出行信息服务和电子消费服务两个方面。

①出行服务方面。

出行前:通过网站、手机等信息终端查询可供选用的出行方案、途经路线、站点的地理位置和动态路况等方面的信息。

站点候车中:通过手机、电子站牌、触摸屏、可变信息情报板、导乘板等信息终端了解公交车预计到站时间、车内客流量、交通路况、公交线路、公交换乘和首末车等方面的信息。

乘车中:通过车内报站器、站节牌、车内显示屏、车载电视和手机等信息终端了解交通路况、预计到站时间、公交换乘等方面的信息。

②电子消费方面。

主要是公交 IC 卡的一卡通和一卡多用的功能,包括与轨道交通、出租汽车、城乡交通、公共自行车租赁以及城市生活消费的互联互通,使选择公共交通出行更加方便、快捷。

(2)企业对信息化的需求。

①营运生产需求。

a. 车载设备的功能需求。

公交车辆车载设备是由一组功能不同的车载信息设备组成的,主要完成车辆运行过程中的信息采集,并为驾驶员和乘客提供相关服务。

车载设备采集的信息主要包括:车辆运行信息、车辆工况信息、乘客消费信息、车厢视频信息等。

车载设备的应用功能主要包括:

出车前的需求。驾驶员远程考勤、自动接收调度中心指令;遇到车辆故障或异常情况可以随时与调度中心进行语音和文字互动;车辆工况及车载设备的检测。

车辆运行过程发生的需求。驾驶员实时了解的车辆工况、车辆运行方面的信息;车厢服务信息,包括:报站、预报站、适时的服务用语播报;车厢内及车辆周边的视频监控;与调度中心即时的文字、语音交流；紧急报警。

车辆运行结束后发生的需求。工作交接；工作信息、车辆能源消耗信息、出车信息、车辆维修信息查询。

b. 现场调度功能需求。

线路运行前发生的需求。通过网络获取当天的线路调度计划，包括配车、配班计划；通过网络获取线路运行道路信息情况以及人员和车辆情况；应急预案等。

线路运行过程中发生的需求。通过系统按计划发布车辆调度令；实时掌握驾乘人员对调度指令的执行情况；实时监控线路车辆的运行情况；实时掌握驾乘人员的工作服务情况；及时处理运营过程中发生的各种变化，如晚点、路堵、车辆故障，发生交通事故等。

线路运行结束后发生的需求。现场调度人员进行交接工作，包括线路运行日志报表、车辆、人员状况等内容。

②企业管理需求。

a. 调度计划的需求。

公交企业承担着提升公交出行率，以减缓城市交通压力的责任，但因运营环境的复杂性，编制一份能够充分发挥企业资源效率的调度方案，单靠人工实际上是非常困难的，必须利用以运筹学和人工智能技术为支撑的计算机调度计划软件，才能满足科学编制调度计划和灵活进行调整的需求。

b. 运营统计分析需求。

用公交信息系统采集的海量数据，通过数据挖掘技术对数据进行整理，分析和挖掘，才能获得公交的运营规律和客流规律，才能有效地辅助公交企业进行各种各样的运营模拟分析和决策，提升企业对公交运营的安排部署能力和管控能力。

c. 企业管理信息系统的需求。

公交企业的管理信息系统属于公交企业的基础管理系统，它包含了对企业各种最基本的业务操作，一般应包括：人力资源管理、财务管理、企业经营管理、企业统计管理、企业运营管理、安全管理、物资管理、车辆管理、公交服务管理、企业 OA 等。公交企业的管理信息系统，其内涵是科学的管理流程和管理经验，由于业务比较繁杂，要求信息系统能够科学地提炼出企业的管理精髓，规范企业各项基本管理工作的流程，同时提高管理和业务操作的效率。

(3)行业监管需求。

满足行业管理部门进行信息采集和行业监管等要求。

(4)公交企业信息化技术需求。

根据公交企业对信息化功能的分析，可以得出公交企业信息化对信息技术的需求分析如下。

①公交的信息系统主要依赖于网络，其范围覆盖整个城市，而且网络结构复杂，是有线网、无线网、局域网和广域网的混合应用环境，因此，公交企业信息系统必须有健全稳定的网络系统。

②公交企业信息系统实时采集的数据、语音及视频的信息，数据量巨大，对数据的分布和存储设备存储的空间，要进行合理有效的规划。

③公交企业信息系统要求具备实时在线调度车辆的功能，需要根据车辆调度的模式建

立相应的二级或三级调度中心。

④公交企业具有开放式运营的特征,应具备社会公共资源共享的功能。

⑤公交车辆的终端设备运行环境较恶劣,要求设备设计标准必须达到工业级标准。

⑥公交信息系统的输入输出设备是多元化的,包括:电脑、电话、手机、车载调度机、车载POS 机、手持采集机、LED 屏 语音设备、视频设备等,需要考虑各种设备之间的接口方式和接口协议。

⑦公交信息系统运行实时是集约化的调度方式,要求系统必须具备高可靠性,系统在建设时对突发的系统故障必须考虑有相关预案的设计,比如系统的备份功能、突发故障出现后系统的恢复时间等,以及系统的防攻击、防病毒的措施。

2. 公交企业信息化建设对信息资源的需求分析

公交企业对信息资源的需求,可以在企业初步调研的基础上进行进一步分析,主要包括以下方面。

(1)线路运行的线路道路、线路和站点信息。

道路作为公共交通运输的基础设施,公交企业需要全面掌握线路运营的道路路面状况、车道宽度、车道数量、道路坡度、弯道半径、立交类型、公交车道以及线路运行各停靠站点周边环境等城市设施的规划建设情况。

线路信息:主要包括线路名称、线路编号、上下行、线路站点数、线路票价、线路首末站发车时间等。

线路站点:主要包括线路站点名称、站点名称编号、线路站点编号、站点 GPS 数据、上下行等。

(2)车辆信息。

车辆是公交运营的载体,公交企业需要掌握运行车辆的车型、车辆的生产厂家、车辆主要技术参数和性能指标、车辆投入运行状况、行驶里程、车重、车内设施、车辆运行实时各种的工况信息、车辆维护及检修情况等,这些信息主要来源于车辆生产、企业管理部门的使用单位及维修部门。

(3)人员信息。

人员信息主要指企业员工的各类信息,包括员工的基本信息,例如驾驶员的年龄、性别、受教育程度、职业类型以及技能状况、驾驶年限、特长、健康状况及生理特点等,这些信息主要来自于职工本身及相关的调查机构。

(4)地理和环境信息。

地理和环境信息包括:与城市公共交通相关的各类信息,包括城市的规模、地理位置、地形地貌、气候特点、城市的发展布局、生态环境以及人口分布等,这些信息可以通过查阅各类资料获得。

(5)社会环境信息。

与公共交通相关的社会环境信息主要包括:城市的发展规划、经济发展水平,城市交通政策和社会治安情况等,这些信息可从政府部门获得。

(6)客流信息的需求。

乘客的出行信息主要是指乘客出行时间、地点、数量、流向,换乘次数,平均乘次等。乘客的乘车信息是公交企业制订科学运营计划的依据。

(7)管理信息。

管理信息主要包括行业管理信息以及企业内部的管理信息。

(二)公交企业信息系统设计

1.公交企业信息系统架构设计

如前所述,企业的信息系统架构由应用架构和数据架构组成,其设计步骤是:先定义企业的业务架构,再根据业务架构设计企业的应用架构和数据架构,最后设计技术架构。

(1)应用架构。

应用架构以企业的数据架构为基础,建立支撑企业业务运行的各个业务系统,通过应用系统的集成运行,实现企业信息自动化流动。因此,应用架构实际上是全企业范围对所有信息系统整体结构设计的规划。

通常应用架构会包含企业主要的应用系统或者应用功能模块的组合。如果企业已经做过信息资源规划的职能域分析,则可在职能域分析的基础上进行。设计企业的应用架构还应把握如下几个要素:

①应用架构应由构造和支撑业务模块的应用系统组成;

②应用架构的边界定义不是业务模块边界,是以单一或集群的应用系统划分的;

③应用架构是立体的,它的每一个应用模块都会有系统的立体结构;

④应用架构的应用模块是依靠信息流相互连接、IT 硬件相互关联的;

⑤应用架构和架构中的模块是可以复用的。

公交企业的应用系统,是根据企业的业务流程和业务目标进行设计的。公交企业的应用系统从系统类型上可以分为业务系统和管理系统,业务系统包括智能调度系统、IC 卡电子收费系统、视频监控系统、电子巡更系统等;管理系统包括财务管理系统、人力资源管理系统、车辆管理系统、物资仓储管理系统等。公交企业的应用系统从系统层次上可分为战略层、管理层和业务层。

将这些系统按照各系统之间的关系和应用的层次进行规划设计,完成企业的应用架构。以某公交企业的应用架构为例(图 2-28),其应用架构由业务管理平台、ERP 综合管理平台和决策指挥平台三部分组成。每个平台由不同的系统组成,其中业务管理平台按照不同的业务分成六个子平台(图 2-29),每个子平台又由不同的系统组成。

业务管理平台是按照企业的不同业务类型以及业务流程建立的业务子平台。包括企业管理平台、运营生产平台、安全管理平台、后方保障平台、公交服务平台和基础设施平台。每个业务平台由相应的信息系统组成。

企业管理平台主要包括:人力资源管理、财务管理、企业经营管理、企业统计管理、企业绩效管理和 OA 等。

运营生产平台主要包括:运营管理、智能调度及监控管理、公交 IC 卡电子车票、线网优化、运营设施管理、票务管理。

安全管理平台主要包括:安全管理系统、3G 视频监控管理、场站监控管理、站台监控管理、危险物品及重点区域监控管理、电子巡更管理。

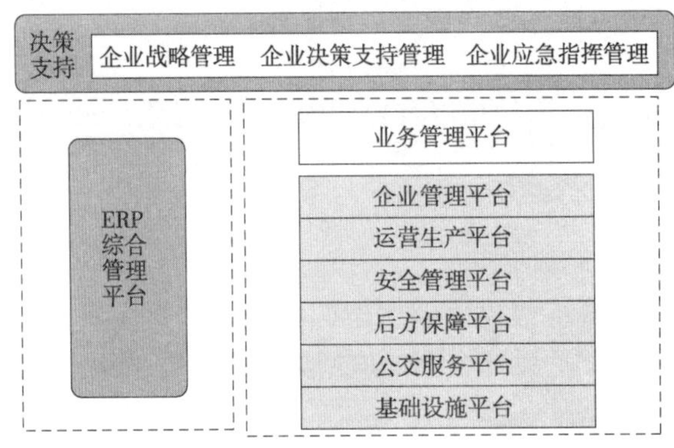

图 2-28　某公交企业应用架构

业务管理平台					
企业管理平台	运营生产平台	安全管理平台	后方保障平台	公交服务平台	基础设施平台
人力资源管理	运营管理	安全管理	物资管理系统	服务管理	
财务管理		3G视频监控管理	车辆管理	公交热线管理	机房管理
企业经营管理	智能调度及监控管理	场站监控管理	加油加气管理	公交网站管理	数据中心管理
企业统计管理	公交IC卡电子收费管理	站台监控管理	车辆技术管理	公交IC卡服务管理	网络维护管理
企业绩效管理	线网优化系统	危险物品及重点区域监控管理	车辆机务管理	公交手机终端服务管理	系统维护管理
OA	运营设施管理	电子巡更管理	车辆能源消耗管理	公交信息发布管理	系统安全管理
	票务管理		车辆维修管理		灾备管理

图 2-29　某公交企业业务管理平台架构

后方保障平台主要包括：物资管理、车辆管理、加油加气管理、车辆技术管理、车辆机务管理、车辆能源消耗、车辆维修管理等。

公交服务平台主要包括：服务管理、公交热线管理、公交网站管理、公交 IC 卡服务管理、手机终端服务管理、公交信息发布管理等。

基础设施平台主要包括：机房管理、数据中心管理、网络维护管理、运行维护管理、系统安全管理、灾备管理等。

需要说明的是，各业务管理平台，既是企业某项业务的基础管理平台，同时还是相关专业系统的服务平台，数据上有频繁的交换，功能上有互相衔接、相互依存的关系。

ERP 综合管理平台是建立在企业各业务平台基础上，对企业的各业务资源进行共享和综合应用的管理平台，ERP 平台按照企业的管理流程进行设计，使企业的资源在生产运营、人员管理、车辆安排、物料消耗、资金使用等各个方面能够得到合理地配置与利用，从而使企业管理效率和效益最大化。

企业决策平台是在业务数据经过分类整合的基础上，进行信息的深度挖掘而设计的，主要包括战略管理、决策支持管理和应急指挥管理等功能。

（2）公交企业的数据架构。

数据架构描述了企业的数据资产，显示了如何管理和共享信息资源，用以决策支持，最大限度地发挥数据的价值。数据架构有时也被称作信息架构。设计数据架构的目的主要包括以下三个方面。

①定义数据模型和数据标准。数据模型包括概念数据模型、逻辑数据模型和物理数据模型三个层次。企业可以根据实际情况和自身的需要来规划设计数据模型。

概念数据模型是由一系列概念数据库构成的。概念数据库是最终用户对数据存储的看法,反映了用户的综合性信息需求。概念数据模型从比较高的层次说明企业未来需要的主要数据以及这些数据之间的关系流。可以只设计概念数据模型,也可以进一步设计逻辑数据模型。

通常规划的数据标准有:数据元标准、信息分类编码标准、概念数据库标准、逻辑数据库标准等。定义数据模型和数据标准是数据架构规划中最重要的内容,数据模型可以反映业务模式的本质,确保数据架构为业务需求提供全面、一致、完整的高质量数据,并且为划分应用系统边界、明确数据引用关系、定义应用系统间的集成接口提供分析依据。良好的数据建模与数据标准的制定是实现数据共享,保证一致性、完整性与准确性的基础。

②数据分布。数据分布,一方面是分析数据的业务,即分析数据在业务各环节的创建、引用、修改或删除的关系;另一方面是分析数据在单一应用系统中的数据结构与应用系统各功能模块间的引用关系,分析数据在多个系统间的引用关系,通过将应用系统和应用功能与概念级的主题数据库对应起来,建立数据分布,通常采用 C-U 矩阵的方法(具体内容可以参照本章第二节相关内容)。数据业务分布是数据系统分布的基础。数据分布是分析业务运作模式的本质,分析核心数据与业务之间的应用关系,为整合现有应用系统、确定未来核心应用系统以及分析规划不同应用系统间的集成关系提供依据。

对于拥有多分支机构的大型企业,数据存放模式也是数据分布中一项重要内容。企业可以综合考虑自身需求,确定自己的数据分布策略。

③数据管理。数据管理包括数据管理、数据分析和数据挖掘。数据管理是企业制定的贯穿企业数据生命周期的各项管理制度,包括数据模型与数据标准管理、数据分布管理、数据质量管理等制度以及确定数据管理的组织或岗位。数据分析和数据挖掘主要支撑企业经营与决策分析。数据管理必须保证业务交互数据是基于主数据(系统间的共享数据)产生的,并且可以在业务操作的环节及时校验。

仍以某公交企业为例(图 2-30),该企业已经建设了一定数量的信息系统,积累了大量的原始数据,这些信息资源的整合和应用已经成为企业信息化建设面临的主要问题,分析企业的目前的数据环境,基本符合詹姆斯·马丁数据环境理论的第二类或第三类数据环境。在此基础上,要想提升企业的应用数据环境,数据架构的规划可以按照第三类、第四类数据环境来考虑数据环境的建设,以使管理和共享信息资源,支撑企业管理的辅助决策系统。根据企业数据架构的设计原则,该公交企业主要从三个层面考虑数据架构的设计。

第一层为业务数据层。业务数据层包括企业的各业务信息系统的数据、历史数据、维护数据以及外来数据。业务数据层是企业信息资源的原始数据,反映了系统运行的最初的数据采集和接收情况。系统数据包括正在运行的和新建设系统的数据,主要是为保证企业业务系统正常运行提供数据的支持;维护数据包括日常数据维护、数据审计的数据;历史数据包括系统运行的历史数据以及备份数据;外来数据包括行业、社会、企业合作以及公共资源等信息。

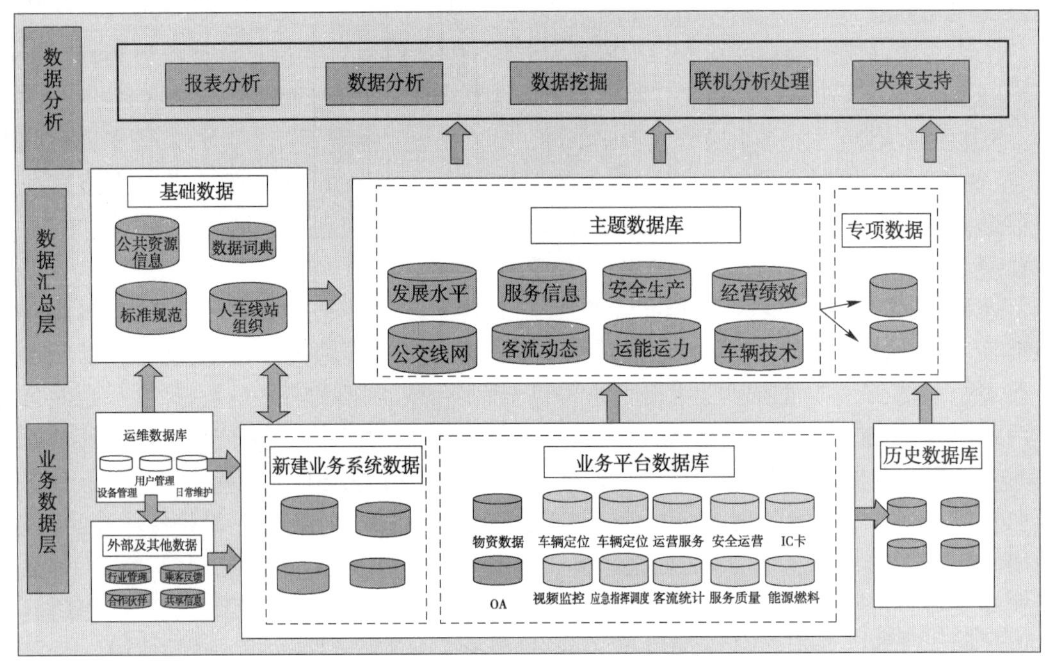

图 2-30　某公交企业数据架构模型

第二层为数据汇总层。数据汇总层由基础数据、主题数据库、专项数据库三部分组成。

基础数据主要包括企业的人、车、线、站、组织以及班次、里程、收入等企业特有的业务数据以及数据词典、公共资源、技术标准规范等。主题数据库是按照企业综合管理的需求，对业务数据经过抽取、清洗、分类、装载的数据，是企业进行各类主题分析的基础，用于支撑企业管理信息的综合分析和数据挖掘的应用。专项数据库是在主体数据库（数据仓库）资源的基础上，根据企业对选定分析专题进行数据的组织，用于针对某一专题进行的分析。主题数据库的主题内容主要包括：运能运力分析、经营分析、客流分析、安全生产分析、车辆技术分析等。公交企业可以根据企业的需要选择适合企业管理需要的主题进行数据的组织。

第三层为数据分析层。数据分析层是在数据汇总层对数据处理的基础上，通过报表分析、数据分析、数据挖掘、联机分析处理、决策支持等数据处理软件，为企业的综合应用平台提供数据支持。企业可以根据企业管理的需要，适当选择上述软件工具为企业的综合管理提供技术支持。

各层次和各数据单元之间的箭头，标识了各类数据之间的关系。

需要说明的是，公交线路的运营数据结构复杂，数据量巨大。对于较大规模的企业，这类海量数据可以采用一些专业的技术手段进行数据的分析和处理，例如数据仓库、数据集市以及主数据管理等都是面向主题的数据库的集成技术方案，并且有其不同的侧重点。从数据分析的角度看，有以业务为主题的，有以数据需求为主题的；从数据处理角度看，有以偏分析为主的，有以偏交易为主的。企业需要根据自身的需求选择合适的数据处理方案。

有关数据架构中的数据模型的确定及分类的方法很多，读者可以参考本章第二节的有关内容或其他参考资料。

2. 公交企业信息技术架构

企业技术架构是实现企业应用架构的底层技术基础结构，通过软件平台技术、硬件技术、网络技术、信息安全技术间的相互作用，支撑企业应用的运转。

技术架构的范畴比较广泛，表述方法根据表述的内容不同，也是多种多样的，如图2-31所示的技术架构描述了公交企业的信息系统从前端到平台，各个实施层面所需要的应用支撑技术。公交企业在进行技术选型时可以参考这个模型的有关技术内容，设计企业的技术架构。

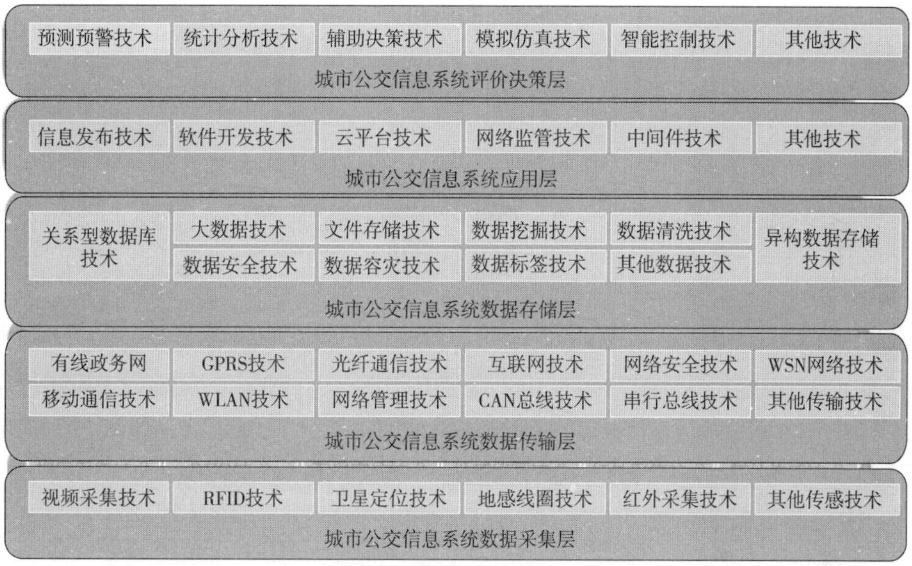

预测预警技术 统计分析技术 辅助决策技术 模拟仿真技术 智能控制技术 其他技术
城市公交信息系统评价决策层
信息发布技术 软件开发技术 云平台技术 网络监管技术 中间件技术 其他技术
城市公交信息系统应用层
关系型数据库技术 大数据技术 文件存储技术 数据挖掘技术 数据清洗技术 异构数据存储技术
数据安全技术 数据容灾技术 数据标签技术 其他数据技术
城市公交信息系统数据存储层
有线政务网 GPRS技术 光纤通信技术 互联网技术 网络安全技术 WSN网络技术
移动通信技术 WLAN技术 网络管理技术 CAN总线技术 串行总线技术 其他传输技术
城市公交信息系统数据传输层
视频采集技术 RFID技术 卫星定位技术 地感线圈技术 红外采集技术 其他传感技术
城市公交信息系统数据采集层

图2-31 技术架构(Technology Architecture)

图2-32为某公交企业网络与数据部署方案。技术架构涵盖的内容很多，公交企业可以根据企业的重点需求进行技术方案的部署和配置。

3. 公交企业信息系统框架

在完成企业信息化应用架构、数据架构、技术架构设计的基础上，可以从企业系统规划的角度对整体的公交企业系统框架做一个完整的诠释。仍以某公交企业为例，如图2-33所示。

某公交企业信息系统框架由基础设施层、数据处理层、应用系统层、信息化标准体系、安全保障体系、IT维护保障体系六部分组成。

(1)基础设施层。

基础设施属于信息化技术架构范畴。主要功能是全面支撑企业信息系统运行，提供信息处理、交换以及共享服务，包括机房设施、服务器、数据存储设施以及通信网络及设备等软硬件设备。

机房是企业信息的中枢，是保证信息系统服务器等设备能长期而可靠地运行的工作环境。具备条件的企业可以考虑建设企业自己的机房，以保证系统运行安全、使用灵活、维护方便(具体机房建设内容读者可以参考本书第三章第一节的内容)。

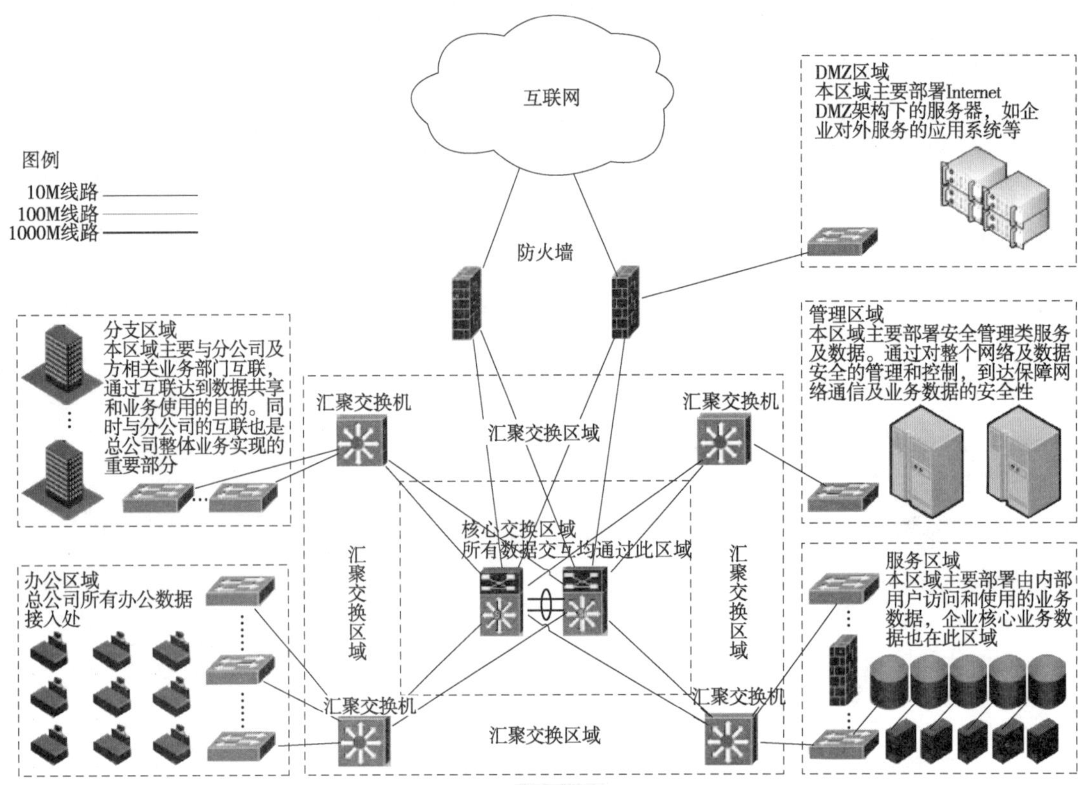

图 2-32　某公交企业网络与数据部署方案

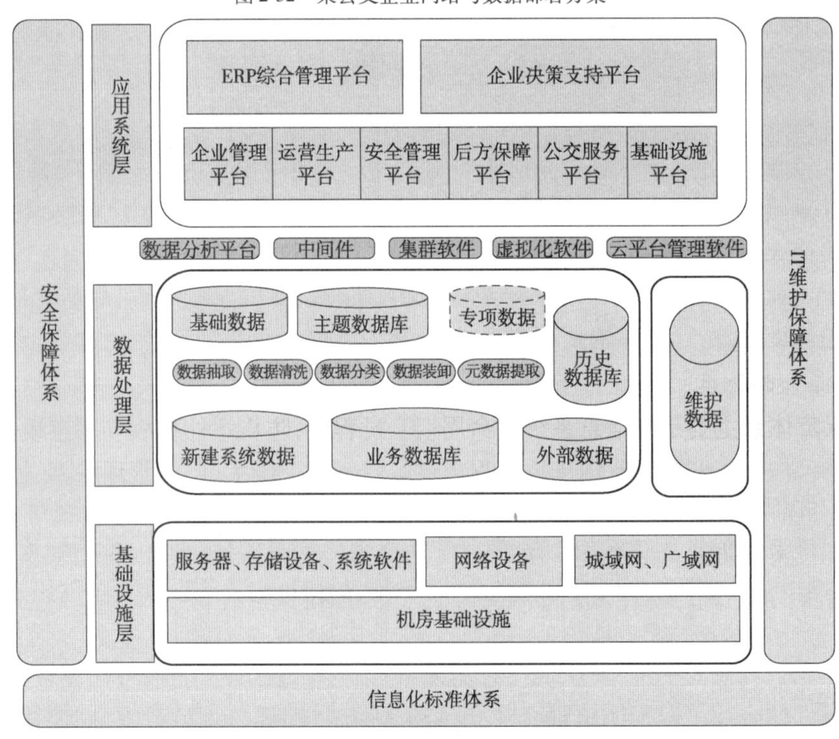

图 2-33　某公交企业信息系统框架图

机房内部署的各项软硬件设施,为企业的信息化提供标准化的基础设施、标准化的系统运营环境、相关的服务共享以及广泛的网络接口。主要内容包括系统运行环境的规划和系统的网络规划。其作用为应用系统软件提供稳定的运行环境,为系统数据的保存和传输提供有效的保障。

存储设备为系统运行产生的海量信息资源提供数据存取环境,企业可以根据系统运行的需要进行合理的配置。

网络规划一般会从网络的基本构件考虑,包括各种基本构件的选型、网络接入技术、逻辑网络设计、网络管理设计以及网络安全设计等内容。有关公交企业网络设计更加详细的内容,读者可以参考本书第三章有关内容。

基础设施的平台管理是企业信息化系统运行环境的管理,包括机房管理、运行维护管理系统、数据中心管理系统、网络运行管理系统、系统安全管理系统和系统灾备管理系统等。

(2)数据处理层。

数据中心的规划首先要考虑数据使用的分布,按照数据不同层次的需求进行合理的配置,以保证数据的整体运行水平,其次要考虑数据中心建设的相关标准和策略、技术发展趋势和新技术的应用,同时还应考虑企业数据库建设的现状。

数据处理层包括业务数据库、历史数据库、主题数据库、专项数据库及数据维护等内容。数据处理层属于数据架构范畴,具体内容可以参考数据架构的有关内容。

(3)应用系统层。

应用系统层是为各平台的系统应用提供数据支持的。包括业务管理平台、综合管理平台以及决策支持平台三部分。应用系统层属于应用架构范畴,具体内容可以参考应用架构的有关内容。

(4)信息化标准体系。

企业信息化标准体系是指企业在信息系统建设过程中,应采用的国际标准、国家指定的有关指令性标准和规范,此外还要在充分了解已有的企业信息化相关标准与规范的基础上,制定符合企业实际情况的信息系统标准与规范手册。在具体建设方面应考虑系统的数据结构的标准、数据字典规范、通信及接口协议等;在系统的运行维护方面应考虑建立系统运行规程、操作守则、操作卡、作业指导书等,以此规范企业信息系统建设和应用过程。详细内容可以参考本书第四章。

(5)安全保障体系。

安全保障体系主要是在信息系统生命周期全过程中,防止意外事故和恶意攻击,为系统安全、运行安全、操作安全以及信息安全等提供有效保障的体系,包括管理保障、控制保障和技术保障。目前主要措施包括制度和技术两个方面,技术方面主要包括物理安全、网络安全、数据备份、病毒防护、系统安全、突发事故处理和应急响应等。有关 IT 安全制度方面的内容读者可参阅本书第三、四章有关内容。

(6)IT 维护保障体系。

IT 维护保障是保证系统正常运行的重要环节,有数据研究表明,许多企业起到关键作用的系统,有 80% 以上的宕机时间是由该系统有关的人员和流程引起的,一半以上的数据库错误是由人为失误引起的。可见人员和流程是 IT 系统运行过程中需要重点考虑的因素。IT

维护保障体系包括 IT 服务和 IT 组织建设两个方面。IT 服务是指为用户提供 IT 的服务和服务支持。IT 运维体系建设一般从流程、人员和技术三方面入手,主要内容包括日常运行管理、远程管理、时间管理、事故管理、问题管理、发布管理、配置管理、变更管理和审计管理等。一系列的 IT 服务模块利用技术手段从流程上进行规范管理、从操作上防范失误行为、从权限上控制使用范围,为系统稳定运行提供保障。IT 组织建设的内容请参考本书第四章有关内容。

需要说明的是本书所阐述的企业 IT 架构和企业信息系统框架,主要参考了某公交企业在规划层面的初步设计,不一定有普遍的意义。公交企业在进行信息化建设时,还应根据企业具体的信息化能力和企业的信息化建设目标,进行差距的分析,落实具体的建设内容,作出系统建设的初步设计,确定建设项目内容,在对设计进行可行性研究后,方可进行系统建设的实施。

三、公交企业信息化常用技术

公交企业信息系统是一套汇集了多项应用的复杂系统,各个系统内部又包含多个子系统,在这些子系统当中,要用到多种信息技术,包括传感器技术、定位技术、车辆识别技术、电子技术、测量技术、信息采集与处理技术、数据库技术、控制技术、通信技术、计算机网络技术、人-机处理技术、交通规划技术等,这些技术的综合应用,实现了系统的各项功能。

(一)公交车辆定位技术

车辆定位技术是智能公交系统的核心技术之一。公交车辆定位跟踪模块是智能公交车辆调度子系统的重要子模块。为了实现对公交车辆的实时跟踪和实时调度,必须精确而可靠地确定车辆的位置。公交车辆定位技术是实施智能公交系统必要的条件。公交车辆定位系统通过在车辆上安装车载定位单元、应用各种定位技术确定公交线路上公交车辆的运行状态,并通过通信系统将车辆位置、车辆运行状态等信息发送回调度中心。通过对公交车辆位置信息的监控,公交企业可以了解公交网络中公交车辆的运营状况,并可以根据企业的经营目的发布有针对性的调度命令。同时,公交车辆的定位信息还是对公交车辆在站点间行程时间预测的基础数据。目前,常用的定位技术主要包括如下类型。

1. 全球定位系统

全球定位系统(GPS)是目前国内外应用最广泛的车载定位终端的定位系统。GPS 接收机接受至少来自四颗卫星的信号,以确定车辆的位置。

GPS 的空间卫星系统由 21 颗工作卫星和 3 颗在轨道备用卫星组成 GPS 卫星星座,记作 (21 + 3) GPS 星座。24 颗卫星均匀分布在 6 个轨道平面内,这些轨道相对赤道面的倾角为 55°,每个轨道平面都有 3 颗卫星,卫星之间相隔 120°。GPS 卫星运行的轨道为近圆形,其运行周期为 llh58min,这就保证了卫星能全天 24h 连续向全球任何地区的 GPS 用户进行观测,通过卫星上原子频标发射的载波无线电信号提供覆盖任何地区范围内目标的高精度三维定位,并且随时提供这些目标的位置、时间和速度信息。

GPS 信号接收机一般由天线、接收单元、计算和控制部分以及电源组成,用于接收卫星发射的信号,取得距离观测量和导航电文,以获得接收机的位置信息,并根据这些信息来进行导航和定位等应用。

GPS 定位系统能够提供定位导航服务，是因为每台 GPS 接收机无论在任何时刻、在地球上任何位置都可以同时接收到最少 4 颗 GPS 卫星发送的空间轨道信息。接收机通过对接收到的每颗卫星的定位信息的解算，便可确定该接收机的位置，从而提供高精度的三维定位导航及授时系统。

GPS 技术由于为车辆的立即寻址提供了一种经济可靠的手段，而在智能交通系统中得到广泛的应用。GPS 用于公交车辆导航：车辆导航系统采用车载的 GPS 装置来获取车辆的行驶位置，然后通过与预先描绘好的电子地图数据库实行地图匹配，得出车辆在路网结构中的位置，动态显示车辆在路网中的行驶状况，并给出车辆到达目的地的行驶路径以及到达相应路段后的路径诱导，并将这些信息反馈给公交驾驶员。GPS 用于公交车辆运营管理：主要是为了让运营管理部门、安全保卫部门及时掌握企业所有的运输车辆的运行状况，以便对车辆进行集中的指挥和调度，从而提高运输效率，保证运输的安全。

2. 北斗卫星定位技术

北斗卫星定位系统是中国自行研制的全球卫星定位与通信系统（BDS），是继美国全球定位系统（GPS）和俄罗斯格洛纳斯（GLONASS）之后第三个成熟的卫星定位系统。

北斗卫星定位系统由空间端、地面端和用户端组成，可在全球范围内全天候、全天时为各类用户提供高精度、高可靠的定位、导航、授时服务，并具短报文通信能力，目前覆盖范围为东经 70°～140°，北纬 5°～55°，可覆盖中国本土和东南亚等区域。北斗定位系统采用的是双星定位技术，所有用户的信息都将汇集到地面中心站，这样就非常便于移动目标监控。

3. 无线电（TRF）定位技术

使用 TRF（Tuned Radio Frequency）技术的系统从分布在系统运行区域内一定数量的信号标杆中接受无线电信号，来自不同位置信号的交叉作用确定了车辆的精确位置。该系统的信号标杆既可以是公交系统专门设置的无线电新标，也可以使用其他部门布置的无线基站作为新标。例如，国内城市中的 GSM/CDMA 无线通信网络的基站就可以作为公交定位系统的基站使用。对于城市公共交通系统，由于公交车辆基本都在城区内行驶，GSM 基站的数量较多，因此其定位精度更能提高。此外，在城市大型建筑群、立交桥等存在 GPS 定位信号衰减或者屏蔽的区域，无线电定位技术能够保持持续稳定的定位。

4. 推算定位（Dead-Recking）方法

推算定位方法是从测量到的车辆位移和航向进行定位的技术。它使用电子罗盘、速度陀螺仪、里程表、速度表及车轮脉冲传感器，由这些传感器传来的信号推算出车辆的行驶距离、速度及行驶的方向。在短时间内，利用这种方法得到的定位精度很高，但随着时间的增加，误差积累效应增大，影响导航精度。

（二）地理信息系统技术

地理信息系统（Geographic Information System，简称 GIS）是一种采集、处理、传输、存储、管理、查询检索、分析、表达和应用地理信息的计算机系统，是分析、处理和挖掘海量地理数据的通用技术。它是由计算机硬件、软件、数据和恰当管理组织所组成的一个复杂的综合体。

GIS 是一个用于庞大三维参数的系统,地表每一点都能在这个系统中找到自己的坐标。地理信息系统已广泛应用于公共交通系统,例如线路调度、车辆运行监控、出行者信息分析系统、车辆诱导系统以及电子收费系统等。

(三)通信技术

任何通信系统都是由发射机、接收机和信道三个基本部分组成的。在发送端,首先把待发的消息转换为信号,再通过发射机将信号送入信道。信道指的是信号传输的通道,在有线电话系统中信道就是导线电缆,在无线电通信系统中信道就是大气空间。在接收端,把接收到的信号进行放大处理,最后转换为消息。当今世界的主流通信技术包括以下几个方面。

1. 光纤通信

光纤通信是以光波为载频,以光纤为传输媒质的新型通信方式。光纤通信系统主要由光发射机、光纤和光接收机三个部分组成。电端机是对电信号进行处理的电子设备,在发送端,电端机将欲传送的电信号处理后,传送给光发射机,光发射机将电信号转变成光信号,并将光信号耦合进入光纤中,光信号经光纤传输到接收端,由光接收机将接收到的光信号恢复成原来的电信号,再经过光端机的处理,将消息送给用户。由于光纤通信有不易受到干扰等特点,已在许多领域得到广泛应用。

2. 卫星通信技术

卫星通信是指利用人造地球卫星作为中继站来转发或反射无线电波,在两个或多个地球站之间进行的通信。这里的地球站是指高于地球表面上的无线电通信站,而用于实现通信目的的这种人造地球卫星称为通信卫星。卫星通信是宇宙通信形式之一,近几十年来,在国际通信、各国国内通信、国防通信、移动通信以及广播电视等领域内,卫星通信得到了迅速发展。

3. 移动通信技术

移动通信是指移动体与固定地点,或者移动体相互间通过有线和无线信道进行的通信。移动通信受空间限制少,实时性好,为人们更有效地利用时间提供了可能,这是它近期迅速发展的原因之一。移动通信系统由移动通信交换(MTX)、基地站(BS)、移动台(MS)及局间和局站间的中继线组成,它是一个有线、无线相结合的综合通信系统。移动台与基地站、移动台与移动台之间采用无线传输方式,基地站与移动通信交换局,移动通信交换局与地面网之间则一般以有线方式进行信息传输。

目前第三代移动通信技术(3G)、第四代移动通信技术(4G)应用已经广泛普及,在公交企业信息化建设发挥着重要的作用。

(四)传感器技术

传感器一般是利用物理、化学和生物等学科的某些效应或原则,按照一定的制造工艺研制出来的。传感技术主要的应用领域是自动检测和自动控制,它将诸如温度、压力、流量等参量转化为电量,然后通过电的方法进行测量和控制。

城市智能公共交通系统主要涉及车辆传感器和外界传感器。车辆传感器包括检测车辆运动用传感器、驾驶操纵状态用传感器、车辆控制用传感器、运动环境检测用传感器以及异常状态监控显示器用传感器。外界传感器主要是用于检测车辆周围的车辆、行人、障碍物和路面湿润状况、气温以及外来光等的各种传感器,它主要利用超声波、电波、光波等进行检测。

(五)公交信息采集与处理技术

公交信息的采集信息主要包括:车辆的运行轨迹、车辆的性能、车厢运营秩序、车辆满载情况、车厢服务情况、驾驶员的工作状态以及乘客的消费信息等。这些信息的采集主要通过车内安装的一系列的采集设备完成,包括 GPS 调度终端、客流计数器、行车记录仪、车载视频监控、IC 卡刷卡机等设备。这些设备按照标准接口协议,通过车载终端连接成一个有机整体,通过无线通信方式实时发送和接收数据。

1. 车载调度终端

车载调度终端主要采用车辆定位技术,并利用车载控制单元、通信模块、存储单元、功放单元、语音通话单元等功能模块。采集存储车辆运行过程中的各种信息,主要包括车辆的位置、运行速度、运行轨迹、车辆到离站情况等。车载调度终端设备,还具备定位语音播报、与其他设备通信以及信息的汇总上传等功能。

2. 客流采集技术

客流计数器是公交企业主要用于采集客流量的设备,是公交企业进行客流分析、制订运营调度方案的重要工具,主要采用的技术包括视频采集方式、重量采集方式、红外对射采集方式以及接触式采集方式等。

3. CAN 总线技术

CAN 是控制器局域网络(Controller Area Network,CAN)的简称,是国际上应用最广泛的现场总线之一。公交车载行车记录仪采用 CAN 总线技术,通过 CAN 总线仪表采集车速记录,转速记录,各种开关量记录,各种 CAN 总线信号,位置记录,音频和图像记录,事故疑点数据 ,车辆急加速,急减速,怠速运转时间,超经济车速运行比例,发动机经济转速比例,动力特性曲线区域分布密度,空调,暖风装置开启状态,使用时间,开门时长,能耗量等数据,并通过车载调度终端将采集的信息上传到监控中心。

4. 智能卡与 RFID 技术

智能卡也称 IC 卡,是集成电路卡(Integrated Circuit Card)的简称,集成电路卡,广泛地应用于公共交通、金融、身份证和社会保障等领域,它继承了磁卡以及其他 IC 卡的所有优点,并有极高的安全、保密、防伪能力。IC 卡在我国城市公共交通行业的应用已经非常普及。

RFID 技术又称无线射频识别,是一种通信技术,可通过无线电讯号识别特定目标并读写相关数据,RFID 系统至少包含电子标签和阅读器两部分。安装在公交运行车辆上的 IC 卡刷卡设备,就是利用射频识别技术,对乘客使用的 IC 卡进行电子消费读取。

5. 视频采集技术

视频采集就是将摄像机、录像机、LD 视盘机、电视机输出的视频信号,通过专用的模拟、数字转换设备,转换为二进制数字信息的过程。视频采集技术主要用于公交企业对场站、公交站点和重点区域等的远程监控。

(六)公交信息发布技术

公交信息发布技术主要包括:通信技术、多媒体技术以及互联网技术等,具体应用有以下方面。

1. 可变信息情报板

可变信息情报板主要采用LED显示技术、多媒体终端技术,通信技术、移动宽带技术等进行公交线路情况、车辆到站信息等信息的发布,主要应用包括:站台信息发布屏、重要交通枢纽大屏幕、车载电视、车厢LED屏以及路边信息情报发布板等形式,是目前应用最广泛的信息发布技术。

2. 车载式信息发布

车载式信息发布由调度中心通过无线网络和安装在车内的车载装置将信息发布给驾驶员,主要用于车辆的调度指令的发布。

3. Internet网络系统

利用互联网技术,通过网站,微信、微博等系统,进行公交的基本信息和动态信息的发布,使用者可以通过电脑终端、移动终端进行信息的查询。

4. 语音通信技术

公交企业利用语音通信技术、建立公交热线等形式,为乘客提供语音信息服务,包括自助语音和人工语音等方式。

第三章　公交企业信息化建设与实施

第一节　企业信息化建设的实施方法及策略

企业信息化建设是指企业利用计算机技术、网络技术等一系列现代电子技术,通过对信息资源的深度开发和广泛利用,不断提高生产、经营、管理、决策的效率和水平,从而提高企业经济效益和企业持续发展的能力。

企业信息化建设的实质是增强企业的软实力。计算机技术的发展彻底改变了传统信息的处理工作方式,同时较大程度地冲击了传统管理模式。主要表现为:规范企业管理,理顺管理流程,强化执行体系,使企业管理各个方面、各个层面可显性化、可控化,落实企业战略管理各项目标,提高管理者的经营决策能力。企业信息化建设中很重要的一个核心工作是建立企业知识及信息的共享基架,并按照计算机管理的特点重组企业的业务流程。

以上所述是“企业信息化建设”广义上的含义(包括规划、建设、管理和维护等),而本章所讨论的“企业信息化建设”是指,在前期企业信息化建设规划、企业信息化框架系统设计和企业信息资源规划的基础上,所进行的公交企业信息化建设项目的推进及组织实施,以及推进实施中所采用的方法及策略。

一、企业信息化建设实施概述

(一)企业信息化实施的特点

1. 阶段性

信息化建设的实施是一个从无到有、循序渐进的过程,不可能一步到位,因而具有阶段性的特点。企业在进行信息化建设时,要围绕企业信息化的发展战略和业务需求,进行信息化统一设计,并采取分步实施的策略。在建设过程中,要根据项目之间的逻辑关系和优先级次序,分阶段、有步骤地进行决策和规划,合理安排进度,并根据企业的管理基础、人员配备和组织架构等相关情况确定合理的阶段性目标,然后再在目标的指引下采取合适的应用模式和规范的实施流程，使企业能在短时间内达到预定的目标和预期的效果。

2. 时效性

现代社会信息技术发展瞬息万变，信息仅在一定时间段内对企业的决策具有价值，决策的时效性很大程度上制约着决策的客观效果。因此，增强企业信息化建设的时效性，可以提升企业整体快速应变能力，是企业生存、发展、经营的重要环节。随着企业信息化建设的不断推进，通过信息系统、信息网络等渠道获得各种可利用的信息资源，用于提高企业信息化的应用水平和管理水平，实现企业内部各级管理组织（机构）、各部门之间的信息共享，并及时、准确地应用于企业生产、经营、决策的全过程，已成为企业信息化建设的主旋律。

3. 持久性

信息技术的发展，持续推动着企业信息化的发展、变化和改革，这就决定了企业信息化建设是一项持久性的系统工程。因此，企业在进行系统开发和建设前就应该对整个系统有一个宏观和长远的规划，既要尽量满足企业当前的经济发展需求，又要充分照顾到企业将来的应用需求。另外，信息系统的建成并不代表企业信息化建设的结束，而是一个新的开始，企业将以现有信息化建设所取得的成果为基础进行更深入的研究，并持续改进以适应新的变化，满足新的需求，这就使企业信息化建设的过程呈现出不断改进、不断提升的特点。

（二）企业信息化实施的原则

企业信息化建设的总体原则是："总体设计、分步实施；集成拓展、统一管理；安全保密，共享融合。"

1. 总体设计，分步实施的原则

企业信息化建设应与企业自身发展的实际目标相一致，其实施应遵循统一筹划与分步实施相结合的原则。首先应在企业信息化战略规划的指导下，制订总体建设方案，然后将规划中相对独立的工作划分为按不同阶段可分步实施的不同项目。涉及企业发展布局的信息化建设大项目，宜采取"二度调研、二次开发、局部试点、全面推广"的实施方法和步骤。

二度调研。需求调研的质量直接关系和决定信息化建设的交付结果，为了减少建设过程中的失误和建设后期的修改频率，对建设需求进行再次调研、分析和确认，以获得更符合实际的高质量的需求结果。

二次开发是信息化建设实施过程中最为复杂和关键的工作之一，一般是指当企业信息化系统的功能不能完全满足用户的使用需求时，需要在原有需求的基础上进行进一步的开发、补充和改进，以满足用户需求的研制活动。

2. 安全保密性原则

信息系统应具有高安全性。企业在信息化建设过程中，应对项目的整个系统结构、主要相关设备和系统采用的软件等建立完善的管理机制，确保系统稳定可靠地连续运行。同时，制定严格的使用原则和管理制度，采用先进的技术手段，保障网络上的各种活动遵守国家法律和法令，防止数据泄露，确保网络安全。

对于城市公交企业来讲，在公交运营、管理、安全等方面的信息数据的采集、存储、传递、交换和使用过程中都要设置安全机制，保护数据不被非法窃取、泄露、篡改、假冒或破坏，确保数据的正确性和可信度，防止数据丢失给企业带来的危害，保护公交企业、用户和乘客信息的合法权益。

3. 集成和扩展性原则

企业信息化建设过程实质上是企业对数据、信息资源、系统和业务等进行集成和优化的过程。良好的集成性不但直接反映企业信息化的建设水平,而且关系着企业的经营和未来的发展。

信息系统的建设除了考虑适应目前的业务需要以外,还必须充分考虑日后业务发展的需要,随着数据量的扩大、用户数的增加以及应用范围的拓展,整个系统的扩展性至关重要。因此,信息化建设应留有恰如其分的冗余量,通过调整硬件设备、采用大型数据库管理系统、软件模块重组等技术,使系统具有柔性,易于修改和扩充,使整个系统能以最小的投入、最快的速度、较低的成本实现技术更新换代,从而能够提高系统投资的综合性价比。

4. 标准化和开放性原则

在信息化建设过程中,应坚持标准化开放性的原则,坚持这一原则有利于网络的扩充和升级,使相对独立的分系统易于进行组合和对接,为信息的互通和应用的互操作创造有利的条件。坚持标准化开放性的原则可使企业信息化建设的系统对外界环境变化保有很强的适应能力,即在外界环境改变时,系统可以不作或仅作小量修改就能在新环境下运行。

5. 高可靠性和可用性原则

信息系统运行过程涉及企业的方方面面,包括软硬件的使用维护情况、相关资源的提供和控制、各部门职责的协调和落实、故障预防与运行监控、人员培训等,这些因素都要求信息系统必须具有较高的可靠性和可用性,以保证系统长时间稳定有效工作。企业信息系统的可靠性和可用性,不仅影响各项公交业务的正常进行,还可简便快捷地发现薄弱环节,为企业持续改进信息系统运行提供技术支持,为企业信息化的成功实施奠定基础,是公交信息化建设、企业信誉和服务社会形象的保障。

6. 实用性和先进性原则

企业信息化建设过程中,应重点突出系统的实用性和先进性,充分考虑城市公交企业当前的业务层次以及各环节中数据处理的便利和可行,把满足企业管理和运营管理放在首位。建设中应尽量采用先进和成熟的技术,使系统保持高性能运转,减少系统的瓶颈点和故障点,便于使用人员掌握和使用,便于信息管理人员对整个系统进行全面的监控、管理、配置和升级,便于系统维护人员对系统进行维护并对系统故障及时进行诊断、分析和排除。

7. 经济性原则

信息化建设还要从经济性着眼,在实现系统目标的前提下,力争花较少的钱办更多的事。作为公交企业,普遍存在自身资金不足的问题,所以不盲目追求短期内没有必要的功能和配置,其扩充和升级要以低成本为前提,尽量选择能反映当前国际先进水平和具有发展潜力的产品,充分考虑所购置的设备在技术上的兼容性等,是一个极需严格把握的原则,也是公交企业必须认真对待、审慎处理的大课题。

8. 共享融合性原则

信息化的高速发展,使人们明显感受到它带给企业的高效与便利。然而在信息化的建设过程中,不同时期、不同厂商、不同技术研发的软件和应用,使原本简单的信息化环境变得庞杂,不同程度地出现了信息孤岛现象,阻碍了行业发展与业务协同。因此完成不同资源的共享融合是企业信息化建设中需要关注的问题。

城市公交企业应坚持信息化战略与企业战略融合，信息系统和业务融合，以支撑企业战略的实施和业务运营的发展。通过对基础设施的共享融合提高资源的利用率，降低使用和维护成本；通过对信息资源的共享融合实现资源的共享交换和跨系统的互联互通，提升行业监管能力；通过对业务应用的共享融合，实现企业的业务协同、监管治理，形成统一的公众服务门户，提高工作效率和服务质量。要以需求为主导，建设实用、高效的信息化项目，并在与企业各项业务深入融合的过程中，通过对系统持续完善和改进，形成全方位支撑企业管理决策和业务发展的数据交换与服务共享平台。

二、城市公交企业信息化建设的实施方式与方法

（一）城市公交企业信息化建设的环境与路径选择

由于城市的发展水平不同，地域不同，每个城市信息技术的应用存在一定差异，在进行公交企业信息化项目建设时，我们应注意了解城市的信息化网络、数据资源系统建设等信息化的发展水平，以及公交企业发展规模、经济能力、当地政府支持程度等方面情况，尤其要考虑以下五点因素。

1. 网络资源方面

企业信息化的建设与发展离不开网络的支持，城市公交企业作为一个公益性的服务行业，更离不开网络的支持。在进行公交企业信息化项目建设时，公交企业要注意考察所在城市的有线网络、无线网络的建设情况、覆盖率以及应用成熟度，还要注意考察所在城市的公共信息资源基础情况，是否已经建设或正在建设有关公交电子消费、城市管理信息、城市交通管理信息等公共基础资源信息库，以及城市居民的网络使用和手机终端设备的普及率等。通过对这些外部情况的考察和信息的收集，有助于在信息化建设具体实施过程中，在技术应用方案的选择、具体数据资源的收集方式和采集内容、系统设计和设备选型等方面作出符合实际的实施方案。

如果所在城市已建有可利用的城市信息网络或者城市交通信息网络，公交企业在网络选择时，可以考虑直接建立相应的接口或对接平台，以实现网络资源的共享与利用。

2. 公交企业的规模及发展现状方面

企业的规模和发展现状是城市公交企业进行信息化建设的重要基础。从我国现有城市规模和企业规模来看，企业规模可分为特大型、大型、中小型等几类。由于公交企业规模和所在城市公交文化的不同，公交企业在进行信息化建设时，其路径可能存在差异，因此，公交企业要认真分析相关因素，选择适合自身规模和发展特点的信息化建设模式。对于特大型的城市公交企业，在物联网和云计算尚不发达的城市，可考虑采用自建方式，例如北京就专门建立了城市公交企业专网；对于中小型的城市公交企业，可借助社会资源，例如租用服务器和服务的方式，选择城市交通信息网的接入，没有必要建立自有的网络和机房等。

3. 公交企业经济能力方面

本书前面已经分析过，由于公交企业提供的公交服务具有社会公益性，决定了公交企业的运营和管理活动不以追求企业利润的最大化为目标，而以更好地为民众提供良好的出行

服务为目标,这就造成了公交运营收入往往低于实际运营成本,公交企业发展和信息化建设普遍存在自身经济能力不足的问题。为保证公交企业能够维持正常运转和持续提高社会服务能力,除公交企业努力提高运营管理水平外,各地政府都建立了相应的扶持机制,对公交企业的政策性亏损进行补贴,从而既确保企业公共服务目标的实现,同时又能激励公交企业提高运营管理效率,保障其公益属性的持续与改善。为了更好地提升公交运营管理能力和公交服务能力,公交企业的经营管理必须走智能化和信息化的道路。对于公交企业信息化建设资金不足的问题,可以通过政府适当支持、公交企业自筹和社会融资等渠道来加以解决。

4. 专业技术队伍方面

企业的信息化专业技术人员队伍是企业信息化建设水平和应用水平重要的基础和保障,企业拥有一支高水平的信息化专业技术队伍,可以加速企业的信息化建设目标的实现。从公交企业信息化建设需求角度出发,可以从以下三个方面考察企业信息化专业技术队伍的情况。

首先是要考察企业是否拥有一支信息化专业队伍,并且建立了一定的管理组织和管理制度,这是企业信息化建设的基础和保障。其次是要考察企业专业队伍的素质及其知识构成。企业信息化专业人才应具备下列素质及知识结构:信息化规划与建设能力;信息技术应用和信息系统开发、维护、管理以及信息资源开发利用的能力;提高企业的信息设备使用效率、完善信息系统功能、保证企业各项信息管理工作高效运转的能力和辅助企业其他部门完成各项工作目标的能力。其基本特征是"既懂得经营管理又懂信息技术,具备复合型、综合性的知识和能力"的人才。再次是考察企业的信息化是否已建立了人才引进和专业培训机制。只有企业有规划地引进优秀的信息化专业人才,并且系统持续地对信息化队伍进行专业水平提升和培养,才能满足企业在信息化建设应用、维护和升级改造的需要,推进企业信息化工作持续向高水平纵深发展。

企业专业技术人员队伍的大小要与企业信息化建设的进度和发展水平相匹配,既要关注信息化专业素质,又要关注其组织规模与企业信息化建设是否相适应。通过对企业专业技术队伍现状的分析,可以为信息化项目的建设以及后期的管理和应用所应采取的策略提供依据。

(二)城市公交企业信息化建设常用的实施方式

企业信息化建设有多种实施方式,实施方式如果选择不当不仅影响信息化建设的进度和资金投入等方面,还有可能影响信息化建设的实际应用效果。因此,企业认真分析研究、综合考虑各个方面的情况,精心选择适合自身信息化建设要求的实施方式非常重要。常见的实施方式有以下几种。

1. 委托开发

所谓委托开发,是指聘请专业开发团队为企业设计和建设信息化项目。委托开发方式适用于自身开发建设力量较弱,但是建设资金比较有保证的企业。在开发过程中,信息化建设企业的业务骨干和信息化专业技术人员必须全程参与系统的调研、分析和论证工作,开发单位和使用单位必须及时沟通和协调。

委托开发看起来省时、省事,采用的信息化技术可能比较成熟,但投入的费用相对较高,系统的二次开发和维护等都需要开发单位的长期支持与合作。

2. 自主开发

所谓自主开发,是指某些拥有较强信息化开发设计能力和系统维护使用能力的企业,通过自主开发便可以建设适合本企业需要的信息化项目的方式。

自主开发的优点是开发费用较少,所建设的信息化系统能够适应本企业的需求且满意度较高,系统维护方便,另外还可以锻炼和培养企业自身拥有的信息化技术队伍。缺点是开发建设水平可能不够高,开发建设周期往往较长。为了解决上述问题,一是要在规划建设过程中多向信息化专家和学者请益;二是要尽量采用成熟的信息技术和产品。

案例:济南公交企业信息平台是由济南市公共交通总公司的信息中心自主开发的企业办公一体化共享平台,采用B/S架构,集OA办公、人力资源管理、车辆管理、生产统计、运营管理、财务管理和基层服务等功能于一体,实现了办公自动化,提高了运营管理和办公效率。

3. 合作开发

所谓合作开发,是信息化建设企业与所聘请的专业开发队伍共同开发和建设完成信息化建设项目的方式。该方式适合有一定的信息技术应用能力,但自主开发能力尚感不足的企业。

合作开发的优点是相对节约资金,并可以培养企业的技术力量,也便于系统的维护。应注意的问题是双方需要加强沟通和协调,并及时达成共识,以利于工作的开展和推进。

案例:济南公交电子智能巡更管理系统是由济南市公共交通总公司与山东恒宇电子科技有限公司合作开发的,基于公交车场及车辆全方位安全的信息化管理系统。在合作过程中,双方就采用的技术、管理的方式、应用的模式等方面进行了多次沟通与讨论,最终确定运用RFID技术、无线和有线网络及后台系统的管理软件,实现对夜间车场进行规范的、实时的巡更管理。

4. 购买软件和信息技术引进

所谓购买现成软件,是指企业可自行购买一些专业信息系统公司开发的、使用方便、功能强大的专项业务管理信息系统软件。例如:目前广泛使用的企业财务管理软件、人力资源管理软件、仓储管理软件、OA办公管理软件等。该方式适用于比较简单的中小型企业,使用人员稍作培训后即可掌握。

信息技术引进是指企业通过一定方式从国内外企业、研究单位、机构获得先进、适用的信息技术的行为。信息技术一般包括软件技术和硬件技术。该方式适用于一些大型的信息化系统,其复杂程度决定企业是否需要对系统的软、硬件设备及其相关服务同时进行购买。

购买软件和信息技术引进的方式适用于不同项目的建设需要,企业可根据自身情况进行综合考虑,以选择合适的方式。这里需要注意的是不管选择哪种方式,都可能存在不适应企业特定需求的情况,需要二次开发和相应调整。

5. 租赁方式

所谓租赁方式,是指企业租用应用服务提供商开发出的适合企业应用的信息系统。应用服务提供商开发出了很多适合企业需求的应用系统,其中,某些系统是公交企业拿来便可使用的,因而可以省去公交企业自主开发等产生的不必要投入,企业向应用服务提供商定期支付信息化管理的服务费，就可获得相关信息系统的使用权。

租赁方式的优点是节约信息系统开发建设成本，不足是对于公交企业而言，在市场上难以找到所需产品和租赁服务，另外，即使有相关的产品和服务，其实用性和针对性往往存在不足。

6. 云服务方式

云服务是基于互联网的相关服务的增加、使用和交付模式，通过互联网来提供动态易扩展且经常是虚拟化的资源，是分布式计算、并行计算、效用计算、网络存储、虚拟化、负载均衡、热备份冗余等传统计算机和网络技术发展融合的产物。

云服务是通过使计算分布在大量的分布式计算机上，而非本地计算机或远程服务器中，由软件实现自我维护和管理的虚拟计算资源，通常为一些大型服务器集群，包括计算服务器、存储服务器、宽带资源等，这使得企业能够将资源切换到需要的应用上，根据需求访问计算机和存储系统。

云服务的特点使得应用服务提供者摆脱了烦琐的细节，而更加专注于业务的需求，据此访问计算机和存储系统，有利于创新和降低成本。终端用户则不需要购买昂贵的软硬件产品，甚至不需要专业的维护知识，只要用浏览器和互联网连接，就可以使用丰富的产品资源。提供产品的软件厂商只收取相应的服务费用。

公交企业，特别是中小型公交企业采用云服务方式进行信息化建设，可以保证技术上的先进性，有效整合信息资源，克服重复建设和低水平建设等弊端，具有功能全，响应快，安全性好，使用方便快捷的优点。云服务方式对企业信息化带来的最大好处就是大大降低了软硬件开发成本和维护费用，减轻企业的负担，为公交企业信息化建设提供了一条新途径。

（三）城市公交企业信息化建设系统开发方法

企业信息化建设系统开发方法是指系统开发过程中的指导思想、逻辑、途径以及工具的组合。系统开发的方法很多，在此主要介绍公交企业可以参考使用的四种方法。

1. 结构化方法

结构化方法是由结构化系统分析方法与设计组成的一种信息系统开发方法。该方法的主要做法是，根据用户需求，将整个信息系统开发过程划分为若干个相对独立的阶段，包括系统规划、系统分析、系统设计、系统实施、系统运行和系统维护等。在前三个阶段坚持自顶向下地对系统进行结构化划分，从宏观整体考虑入手，具有全局最优的思想；在系统实施后三个阶段，则坚持自底向上地逐步实施，从最基层的模块做起（编程），然后按照系统设计的结构，将模块一个个拼接到一起进行调试，自底向上、逐步地构成整个系统。

结构化方法适用于企业规模较大、企业结构相对稳定、业务处理过程规范、信息系统需求明确且在一定时期内不会发生较大变化的大型复杂系统的开发。

2. 原型法

原型法是指在获取一组基本的需求定义后，利用系统开发工具，快速地建立一个系统模型，并把它交给用户试用，然后根据用户需求，反复对该模型进行补充、修改和完善，形成新的版本，直到得出系统的“精确解”，即用户满意为止。

原型法适用于用户需求不清、需求经常发生变化、管理及业务处理不够稳定、系统规模较小且不太复杂、没有大量运算和逻辑处理过程的信息系统。

3. 面向对象的开发方法

面向对象的开发方法是把数据和过程封装成为对象,以对象为基础对信息系统进行分析与设计,为认识事物提供了一种全新的思路和办法,是一种综合性的开发方法,运用对象、类、消息传递、封装、继承和多态等概念来构造系统的开发方法。其基本思想是用对象的观点建立问题空间的模型,尽可能模拟人类习惯的思维方式,围绕对象来进行系统分析和系统设计,然后用面向对象的工具建立系统,使信息系统开发的方法与过程尽可能接近人类认识世界、解决问题的方法与过程。

面向对象的开发方法适用于各类信息系统的开发,但是不能涉足系统分析以前的开发环节。

从上述分析可以看到,结构化方法是能够较全面地支持整个信息化系统建设过程的方法,而原型法和面向对象的开发方法可作为结构化方法在局部开发环节上的有效补充。一般可将上述三种方法有机结合起来,取长补短。

4. 定制开发法

定制开发法是指将成熟的商用标准软件与自主开发配套软件相结合的一种方法,可由企业信息技术人员自行开发或者承包给软件公司开发。

定制开发法的优点是可以充分利用成熟商用标准软件的继承性、功能完整性、灵活性等特点,缩短企业信息化建设周期,降低系统开发成本,同时可以利用自身的信息技术队伍的优势进行开发,另外该方法可从企业最需要信息化的关键环节入手,避免了通用软件中复杂的设置与配置功能,满足公交企业的个性化需求。

定制开发法的缺点是容易局限于企业当前的业务需求和管理需求,系统功能往往取决于当前管理人员和开发人员的认识水平和技术水平,如果企业业务需求和管理需求出现大的变化,由定制法开发出来的系统需要进行相应的调整。

定制开发法比较适用于具有突出特点的小型软件系统。

三、城市公交企业信息化建设实施策略

"实施策略"是指为了实现某一项目目标,首先根据项目自身特点或可能出现的问题制订的若干对应的方案,并且,在实现目标的过程中,根据形势的发展和变化来制订出新的方案,或者根据形势的发展和变化来选择相应的方案,最终实现目标。

企业信息化建设的实施是一个推进企业各项业务管理创新的动态发展过程,需要采用科学的项目实施策略来保证项目在不同阶段的顺利进行。下面主要从推进实施角度和技术角度两个方面来进行讨论。

(一)企业信息化的实施策略

城市公交企业从信息化建设推进实施的角度出发,应综合考虑总体实施、优先级、人员储备、试点选择、项目合作等方面的实施策略。

1. 整体设计、逐步实施的策略

统一顶层设计是公交信息化建设的必由之路,按照结构化的设计思想,从整体和全局进

行考虑，自顶向下地进行设计，逐渐从抽象到具体，从概要设计到详细设计，这样可以有效避免缺乏整体设计而造成的一系列问题，如设计不统一、系统接口不一致等影响信息化建设项目实施的问题。

2. 优先级实施策略

根据企业信息化总体规划确定的建设项目优先级，拟定建设实施方案，分步组织实施。在项目的具体实施过程中，情况可能会有一定的变化，可根据实际情况进行必要的调整。

3. 人员储备策略

由于信息化建设是一项系统工程，对管理和维护使用人员都有相当高的素质要求，所以在人才储备上必须提前做好筹划，做好这些人员的引进、培养等工作。首先是专业技术人员的储备。应根据项目的技术要求提前对企业的专业技术人员进行有针对性的培训，特别是进行大型复杂的且包含前沿技术的项目，可以考虑适度进行人才引进，确保企业对实施系统核心技术的掌握和系统后期运行的接管。其次是企业业务人员和操作人员的准备。应在项目开始前和进行过程中，有前瞻性地对相关人员进行培训，内容包括信息化建设的理念、基础知识、操作技巧、系统实施目标等内容，并应使其达到能够胜任未来信息系统运行的要求和所在岗位操作的要求。

4. 选择试点实施单位策略

信息化建设试点是在系统正式实施前，选择一个或几个应该投入使用的环境进行前期的测试工作，以此检验系统的各项功能和使用效果，并通过试点工作取得经验，以便于下一步进行全面的推广实施。试点单位承担着对系统功能的检验、效果的评价、使用的确认，以及在试点完成后项目推广过程中的示范展示等任务。试点单位的选择应注意选择领导重视、业务有代表性、规模适中、信息化基础好的单位进行，这样既可以客观全面地反映系统的实施效果，又可以有效地降低系统实施的风险。

5. 信息化项目合作策略

信息化项目的合作策略有很多，常见的有以下 4 种模式。

(1)依托互联网的商盟模式。

依托互联网的商盟模式实质上是互联网服务商提供的一种服务方式，供各企业利用互联网的技术条件组织起来的商业联盟，其基本功能主要是信息交流。这种类型的合作方式是一种松散的合作方式，一般没有实质意义上的主导企业，发起企业一般只是做一些网站维护、信息发布等工作，控制不了其他参与企业的业务活动。

公交企业可以依据这种模式建设公交论坛和公交信息发布平台，用于公交企业信息发布、信息收集与外界互动、宣传产品和扩大影响等方面。

(2)虚拟企业合作模式。

虚拟企业合作模式是一种为适应快速多变的市场需求，充分利用信息时代的通信工具和通信环境，主导企业联合制造商、供应商、经销商、用户等其他企业，建立一个动态组织，各企业之间通过合作实现知识、信息、技术资源共享，充分发挥各自的优势和创造能力，在较短的时间内能以最小的投资完成产品的设计制造过程，并快速推向市场的企业合作模式。主要特点为：采取虚拟经营来整合资源，以品牌、技术或网络为优势，各企业核心能力和核心资源的集成，有一个主导企业，为了完成某一个具体项目，联合在能力上互补的其他企业临时组建虚拟化组织,是一种临时合作。

(3)供应链合作模式。

供应链合作模式基本上是由传统的分包模式在信息化条件下发展而形成,主导企业与其供应商有比较稳固的采购与供应关系,由于是在计算机网络环境下采用了信息系统,所以与传统的分包模式相比实现了一些突破:一是可以实现主导企业与客户的无缝接触;二是主导企业将某些数据与供应商共享;三是主导企业可以在整个供应链内对传输、存储、供应商选择、生产计划等进行优化设计。

(4)"信息联盟"合作模式。

"信息联盟"模式的基本特征就是没有主导企业的稳定合作模式,是若干个独立企业出于整个市场的预期目标和企业自身总体战略目标的需求,以信息为纽带、以基于互联网的信息系统为手段,按照共同遵守的制度组成联合体,共同开发、享有市场信息资源,并且在内部优化配置资源,从而达到提高所联合的企业整体竞争力以及经济效益的目的。

(二)企业信息化技术策略

企业信息化的技术策略是信息化建设实施策略的一部分,是技术层面的策略,是积累、开发、利用技术资源和技术能力,保持和提高企业核心竞争力的方式。技术策略的目的不是技术本身,而是通过技术提高企业的资源价值和发展能力,使企业在市场竞争中持续保持优势。

1. 信息共享策略

信息共享指不同层次、不同部门信息系统间,信息和信息产品的交流与共用,就是把信息这一种在互联网时代中重要性越趋明显的资源与其他人共同分享,以便更加合理地配置资源,节约社会成本,创造更多的财富。信息共享是提高信息资源利用率,避免在信息采集、存储和管理上重复浪费的一个重要手段。

从城市公交企业的角度来看,信息共享可分为内部信息共享和外部信息共享两个方面。如何对信息资源进行分类,促进跨部门、跨行业的信息资源共享,满足政府、企业、社会组织和公众的各种需求,使企业和社会充分分享信息资源,是城市公交信息化建设实施过程中需要重点考虑的问题。可以采用以下几种途径和对策来实现信息化共享。

(1)建设并完善企业信息平台。

企业为实现内部信息资源共享,一般可考虑建设以现代信息技术为支撑的企业信息平台,以实现企业跨系统、跨部门的系统综合集成和信息共享,决策部门、执行部门或协调部门要注重统筹建设,建立信息资源整合共享机制。

(2)建设公共信息服务平台。

为实现城市公交信息资源的全面共享,需要考虑建设有安全保障的公共信息服务平台,将城市公交资源的交换共享等基本需求、安全机制、数据存储层与应用层的有效隔离功能等有机地结合在一起,形成能够覆盖行业、政府有关部门和企业的全国性信息资源管理、交换与服务网络。同时,可利用企业内网、城市交通网、公众网和其他门户网站,增强企业传递和共享信息资源的能力。

(3)建立信息资源共享的交换体系。

应用先进的信息资源组织、加工、管理技术，整合城市公交、政府部门和各相关服务行业的信息资源，提供网络化的信息资源导航、交换、共享和检索服务。采用基于面向服务的架构(SOA)技术和消息中间件技术的交换体系，使公交信息化的应用与其底层的数据结构和存储方式无关，实现路由、数据交换和共享，保证各应用系统的相互独立性和低耦合性，从整体上提高了系统运作效率和安全性。

城市公交企业在实现信息共享的过程中，不仅要从自身出发选择适合本企业的信息共享模式，行业和政府更应在新的环境下发挥自身的作用，推动企业信息资源的整合。行业应整合本行业的资源，协调制定行业标准，努力促进行业内的信息共享；政府应制定有关信息安全方面的法律法规，规划信息管理，为信息共享创造一个良好的环境，鼓励企业信息化建设，推动公交行业信息共享和资源整合。

2. 模式选择策略

随着企业信息化项目规模不断扩大、复杂程度日益提高，信息化项目的体系结构模式对信息系统性能的影响越来越大，不同功能的信息化项目对体系结构模式有不同的要求，各种体系结构模式的信息系统在开发、建设和应用过程中也有很大的区别，选择和设计合理的信息化体系结构模式变得尤为重要。

从技术模式的角度分为以下几种。

(1)C/S 模式。

C/S 模式又称 C/S 结构，即客户机和服务器结构，是软件系统体系结构的一种。其基本原则是将计算机应用任务分解成多个子任务，由多台计算机分工完成，即采用“功能分布”原则。客户端完成数据处理、数据表示以及用户接口功能；服务器端完成数据库管理系统的核心功能，是一种客户请求服务、服务器提供服务的处理方式。通过它可以充分利用两端硬件环境的优势，将任务合理分配到客户端和服务器端来实现，降低了系统的通信开销，简单地讲就是基于企业内部网络的应用系统。

典型的 C/S 模式应用系统结构如图 3-1 所示。

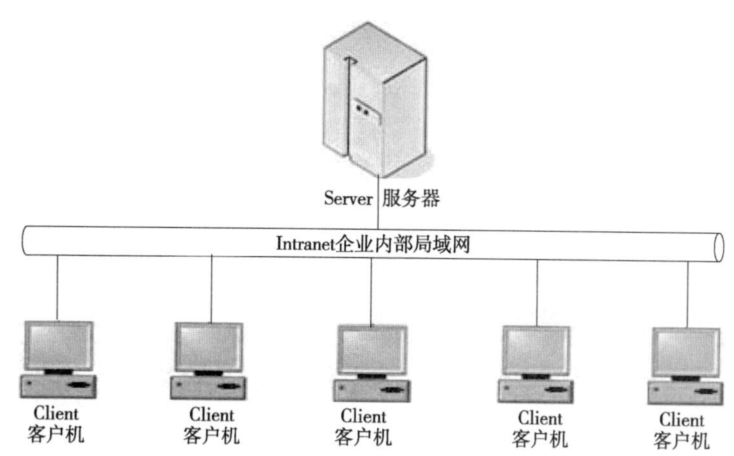

图 3-1　C/S 模式应用系统结构

C/S 模式的优点：

①不依赖企业外网环境，即无论企业是否能够上网，都不影响使用。

②由于客户端实现与服务器的直接相连,因此响应速度快。

③充分发挥客户端的处理能力,很多工作可以在客户端处理后再提交给服务器,应用服务器运行数据负荷较轻。

④安全性较高,数据的储存管理功能较为透明。

C/S 模式的缺点:

①需要专门的客户端安装程序,分布功能弱,针对点多面广且不具备网络条件的用户群体,不能够实现快速部署安装和配置。

②兼容性差,针对不同的操作系统需要开发不同版本的软件,对于不同的开发工具,具有较大的局限性。

③有高昂的开发成本和维护成本,且投资较大。

(2)B/S 模式。

B/S 模式又称 B/S 结构,即浏览器和服务器结构,它是随着 Internet 技术的兴起,对 C/S 模式应用的扩展。这种模式统一了客户端,将系统功能实现的核心部分集中到服务器上,简化了系统的开发、维护和使用。客户机上只要安装一个浏览器,浏览器通过 web 服务器同数据库进行数据交互。

典型的 B/S 模式应用系统结构如图 3-2 所示。

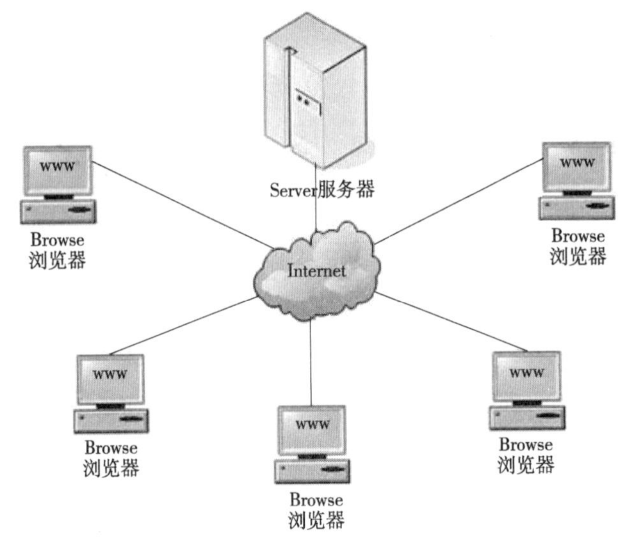

图 3-2 B/S 模式应用系统结构

B/S 模式的优点:

①具有分布性特点,能实现不同的人员,从不同的地点,以不同的接入方式访问和操作共同的数据。

②业务扩展和维护简单方便,通过增加、改变网页即可增加服务器功能,实现所有用户的同步更新。

③开发简单,共享性强。

B/S 模式的缺点:

①对企业外网环境依赖性太强,由于各种原因引起企业外网中断都会造成系统瘫痪。

②无法充分利用客户端的资源，响应速度慢。

③应用服务器运行数据负荷较重，一旦发生服务器“崩溃”等问题，后果不堪设想。

(3)C/S、B/S 混合模式。

C/S、B/S 混合模式是利用 C/S、B/S 模式不同的优点来构架企业应用系统，即利用 C/S 模式的高可靠性来构架企业应用，利用 B/S 模式的广泛性来构架服务或延伸企业应用。这样能充分发挥各自的长处，使软件系统具有安全可靠、灵活方便、快捷高效的特点。

典型的 C/S、B/S 混合模式应用系统结构如图 3-3 所示。

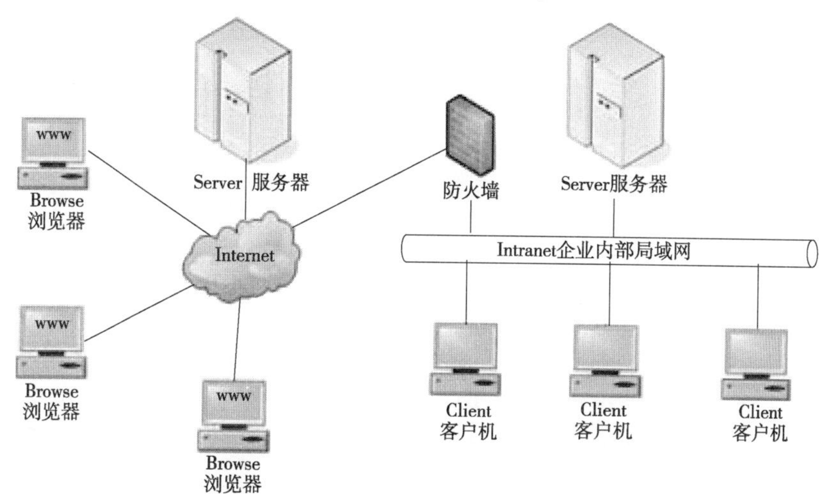

图 3-3　C/S、B/S 混合模式应用系统结构

3. 机房建设策略

机房是各类公交信息数据的处理中心，是信息化建设实施的基础条件。由于企业软硬件平台都应相对集中地部署于机房之中，所以机房建设是一项内容复杂、专业综合性强的系统性工程，要求比较高，涉及的各个专业内容都必须进行专业设计、综合评审，才能协调各个施工顺序，指导施工正确、完善的进行。目前，机房建设所采用的方式主要有以下两种。

(1)机房托管方式。

机房托管方式主要是由电信运营商或者技术成熟、专业的第三方服务供应商提供，只需要支付一定的租金和服务费，就可以使用由其提供的一定面积的机房空间，将企业的服务器及相关设备托管到具有完善机房设施、高品质网络环境、丰富带宽资源和运营经验以及可对用户的网络和设备进行实时监控的网络数据中心内，以此使系统达到安全、可靠、稳定、高效运行的目的。

(2)机房自建或改造方式。

机房自建或改造方式主要由城市公交企业自行组织，可充分利用现有条件，结合实际需求进行自建或改造。机房自建或改造是个大工程，需要综合考虑机房选址、平面布局、供电、布线、机柜、消防、空调、环境监控、安全性等相关因素的影响，同时完善支持其正常运行的设备和设施。要按照《电子信息系统机房设计规范》(GB 50174—2008)的要求和实际需求进行建设，建设过程中适当控制建设规模，避免铺张浪费或盲目投资。

由于机房建设具有场地条件良好、技术条件可靠、维护力量较强、集约化管理突出等特点，所以选择什么样的机房建设方式是城市公交企业需要认真思考的问题。

对于经济能力、设计能力和维护能力薄弱，缺乏专业技术队伍，但又迫切需要后台服务器等相关设施支持的城市公交企业，可以考虑以机房托管的方式满足企业信息化的需要。另外，机房托管方式也适用于只专注于信息系统的使用，而需要降低维护费用和机房设备投入、线路租用等高额费用的公交企业。

对于技术支持、维护力量、资金投入相对雄厚，具备专业技术力量和建设能力，同时需要掌控核心数据的城市公交企业，建议采用机房自建的方式。

案例：济南市公共交通总公司的机房建设

2009年，随着济南市公共交通总公司（以下简称“济南公交”）信息化建设的不断发展和进步，企业信息化的规模、普及面、数据量和信息设备数目等都呈迅速发展之势。但由于济南公交原有的机房最初建立于20世纪90年代，机房条件落后，基础设施不够完善，不能满足现阶段的发展需求，企业出于对核心数据的掌控能力、安全性与保密性的考虑，经研究决定采用自建的方式建设机房。

济南公交新机房的建设本着实用性、先进性、安全性、可靠性、灵活性、可扩展性、经济性和标准化的原则，拟将机房建设成为一个在国内公交行业中具有较先进水平的智能化信息数据处理中心和内网交换中心，为企业信息系统提供安全、稳定、可靠的工作环境。

机房选址过程中充分考虑和分析了其地理位置、环境以及电力能源供应、交通运输、成本等因素。同时，按照计算机设备和机柜数量合理规划布置机房面积，整个中心机房分为主机房区、设备间和监控室三个功能区，分别放置企业信息系统的计算机主机，网络交换机，网络路由器，数据服务器设备以及光纤传输终端服务器设备、光纤配线架等信号传输设备，UPS主机和精密空调以及机房监控设备等。济南公交机房布局如图3-4所示。

在机房建设过程中，济南公交严格按照《电子信息系统机房设计规范》的要求，注意采用了以下策略。

1. 专业化、标准化的策略

机房工程的设计和建设，始终严格遵循专业化、标准化的原则，在选择专业设计、施工队伍方面，注意选择在行业内有资质的、有实力和在业内施工质量反映良好的公司，按照国家标准进行各项内容的设计和建设，以保证工程设计和施工的标准。

图3-4　济南公交机房布局图

2. 反复论证，选择最佳设计方案

在方案设计中，采取与专业设计队伍充分沟通，协助其详细了解具体建设环境和企业对工程的要求，以寻求现有条件下的最佳方案。另外，注意广泛征集设计方案，并进行分析比较，反复论证，最终确定机房的建设方案。

3. 适度考虑冗余

考虑到未来几年内网络设备增加时对环境设备要求的改变，在设计和建设过程中，对一些主要的环境设备留出了必要的余量，以备网络、电源等扩容需要，避免当增加网络容量和网络设备时对环境设备做出较大的改变。

4. 系统培养专业人员

采用专人负责制,从项目工程的启动到工程验收,从技术掌握和管理的衔接,采用专人负责的方式,并全程参与项目的管理工程的推进。

济南公交的机房建设包括建筑装修系统、供配电系统、防雷接地系统、精密空调及新风系统、场地集中监控系统、消防报警及自动气体灭火系统、门禁安防监控系统、综合布线系统等。

机房建设如图3-5所示。

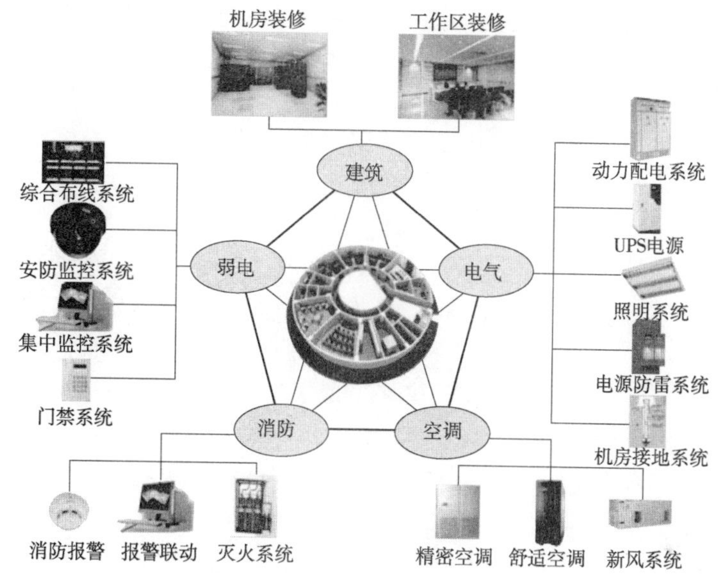

图3-5 济南公交机房的组成部分示意图

济南公交新建机房投入运行后,网络设备及各系统服务器运行状态良好,达到了机房建设的设计目标,为企业信息系统的平稳运行,提供了基础性保障。

4. 网络建设策略

企业网络是企业信息化的基础平台与主要支撑环境,是企业信息化工程实施的基础,没有网络系统,企业信息就无法传输,企业信息化建设就无法实施,因此,建设一个高效、畅通、可靠、可拓展的网络平台,对企业内部各部门、各个生产环节信息的有效集成,企业内部与外部信息的交互通道具有重要意义。

企业计算机网络建设的实施可以采取外包给系统集成商和由企业自行建设两种方式。企业可根据自身信息部门的技术实力、网络的复杂程度、资金投入、建成与使用的工期,来决定是外包还是自行建设。企业网络主要由内部网和外部网组成,其建设的主要工作是形成以因特网为依托、以内部网为中心、以外部网为补充的企业网络平台。

企业网络的建设不一定都要在一期工程中全部完成。企业可以根据自身发展的需要来选择建设哪部分,但是组建内部网一般是必须首先完成的工作。

(1)企业内部网的建设。

企业内部网是一种利用因特网技术实现的能提供企业各部门之间信息交互的通用平

台，是企业网络最基本的组成部分，采用开放的 TCP/IP 标准协议，核心是 Web 技术，主要利用因特网上的服务方式为企业内部提供服务，用于企业内部事务处理、信息交换、信息共享、信息获取及网上通信、网上讨论等方面。

内部网系统的软件组成部分主要由计算机通信网络平台、办公自动化应用系统、各管理部门的业务系统、内部综合信息资源系统、网络资源管理系统、远程拨号接入系统等部分组成。

内部网系统的硬件部分主要由网络服务器、网络连接设备和防火墙等部分构成。服务器常分为数据服务器、应用服务器、内部服务器和外部服务器等；网络连接设备包括网卡、交换机、集线器和路由器等；防火墙主要包括操作系统、过滤器、网关、域名服务和 E-mail 处理 5 部分。

企业内部网主要分为局域网和广域网两部分。

①企业局域网。

局域网是在企业总部的地理范围内，一般是方圆几千米以内，将各种计算机，外部设备和数据库等互相连接起来组成的计算机通信网。它可以通过数据通信网或专用数据电路，与远方的局域网、数据库或处理中心相连接，构成一个较大范围的信息处理系统。局域网可以实现文件管理、应用软件共享、打印机共享、扫描仪共享、工作组内的日程安排、电子邮件和传真通信服务等功能。局域网严格意义上是封闭型的。它可以由办公室内几台甚至上千上万台计算机组成。

局域网由网络硬件（包括网络服务器、网络工作站、网络打印机、网卡、网络互联设备等）、网络传输介质以及网络软件所组成。决定局域网的主要技术要素为：网络拓扑，传输介质与介质访问控制方法。

②企业广域网。

广域网是一种用来实现不同地区的局域网或城域网的互联，可提供不同地区、城市和国家之间的计算机通信的远程计算机网。如果说局域网技术主要是为了实现共享资源这个目标而服务，那么广域网则主要是为了实现广大范围内的远距离数据通信。因此，广域网在网络特性和技术实现上与局域网存在明显差别。

企业广域网是对企业局域网的扩展，也是采用因特网技术，基于 TCP/IP 协议，以 Web 为核心的应用。不同的是，广域网实现的是企业与合作伙伴、相关企业、主要客户之间的信息共享。

构建企业广域网的主要方式有以下几种。

a. 租用运营商的公共网络。

公共网络是指网络服务提供商建设，供公共用户使用的通信网络。公共网络的通信线路是共享给公共用户使用的，因此公共网络不提供任何安全保护措施。

使用公共网络可以减少成本，并减少为使用专用网所需的长途专用数字线路昂贵的租用费用。公共网络服务提供商负责处理交换服务和网络的任何问题，以较低的价格提供较好的数据传输服务。

为了保证合作企业之间交易的安全，必须对信息提供安全保护，内部网一般用防火墙来检查来自互联网的信息包，但是防火墙也不是绝对安全的。所以，公共网络的安全性是最大问题。

b. 自建专用网络。

专用网络是指企业之间通过专线连接,这种连接是几个企业内部网之间永久的物理连接。专用网络最大的优点是安全,除了合法通过专线连入外部网的企业,其他任何人和企业都不能进入该网络,所以,专用网络保证了信息流的安全性和完整性。

企业想要与其他企业构建专用网络,那每增加一个企业就需要一条独立的专业线将其连接,所以专用网络最大缺点是成本太高,因为专线比较昂贵。

c. 虚拟专用网络。

虚拟专用网络(VPN)指的是在公用网络上建立专用网络,进行加密通信的技术。整个VPN网络的任意两个节点之间的连接并没有传统专用网所需的端到端的物理链路,而是架构在公用网络服务商所提供的网络平台,采用一种叫作“通道”或者“数据封装”的系统,用公共网络及其协议向贸易伙伴、客户、供应商等发送数据。这种通道是因特网上一种专用通路,可保证数据在外部网上企业之间安全的传输。

虚拟专用网络(VPN)主要采用了隧道技术、加解密技术、密钥管理技术和使用者与设备身份认证技术。VPN有多种分类方式,主要是按协议进行分类,可通过服务器、硬件、软件等多种方式实现。

VPN的优点:成本较低;能够让移动员工、远程员工、商务合作伙伴和其他人利用本地可用的高速宽带网连接到企业网络;设计良好的宽带VPN是模块化的和可升级的;VPN能提供高水平的安全防护,使用高级的加密和身份识别协议保护数据避免受到窥探,阻止数据窃贼和其他非授权用户接触这种数据;完全控制,虚拟专用网使用户可以利用互联网服务提供商的设施和服务,同时又完全掌握着自己网络的控制权。

VPN的缺点:企业不能直接控制基于互联网的VPN的可靠性和性能;企业创建和部署VPN线路并不容易;不同厂商的VPN产品和解决方案总是不兼容的;当使用无线设备时,VPN有安全风险。

(2)企业外部网的建设。

企业内部网只能在企业内部和有限的企业之间发挥作用,但企业需要从更广阔的外部获取信息,并对外发布消息,因此企业需要接入因特网。企业进入因特网平台要依靠互联网服务提供商,接入因特网的方式随着企业的需求、技术的发展变化而变化。从目前的情况来看,企业接入因特网的方式主要有以下几种:

①DDN专线接入:将数字通信技术、计算机技术、光纤通信技术及数字交叉连接技术相结合,将声音、数据、图像等多种业务综合在一个统一的数字网络中进行传输和处理,可以向用户提供点对点、点对多点透明传输的数据专线出租电路,为用户传输数据、图像、声音等信息。

②光纤接入:利用高速光纤链路为企业提供高宽带、高质量的网络应用技术,光纤能提供100~1000Mbps的宽带接入,具有通信容量大、损耗低、不受电磁干扰的优点,能够确保通信畅通无阻。

③DSL接入:即数字用户线技术接入,实际上是许多基于DSL技术服务的统称,如ADSL(非对称数字用户环路)、SDSL(对称数字用户环路)、VDSL(非对称数字用户环路)等,是以

电话线为传输介质的传输技术组合。DSL 技术在传递公用电话网络的用户环路上支持对称和非对称传输模式，解决了经常发生在网络服务供应商和最终用户间的“最后一公里”的传输瓶颈问题。

④无线接入方式：由于铺设光纤的费用很高，对于需要宽带接入的用户，可提供无线接入，用户通过高频天线和 ISP 连接，距离在 10km 左右，带宽为 2～11MBit/s，费用低廉，但是受地形和距离的限制，适合城市里距离 ISP 不远的用户，性能价格比很高，主要分为 GPRS 接入和蓝牙技术两种方式。

GPRS 接入方式(通用分组无线业务)是一种新的分组数据承载业务，下载资料和通话是可以同时进行的。目前 GPRS 达到 115kbps，是常用 56kbps MODEM 理想速率的两倍。

蓝牙技术是 10m 左右的短距离无线通信标准，用来设计在便携式计算机、移动电话以及其他移动设备之间建立起一种小型、经济、短距离的无线链路。

此外，无线接入还有卫星接入和微波接入两种方式。

⑤卫星接入：连接光缆主干的网络中心机房须有标准卫星通信主站设备，企业可通过卫星小站的方式接入因特网。

⑥微波接入：通过微波中继网，供企业无线接入因特网。

网络基础设施是消除企业“信息孤岛”和“流程孤岛”集成的物理基础，可以采用数据总线技术实现自动化设备的互联，通过以太网实现信息设备的互联。为了使网络基础设施具有良好的性能，网络要有足够的带宽，服务器、交换机要有强大的处理能力，预留能力扩展的余地；网络布线必须精心选型，避免网络瓶颈。

(3)网络安全策略。

网络建设过程中，必须考虑其安全性问题。在开放的环境下，建立“方位为辅，主动为主”的一体化系统安全体系，即在以防火墙技术为代表的防卫型安全方案的基础上，实施以数据加密、用户授权认证为中心的主动型安全方案，直接对源数据进行保护，而且只有指定的用户或者网络设备才能解释加密的数据，保证端对端的安全。

保障网络安全的技术主要有以下几种。

①防火墙技术：防火墙为企业信息系统和网络提供接入控制业务，是不同网络或网络安全域之间信息的唯一通道，能根据安全策略控制进出的数据流，本质上是一种隔离控制技术，可在网络层和传输层提供防护业务，通过分析内部网和外部网之间的通信数据，限制非法数据的流入和流出，保证内部网络的安全。

②漏洞扫描技术：是对计算机系统或者其他网络设备进行安全相关的检测，以找出安全隐患和可被黑客利用的漏洞，包括系统扫描和网络扫描两类。系统扫描与网络扫描主要在于工作方式的不同。系统扫描是在系统层面上通过依附于主机上的扫描器代理侦测主机内部的漏洞；网络扫描是在网络层面上扫描各种设备，识别能够被入侵者用来非法进入网络的安全漏洞。

③入侵监测技术：包括网络实时入侵监测和主机实时入侵监测两类。网络实时入侵监测系统，作为监控和识别攻击的标准解决方案，是安全体系中比较重要的组成部分，其作用是监控网络系统是否出现被入侵、被滥用的征兆；主机实时入侵监测系统是收集某个特定系统活动情况的信息，在每一个被监测的主机系统上均安装有监测感应器，其作用是收集和分

析来自主机的信息。

④防病毒技术:是一种硬件与操作系统相配合,通过一定的技术手段,防止计算机病毒对系统进行攻击、传染和破坏的技术。防病毒技术可以直观地分为:病毒预防技术、病毒检测技术及病毒清除技术。

5. 数据存储策略

数据存储是数据流在加工过程中产生的临时文件或加工过程中需要查找的信息。数据以某种格式记录在计算机内部或外部存储介质上,数据流反映了系统中流动的数据,表现出动态数据的特征;数据存储反映系统中静止的数据,表现出静态数据的特征。

随着城市公交企业信息化的发展,数据呈爆炸式增长,企业对数据的存储需求越来越大,数据的多样化、地理上的分散性、对重要数据的保护等都对数据的存储管理提出了更高的要求。

(1)异地存储。

异地存储是将数据在另外的地方实时产生一份可用的副本,此副本的使用不需要做数据恢复,可以将副本立即投入使用。

异地备份的数据复制目前有如下实现方式。

①基于主机。基于主机的数据复制技术,可以不考虑存储系统的同构问题,只要保持主机是相同的操作系统即可,使用支持异构主机之间的数据复制软件,可以支持跨越广域网的远程实时复制。这种方式的缺点是需要占用一点主机资源。

②基于存储系统。利用存储系统提供的数据复制软件,复制的数据流通过存储系统之间传递,和主机无关。这种方式的优势是数据复制不占用主机资源,不足之处是需要灾备中心的存储系统和生产中心的存储系统有严格的兼容性要求,一般需要来自同一个厂家的存储系统,对用户的灾备中心的存储系统的选型带来了限制。

③基于光纤交换机。这项技术正在发展中,利用光纤交换机的新功能,或者利用管理软件控制光纤交换机,对存储系统进行虚拟化,然后管理软件对管理的虚拟存储池进行卷管理、卷复制、卷镜像等,来实现数据的远程复制。

④基于应用的数据复制。这项技术有一定局限性,都是针对具体的应用,主要利用数据库自身提供的复制模块来完成。

(2)数据存储方式。

①直接连接存储方式(Direct Attached Storage,DAS),是指将外部存储设备通过SCSI接口(小型计算机系统接口)或光纤通道直接连接到服务器上,数据存储设备是整个服务器结构的一部分,它依赖于服务器,其本身是硬件的堆叠,不带有任何存储操作系统。主要适用于拥有小型网络的企业用户、特殊应用服务器和企业总体网络规模较大,但是地理位置分散的网络。

②网络附加存储方式(Network Attached Storage,NAS),该方式采用独立服务器,单独为网络数据存储而开发的一种文件服务器来连接所存储设备,自形成一个网络,数据存储就不再是服务器的附属,而是作为独立网络节点而存在于网络之中,可由所有的网络用户共享。

NAS数据存储方式是基于现有的企业网络拓扑结构(以太网)而设计的,按照TCP/IP协议进行通信,以文件的I/O方式进行数据传输,将分布、独立的数据整合为集中化管理的数据中心,可以实现涉及文件存取和管理的所有功能。

③存储局域网络方式(Storage Area Network,SAN),是建立在存储协议基础之上的,可使服务器与存储设备之间进行任何连接通信的存储网络系统,可以实现多服务器共享一个阵列子系统、共享一个自动库,实现数据的共享和集中的管理,进而完成快速、大容量和安全可靠的数据存储。

SAN 存储方式创造了存储的网络化,支撑技术是光纤通道技术,其最大特性是将网络和设备的通信协议与传输物理介质隔离开,这样多种协议可在同一个物理连接上同时传送。SAN 的硬件基础设施是光纤通道,由存储和备份设备(磁带、磁盘和光盘库)、光纤通道网络连接部件(主机总线适配卡、驱动程序、光缆、集线器、交换机、光纤通道和 SCSI 间的桥接器)和应用管理软件(备份软件、存储资源管理软件和存储设备管理软件)三部分组成。

④三种数据存储方式的比较。

存储应用最大的特点是没有标准的体系结构,这三种存储方式共存,互相补充,可较好地满足目前企业信息化应用(表 3-1)。从连接方式上对比,DAS 采用了存储设备直接连接应用服务器,具有一定的灵活性和限制性;NAS 通过网络(TCP/IP 网络协议,ATM 异步传输模式,FDDI 光纤分布式数据接口)技术连接存储设备和应用服务器,存储设备位置灵活,随着万兆网的出现,传输速率有了很大的提高;SAN 则是通过光纤通道技术连接存储设备和应用服务器,具有很好的传输速率和扩展性能。三种存储方式各有优势,相互共存,占到了现在数据存储市场的绝大部分。

DAS、NAS 和 SAN 三种存储方式比较 表 3-1

存储方式	优　点	缺　点	应　用
DAS	成本比较低廉,实施简单	(1)资源利用率比较低; (2)对服务器的依赖性比较强,对其性能要求也比较高	小型网络及地理位置分散的网络
NAS	(1)真正的即插即用; (2)存储部署简单; (3)存储设备位置非常灵活; (4)管理容易且成本低	(1)存储性能较低; (2)可靠度不高; (3)前期投入相对较高	在企业、视频、医疗、教育、备份、政府应用,性价比高
SAN	(1)网络部署容易; (2)高速存储性能; (3)良好的扩展能力; (4)可靠性高	光纤设备的价格高,管理较复杂	集中在电信、金融、证券和超大型企业

(3)云存储。

云存储就是将储存资源放到云上供人存取的一种新兴方案,通过集群应用、网格技术或分布式文件系统等功能,将网络中大量各种不同类型的存储设备通过应用软件集合起来协同工作,共同对外提供数据存储和业务访问功能的一个系统。使用者可以在任何时间、任何地方,透过任何可联网的装置连接到云上方便地存取数据。

目前,云存储可分为以下三类。

①公共云存储。也称为存储即服务、在线存储或公有存储,是一个按次付费的数据存储

服务模式,服务供应商可以低成本提供大量的文件存储,也可以保持每个客户的存储、应用都是独立的、私有的。

②内部云存储。位于企业防火墙内部,企业可以拥有或控制基础架构以及应用的部署,内部云存储可以部署在企业数据中心或相同地点的设施上,可以由企业自己的技术部门管理,也可以由服务供应商管理。

③混合云存储。这种云存储把公共云和私有云/内部云结合在一起,主要用于按客户要求的访问,特别是需要临时配置容量的时候,从公共云上划出一部分容量配置一种私有云或内部云,可以帮助公司面对迅速增长的负载波动。但混合云存储带来了跨公共云和私有云分配应用的复杂性。

云存储的优势:云存储通常意味着把主数据或备份数据放到企业外部不确定的存储池里,而不是放到本地数据中心或专用远程站点。所以使用云存储服务,企业机构能节省投资成本,简化复杂的设置和管理任务,更好地备份本地数据并可以异地处理日常数据,同时,把数据放在云中还便于从更多的地方访问数据。其缺点是容易存在版权、个人隐私和数据安全性的风险,而且一旦服务供应商在一定时间内关停服务,便成为用户数据留存问题最大的隐患。

云存储主要适用于中小企业,因为中小企业不需要花费重金来利用最新技术和最新应用打造自己的数据存储中心,所以云存储为中小企业和大公司竞争铺平了道路。

(4)备份管理。

备份管理指确定需备份的内容、备份时间及备份方式。企业要根据自己的实际情况来制定不同的备份策略。

①备份的组成。能否安全有效地备份取决于备份设备、存储介质和控制备份的软件三个因素。备份设备的质量和性能在整个备份过程中是至关重要的,是能否进行高速高质量备份的关键;存储介质是存储数据的载体,其质量决定备份数据的安全风险;控制备份的软件包括加速备份、自动操作、灾难恢复等特殊功能,对于安全有效的数据备份是非常重要的。

表3-2是几种数据备份设备的比较

数据备份设备比较 表3-2

备份设备	优　点	缺　点
磁带库	(1)备份速度快; (2)保留时间长; (3)存储容量大; (4)价格低; (5)易于离场保护	(1)磨损快,易于出错; (2)不易维护; (3)顺序读写
磁盘	(1)随机读写,速度快; (2)易于配置和维护	(1)安全性低; (2)昂贵; (3)无法实现离场保护
虚拟磁带库(VTL)	(1)随机读写,速度快; (2)易于配置和维护; (3)原有备份软件支持; (4)支持重删技术提高利用率	(1)最贵; (2)增加管理层次; (3)无法实现离场保护

②数据备份策略。

数据备份是容灾的基础,是指为防止系统出现操作失误或系统故障导致数据丢失,而将全部或部分数据集合从应用主机的硬盘或阵列复制到其他存储介质的过程。

数据备份主要有全备份、增量备份、差分备份三种备份类型,见表 3-3 所示。

数据备份类型比较　　表 3-3

备份方式	原　理	优　点	缺　点
全备份	对所有数据进行备份	完全恢复系统需要的时间最短	费时,如果文件不频繁进行更改,备份内容几乎完全相同
增量备份	对自上次备份后改变的数据进行备份	存储的数据最少,备份速度最快	完全恢复系统需要的时间比全备份或差异备份长
差分备份	对自上次全备份后改变的数据进行备份	恢复时仅需要最新全备份和相应的差分备份,备份速度比全备份快	完全恢复系统需要的时间比全备份长,如果大量数据发生变化,备份所需的时间长于增量备份的时间

在实际应用中,备份类型通常是以上三种的结合。例如每周一至周六进行一次增量备份或差分备份,每周日进行全备份,每月底进行一次全备份,每年底进行一次全备份。

③系统数据备份策略。

系统数据备份主要是指服务器及相关计算机上的操作系统和应用程序代码的备份,操作系统数据和应用程序代码的备份比较灵活,只有在安装系统软件包或改变一些系统配置时才会改变,所以一般可先对所有系统做一次全备份,然后只需要在系统变更后进行一次操作系统全备份,也可以定义在备份策略中每周对关键系统做一次全备份。

④业务数据的备份策略。

对于业务数据,其与应用密切相关,所以数据变化比较频繁,建议采用每周在访问量比较小的时候做一次全备份,每天对业务数据做一次全备份或增量备份,每次业务数据做大调整后应立即做一次全备份,具体策略将根据各个系统的运行情况及数据重要性确定。对于一些日常数据更新量大、但总体数据量不是非常大的关键应用数据,可每天在用户使用量较小的时候安排全备份;对于日常更新量相对于总体数据量较小,而总体数据量非常大的关键应用数据,可每隔一个月或一周安排一次全备份,在此基础上,每隔一个较短的时间间隔做增量备份。

⑤数据库备份策略。

从应用角度划分,数据库备份可分为脱机备份和在线备份两种方式。脱机备份是指在数据库系统加载处于未打开方式的情况下进行的备份,也称冷备份。在线备份是数据库处于打开方式下进行的备份,也称热备份。脱机备份由于需要数据库备份代理和数据库系统的支持,所以脱机备份时数据库是不可用的,而在线备份时数据库的应用除性能上受到备份任务的影响外仍然可用。因此,数据库大多数备份是在线备份,建议用户在进行数据库运行较长时间后或系统进行较大的结构性修改后进行一次脱机备份。

从备份内容的方式划分,数据库备份又可分为物理备份和逻辑备份两种方式。物理备份主要是通过数据库自身备份工具将数据库的相关文件进行备份,可以对单个的数据文件或整个数据库进行备份。逻辑备份主要使用软件从数据库中提取数据并将结果导出写入一个文件上。目前大型数据库通常选择物理备份,建议以物理备份为主,同时使用逻辑备份作为辅助备份方式。

6.数据中心建设策略

数据中心是企业的业务系统与数据资源进行集中、集成、共享、分析的场地、工具、流程等的有机组合。从应用层面看,包括业务系统、基于数据仓库的分析系统;从数据层面看,包括操作型数据和分析型数据以及数据与数据的集成/整合流程;从基础设施层面看,包括服务器、网络、存储和整体 IT 运行维护服务。

企业的数据中心是企业与机构所有并使用的数据中心,为企业自身、合作伙伴和客户提供数据处理和数据访问的支撑。其功能包括企业的生产中心、企业的核心运营支撑、信息资源服务、核心计算、数据存储和备份、业务可持续性计划实施等重要环节和关键业务,一般含有计算设备、服务器设备、网络设备、通信设备、存储设备等关键设备。

城市公交企业的数据资源主要包括公交运营数据、行业和运营的监管数据和服务数据等,数据中心主要实现对这些数据资源的集中处理、存储、传输、交换和管理。因此,建设一个什么样的数据中心,是城市公交企业普遍关心的热点问题。数据中心需要一个整合的具有标准化、虚拟化、自动化和高适应性的基础设施环境和高可用计算环境,应该具备以下几个主要标准。

(1)模块化的标准基础设施。

数据中心的基础设施是指为确保数据中心的关键设备和装置能安全、稳定和可靠运行而设计配置的基础工程。为使基础设施简化以及具有适应性与可扩展性,需要对其基本组成进行模块化配置设计,基于标准的模块化系统能够简化数据中心的环境,加强对成本的控制,进而实现使用一套可扩展、灵活的系统和服务来构建更具适应性的基础设施环境,从而提高运营效率,降低复杂性和风险。

(2)虚拟化资源与环境。

通过服务器虚拟化、存储虚拟化、网络虚拟化、应用虚拟化等解决方案,不仅可以帮助企业减少服务器数量、优化资源利用率、简化管理,更主要是可以帮助企业实现动态 IT 基础设施环境,从而达到降低成本和能快速响应业务需求的变化等目的,为企业实现数据中心自动化和业务连续性提供必要、坚实的基础。

(3)自动化远程管理。

数据中心应该是 7×24h 无人值守、可远程管理的,这种管理涉及整个数据中心的自动化运营,不仅是监测设备的硬件故障,还要实现从服务器和存储系统到应用的端到端的基础设施统一管理。

(4)快速的可扩展能力。

数据中心中的服务器、存储设备、网络均可通过虚拟化技术形成虚拟共享资源池,从而被各种应用系统共享,根据已确定的业务应用需求和服务级别来动态配置、定购、供应虚拟资源,实现资源供应的自动化,获得基础设施资源利用的快速扩展能力,形成高度灵活的系统扩展性。

(5)节能与节省空间。

数据中心大量使用服务器和存储设备等关键设备,因此,提高数据中心空间利用率和能源效率也是企业需要考虑的问题。企业需要一个能高效利用资源和空间的数据中心,一个支持企业获得可持续发展的计算环境,可以考虑使用节能存储器、节能存储设备等,并通过先进的供电和散热技术,解决数据中心的过量制冷和空间不足的问题,实现供电、散热和计算资源的无缝集成和管理。

(6)高可用性冗余设计。

企业的数据中心由于重要信息和核心应用集中,各种原因的故障或者灾难导致的系统故障都可能引起业务中断,因此,建立高度可信赖的计算平台至关重要,需要特别强调系统中各部分的冗余、容错以及容灾设计,使之能确保稳定持续的系统连接。企业可考虑网络安全威胁防范、数据复制与备份、容灾中心建设等信息安全保障措施,满足连续服务的高可用性要求。

城市公交企业数据中心的建设与其地域环境和发展水平息息相关。以城市公交 IC 卡消费数据为例,如果地区专门设立城市一卡通公司,则公交企业的消费数据可以直接考虑与其对接,这样公交企业内部就不必建立数据中心,只需通过数据交换平台与城市一卡通公司的数据中心进行数据的级联与交互;如果地区没有专门设立城市一卡通数据中心,则公交企业需考虑内部自行建立数据中心,以满足日益增长的公交 IC 卡消费数据的处理。

企业的数据中心是企业信息化的集中枢纽,数据中心建设是信息化高级发展阶段的核心工程。由于数据中心建设的复杂性和艰巨性都远远超出一般的信息化工程,因此,建议在数据中心的建设过程中,采用如下的系统结构。

数据中心采用两级数据中心,通过数据交换平台进行数据的级联。数据中心逻辑架构包含:应用架构、数据架构、执行架构、基础架构(物理架构)、安全架构和运维架构。

①应用架构。应用架构是指数据中心所支撑和定制开发的所有应用系统,包括标准建设类应用、采集整合类应用、数据服务类应用和管理类应用,以及服务于不同对象的企业信息门户。

②数据架构。数据架构是指每个应用系统模块的数据构成、相互关系和存储方式,还包括数据标准和数据的管控手段等,包括数据中心的各类数据、数据库、数据仓库,负责整个数据中心数据信息的存储、规划和数据流程的定义,为数据中心提供统一的数据交换平台。

③执行架构。执行架构是指数据仓库在运行时的关键功能及服务流程,主要包括数据的获取与整合架构和数据访问架构。

④基础架构(物理架构)。基础架构是支撑整个系统的底层,为上层的应用系统提供硬件支撑的平台,主要包括机房、服务器、网络、存储等各种硬件设施和系统软件。

⑤安全架构。安全架构覆盖数据中心各个部分,包括运维、应用、数据、基础设施等。它是指提供系统软硬件方面整体安全性的所有服务和技术工具的总和。

⑥运维架构。运维架构面向企业的信息系统管理人员,为整个信息系统搭建一个统一的管理平台,并提供相关的管理维护工具,如标准规范体系、系统管理平台、数据备份工具、容灾备份体系和相关的管理流程。

四、济南公交的网络升级建设

1. 济南公交网络的实施设计

济南公交网络升级项目着眼未来五年企业信息化建设的发展需要,确保信息系统的稳定运行,其网络设计拓扑图如图 3-6 所示。

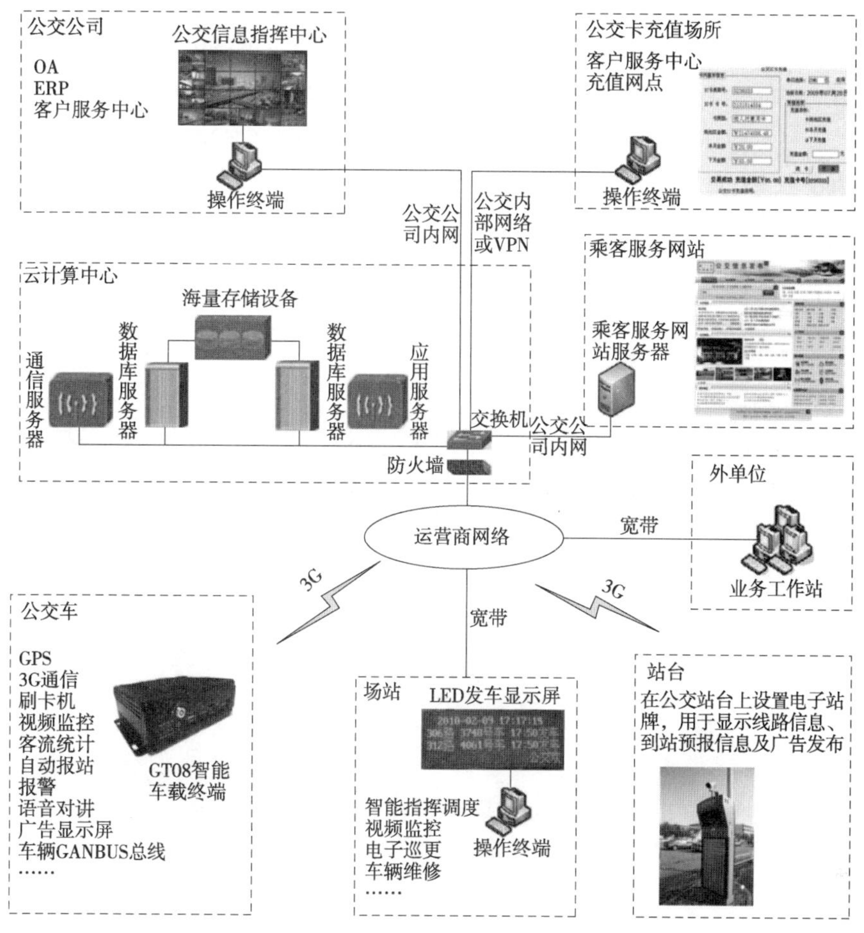

图 3-6 济南公交网络拓扑图

整体网络设计有以下特点。

(1)网络架构设计方案经过充分论证。

新网络设计采纳了多家网络公司的设计方案和建议,充分考虑到企业今后五年内的发展趋向,并经过了专家的充分论证。网络应用的备份系统考虑全面周到,使整体运行安全可靠。

(2)硬件设备选型确保运行稳定。

①新的网络硬件要求全部采用电信级网络设备,采用双电源设计和断电自动保护设计,设备参数的选择都做到从严、从优。

②新的网络骨干线路要求采用全光纤模式,以提高设备网络传输的传输效率,提升网络传输的可靠性和稳定性。

(3)网络安全设计考虑周全。

①逻辑规划的设计。

新的网络在逻辑规划上充分考虑了各个使用环节的安全性,对不同应用、不同区域进行了不同的 VLAN 划分,针对管理区域也做了专门的 VLAN,不同的 VLAN 代表不同的应用。

②防火墙的接入。

在出口处和某些重要区域加入防火墙，内部防火墙采用旁挂方式，既满足安全需求又不会对网络产生瓶颈。

③入侵检测的接入。

新网络增加入侵检测系统，实施24h不间断检测，确保出现问题第一时间记录并报警，系统记录的日志可以为后续的排查工作提供重要的依据。

④网络杀毒的方案设计。

针对整个网络不同的应用设计不同的杀毒方案，确保各种应用终端都有针对性的杀毒防毒方案。

⑤增加VPN设备，开通异地办公通道。

2. 济南公交网络体系的构成

济南公交网络体系分为三大体系，即网络架构体系、网络运维体系和终端管理体系，如图3-7所示。企业信息网络应用，实施统一规划、分等级进行管理，按照高保障系统、一般应用系统、特殊要求的系统分别进行规划，以保证指挥中心、视频会议系统、智能调度系统、各种监控系统、办公系统的可靠运行。

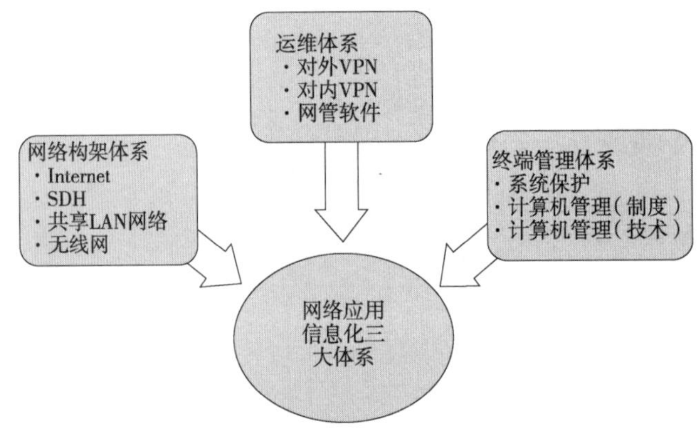

图3-7　济南公交网络体系构成图

（1）网络构架体系。

以SDH和低速光纤线路做为骨干网络，原有ADSL作为光纤网络的备份线路，光纤网络的应用加大了对信息传输的承载量，同时满足公司各项信息化应用。济南公交整体网络如图3-8所示。

本次网络设计满足两个要求：

①宽带化。网络的带宽设计充分考虑到企业信息化应用最大化以及今后五年内信息化发展规划的应用。

②结构多元化。网络结构形成多元化融合的网络架构体系，以满足多种应用系统对网络的要求，如SDH、低速光纤、电话VPN等多种有线网，GPRS、3G以及短距离通信等多种无线网。多种网络应用的有机结合，为企业整体信息系统的运行提供了保障。

（2）网络运维体系。

增加建设网络运维管理体系，以确保网络在运行过程中的稳定和安全。无论是内网还是外网用户，都纳入了整体网络管理之中。

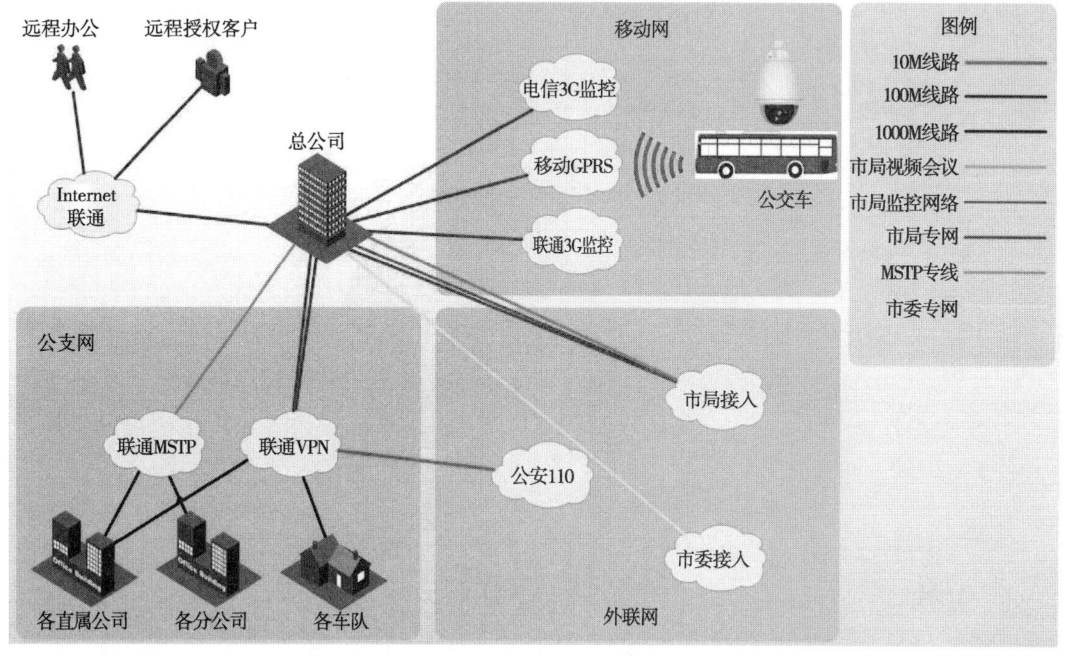

图 3-8 济南公交整体网络图

(3)终端管理体系。

主要体现对网络终端的用户的管理，利用网管软件实现远程用户的维护管理，确保故障响应更加及时，故障处理更加迅速。

济南公交的网络系统实施升级改造后，网络系统使用效率明显提升，各关键业务系统的运行的稳定性和可靠性得到了保障。

第二节 有序推进城市公交企业信息化建设

企业信息化建设的实施是指在信息化战略规划的指导下，组织企业的人力、物力和财力，对信息化项目建设的各个环节进行组织和管理，具体完成各类信息化项目建设任务的活动。

城市公交企业信息化建设是利用信息技术手段来提升公交企业的管理水平和服务能力，这个实施不仅包括信息化项目的推进，还包括对企业组织、体制、理念、流程以及技术的更新和改造。

一、建立城市公交企业信息化建设的实施组织

城市公交企业信息化建设是在用户和各类开发、实施人员的共同努力下完成的，项目实施组织就是为了完成信息化系统开发和建设而成立的。为了更好地开展工作，信息化建设的实施组织应建立科学合理的组织架构，项目实施组织的结构主要遵循“三层一体化”原则，如图 3-9 所示。

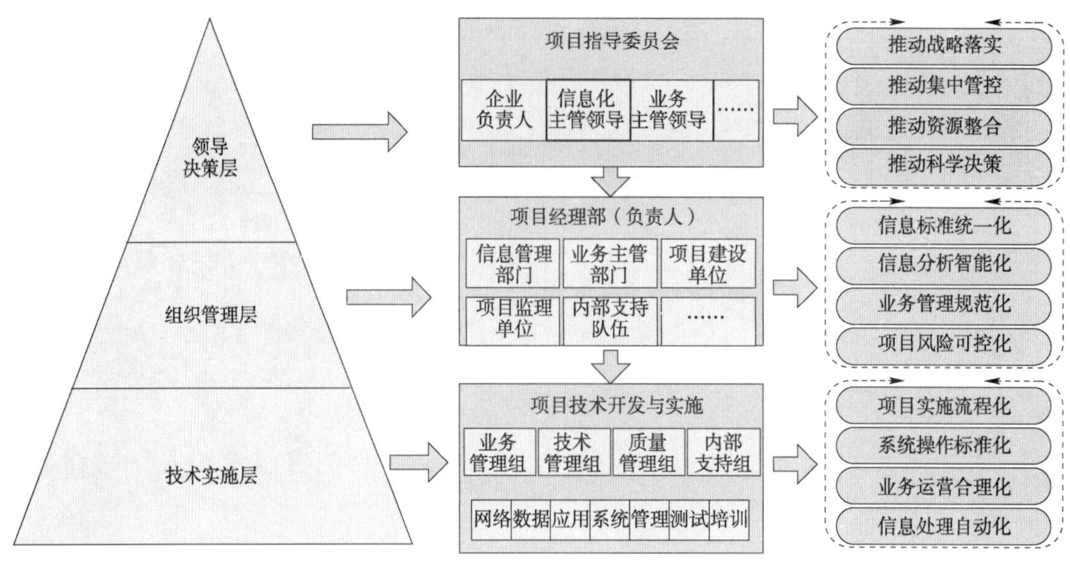

图 3-9　信息化项目实施组织结构图

（一）三层

所谓“三层”是指领导决策层、组织管理层、技术实施层。

（1）领导决策层，即企业信息化项目的核心领导小组，也称为项目指导委员会，包括企业负责人、信息化主管领导、业务主管领导等。是建设实施的决策机构，负责整个项目的总体决策、指挥、协调和控制等，保证实施的顺利进行。

（2）组织管理层，即由企业信息化建设项目相关负责人员组成的项目经理部，主要由企业的信息管理部门、业务主管部门、项目建设单位、项目监理单位和内部支持队伍的业务负责人与技术负责人员组成。项目经理部全面负责信息化建设项目的实施工作，负责制定项目章程和工作计划，组织项目实施，控制项目范围，协调项目相关单位和部门合作，落实各项实施任务的基础条件，以保证企业信息化建设任务的如期执行。

（3）技术实施层，即负责企业信息化建设项目的技术开发人员和实施人员，通常指各实施组及其人员，是完成建设项目具体实施工作、具有相当规模并且职责明确的团队。组成人员包括：项目各实施小组组长、综合管理员、质量管理员、数据管理员、系统分析员、系统设计员、硬件网络设计员、程序设计员、系统测试员等，其职责详见表 3-4。

项目实施组织及其主要职责　　表 3-4

组织层级	组织角色	主　要　职　责
决策层	项目指导委员会	（1）负责项目的总体决策与管理； （2）协调各级机构工作，对重大事项作出决策； （3）审定项目策略、监控进度、管控预算和投资等
管理层	项目经理部	（1）全面负责项目实施，制定工作方案、标准和规范； （2）控制所涉及的业务范围，控制项目风险； （3）有效且迅速组织解决项目实施中的各种问题

续上表

组织层级	组织角色	主要职责
实施层	业务管理组	(1)负责项目管理,确定关键业务,进行业务分析; (2)负责项目协调与沟通、跟踪计划执行情况; (3)确定因项目修改而受到的影响,并评估影响; (4)确定安全和授权方面的要求,识别风险和过程控制
	技术管理组	(1)按系统规划和系统设计要求,进行系统构架、系统设计与开发; (2)负责系统上线试运行阶段的技术支持; (3)负责软硬件管理和代码、文档管理
	质量管理组	(1)制定质量管理和项目测试方案; (2)全面做好项目的质量控制; (3)组织项目的实施测试
	内部支持组	(1)数据迁移、数据管理和知识转移; (2)参与开发、集成、实施和备份; (3)会议协调及资料管理; (4)实施培训和项目商务支持; (5)监控系统运行情况; (6)根据项目经理部的安排参与并负责相关工作

注:本表对企业信息化建设实施组织的职责做了原则上的划分,各企业可能不尽相同,可根据企业实际情况来进行调整。

(二)一体化

“一体化”即科学合理、联合协作的三级信息化建设项目实施组织,采取“自上而下”的信息化管理模式,形成完整严密的信息化项目建设实施管理体系。

(1)如果企业采用自建方式,信息化建设项目的实施管理组织一般只涉及企业内部的信息管理部门和业务主管部门,在这种方式下,项目实施管理组织结构中的项目管理层主要是指这两个部门的负责人,技术实施层主要是指隶属于这两个部门的技术人员和业务人员。

对于企业自建的项目,必要时还需引入或建立监理和监管组织,即监理商团队,并按有关规定开展建立和监管活动。

这里的组织管理层是指企业信息管理部门、业务主管部门和监理商团队的主要负责人,技术实施层主要是指这三个团队的技术开发和业务实施人员。

(2)如果企业采用合作建设方式,信息化建设项目的实施管理组织结构除企业信息管理部门和业务主管部门外,还应包括合作开发商、服务集成商、管理咨询商与监理商等外部建设队伍,合作内容、合作形式及分工由参与合作的各方共同商定,并形成协议。

(三)信息化建设过程中不可忽略的用户

用户,是信息化建设项目的参与者、使用者和检验者。作为参与者,是指他们在信息化项目建设时能够提供系统建设需求;作为使用者,是指他们会及时反馈在使用过程中系统存在的问题和不足；作为检验者，是指他们可以验证系统的可用性和实用性。但是在实施过程中，用户往往不能全员全程参与，所以应该选择具有代表性的人员参与其中，即关键用户。关键用户是用户中的代表，他们贯穿于整个建设项目的实施的全过程，能准确了解项目的最新动态，优先掌握信息系统的相关操作和知识，及时发现问题，并提供实践经验，同时还能参与到对全部用户的培训当中。因此在业务需求提出和确认、业务流程梳理、系统实施测试、系统上线应用等方面发挥重要的启动、驱动和验证等重要作用。

（四）建立企业信息化实施组织需要注意的问题

项目实施过程中必须保证实施组织中的领导决策层、组织管理层、技术实施层和用户之间的紧密配合、协调一致、责任明确。

1. 坚持一把手工程

企业信息化建设的实施是一项系统工程，涉及企业的管理、生产、资金、人才等诸多因素，需要企业决策层及时作出决断、引导、组织和协调。另外，企业的信息化建设不仅仅要立足于满足企业当前管理的需要，还必须充分考虑企业的未来发展，所以企业信息化建设不仅要客观地评价过去、有效地控制现在，还必须合理地策划未来，这都离不开企业决策层的重视和组织领导，因此，企业信息化建设必须坚持一把手工程。

企业决策层深刻把握实施信息化的战略、策略和风险，对所需的人力、物力、财力等资源给予充分的保障，并不失时机地推进企业各项变革，所以企业决策层强有力的支持是企业信息化实施成功的必要条件。企业的信息化建设需要把先进的管理理念、管理体制、管理方法和信息技术融合到一起，只有企业决策层亲自领导和参与，从全局出发进行决策、权衡、协调、审定和组织实施，才能够保证企业信息化建设的有序推进。

2. 建立有效的沟通机制。

由于项目管理组的成员分别来自不同的组织和单位，具有不同的知识文化背景，在合作推进企业信息化建设时，就会有不同的思路，表现出不同的认识问题和解决问题的方式，所以有效的沟通至关重要。因此，要建立信息化建设项目管理组的沟通机制，以便于深入、细致、全面、系统地把握企业信息化项目的具体要求，共同分析项目相关的内部和外部资源，及时掌握业务，特别是关键业务的各种需求，共同研讨项目的实施策略，采取有效措施保证项目的进度与质量。

3. 信息化建设队伍尽可能稳定

企业的信息化建设涉及企业经营理念、管理体制与组织架构、业务流程、管理基础等多方面的深刻变革，是一项覆盖企业全局的复杂工作和系统工程。信息化建设时间跨度长、项目规模大，建立健全稳定的企业信息化的组织体系和建设队伍，是推进企业信息化建设和应用不可或缺的组织保障。

信息化项目开发实施期间保持稳定，是完成开发任务、确保实施成果的保证；项目运行后保持稳定，是系统正常运转、提升完善的保证。为保证信息化建设队伍的稳定，必须建立清晰的管理体制，明确队伍各个层面的目标和责任，强化信息化工作管理职能，确保信息化队伍的参与权和管理权。

二、城市公交企业信息化项目建设的实施

城市公交企业信息化项目实施是信息化建设的中心任务，是一项艰巨的大系统工程，是在信息化战略规划的指导下，组织人力、物力和财力，对企业信息化项目建设的各个环节进行组织和管理，具体完成各项信息化项目建设任务的活动。

企业信息化项目的建设主要针对信息系统项目的建设，合理的项目阶段划分，严格的关键环节管控，科学的项目组织架构，充分的沟通协调与合作，及时的项目知识转移和用户培训，是项目实施管理涵盖的核心思想。

不同类型的信息化项目，实施的内容和阶段有所不同，管理也有一定的差别，项目实施与管理方法模型主要遵循“3456 原则”，主要概括为：

3 个紧密结合点是内部队伍与外部队伍、企业总部与所属单位、信息部门与业务部门的紧密结合；

4 个控制关键点是项目范围、项目进度、项目质量、项目成本等；

5 个项目阶段点是项目启动、选型招标、调研设计、组织实施和项目验收五个阶段；

6 个项目建设点是基础设施项目、办公管理项目、运营生产项目、安全保障项目、辅助决策项目和乘客服务项目。

项目实施与管理方法如图 3-10 所示。

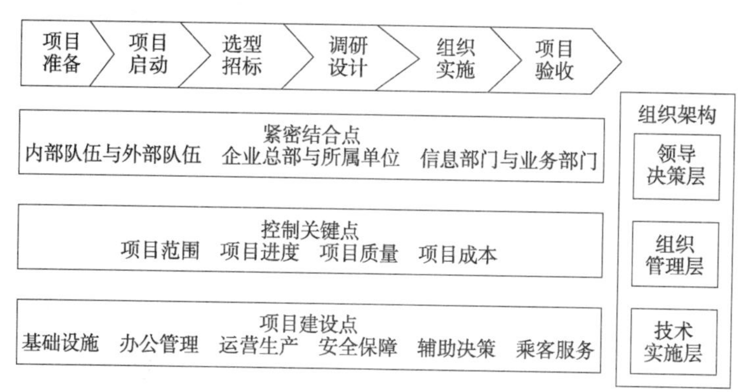

图 3-10 城市公交企业信息化建设的实施与管理方法

（一）做好信息化项目建设规划

信息化项目是指在一定时间内，投入必要的建设资金和人力物力，完成信息化规定的建设任务。信息化项目规划是在信息化总体架构和现状架构差距分析的基础上，进一步确定项目框架和每一个具体信息化项目建设的目标、范围、功能、实施计划与投资计划。

企业信息化项目规划的作用是解决信息化建设的项目设计与实施的工程问题，是根据信息化战略规划，分解信息化总体架构要求的信息化项目体系，对各信息系统建设项目的目标、内容、方案和策略等逐一进行规划设计，并根据项目间的依赖关系，设计信息化建设的具体工程路线图、信息系统实施的优先级次序，全面系统地指导企业信息化建设，因此，信息化项目规划和实施计划是基于企业信息化战略规划的具体实施行动计划，是信息化愿景的实施蓝图。

1. 项目形成

信息化项目的形成过程是根据信息化战略规划提出的要求，对照企业的现状，找出差距，确定达到战略目标所需要完成信息化建设的各项工作目标，形成若干个可以实施的信息化行动方案（即信息化项目），信息化项目包括项目的名称、内容、目标、范围、任务、成本估算、实施计划、实施策略、风险评估及可行性等内容。在进行项目设计时，应遵循以下原则。

（1）有明确的目标和清晰地范围。明确项目完成后各项工作目标的实现的程度，明确项目实施的边界。

（2）具备独立实施的条件。尽可能降低项目实施过程中与其他项目实施的关联性，以降低项目实施过程的复杂性。

（3）具备显著的效益。项目完成后可以显著提升社会效益和经济效益。

（4）项目的难易程度适中。项目设计应尽可能选择成熟技术。

（5）新旧系统的融合。改进型项目要兼顾好与旧系统的融合和系统未来的扩展。

总之，项目设计的主要思路是以提升信息化能力、支撑企业主营业务发展为基本宗旨，以提高业务水平和拓展应用功能为具体工作路线，以确保企业效率和管理全面提升为目的。从一定意义上说，每个项目都是企业在某一领域实现改进提升的工作包。

2. 项目的框架设计

企业信息化建设项目的框架的形成，是企业从信息化宏观规划向具体实施转化的重要环节。一般情况下，企业会参照自身业务架构和 IT 架构的特点来制定信息化项目框架。

信息化项目体系框架可以有不同的表述方式和展现形式。按照项目的功能可以分为业务应用系统、办公管理系统、经营管理系统、生产管理系统等；按照项目的工程属性可以分为规划与研究项目、基础设施建设项目、系统集成项目、应用开发项目、组织制度建设项目等。

企业的信息化项目分类方法和体系框架展现形式尽管各有不同，其目的都是拟通过一种系统性、条理化且简单明了、易于理解的方式，使业务人员和技术人员建立对未来总体信息化建设的共同理解。

3. 编制项目规划实施计划

项目实施计划主要包括项目计划的制定、人力资源、资金预算、风险分析以及经济评价等五个方面。

项目实施计划安排的原则一般是根据企业的信息化项目框架的内容，从项目对关键业务的支撑和收益效果、建设系统运行相互的依赖关系、项目的实施难度以及资源情况等方面进行考虑，对企业效益好的项目优先安排，基础设施项目往前安排，相关度较高的系统统筹安排，阶段性实施的项目统一安排。

人力资源计划主要从企业相关业务部门的信息技术人员和信息技术部门的技术人员考虑，相关业务部门的信息技术人员主要职责是，掌握信息化技能和对业务功能实现情况进行检验、推广、普及。信息技术部门的人员主要职责是参与项目的建设和系统后期维护。

项目的投资预算应从建设投资、配套投资以及维护投资三方面进行考虑。建设费用主要包括硬件、软件以及建设过程的技术咨询和人力费用；配套建设费用主要包括信息采集、信息输出等配套的计算机辅助设备投资；运行维护费一般根据硬件的建设成本、软件的建设成本的比例计算得出，具体费用可以参考设备及软件的相关资料确定。

风险分析和控制主要包括技术风险、管理风险、组织风险和项目外部风险。技术风险主要体现在技术的成熟度技术方案的选型。项目管理风险主要体现在项目实施过程中进度的把握、质量管理、技术管理以及服务商的管理。项目越大、越复杂,所需要的管理、协调的内容就越复杂,需要做充分的分析论证,制定规避风险的保障措施。

经济评价一般包括经济效益和社会效益两个方面,对于公交企业,其信息化建设社会效益的潜在作用更具有现实和深远的意义。对于项目的经济评价从更高的层面予以评价。

4. 项目的可行性研究

编制项目规划的同时,还需要对拟建设的项目进行可行性研究。所谓项目的可行性研究,即在建设项目投资决策前对有关建设方案、技术方案或生产经营方案从国家政策、建设需求、投资估算和风险等方面进行的技术经济论证,以便使项目管理部门和实施团队对项目有更加深入、细致、准确的把握和理解。可行性研究对项目的能否建设实施具有决定性的作用。

一般情况下,企业如果有条件可以自行进行项目的可行性研究,也可以委托第三方进行项目的可行性研究,然后对其进行审查。在此基础上形成可行性项目建议书,上报企业进行决策审批。

对于国家有相关规定的项目和有国家投资的信息化项目,项目建议书和可行性研究报告除需要本企业审批外,还需要上报政府有关部门,按相关要求履行审批手续。

(1)项目可行性要求。

项目的可行性研究要根据国家、行业关于信息化建设的规划以及国家产业政策,经过调查研究及技术分析,着重就项目建设的必要性作出分析,并初步分析项目建设的可能性。进行深入调查研究,充分进行技术经济论证,作出项目是否可行的结论。在进行可行性分析时要注意把握以下几点。

①资料来源充分。

项目可行性研究的资料来源要充分,主要包括:项目主管部门相关文件,企业相关请示报告的批复文件;企业信息化战略规划;项目可行性研究已经形成的工作成果文件,如先期研究或方案研究等;国家和拟建地区的信息化建设政策、法令和法规;根据项目需要进行调查和涉及的设计资料等。

②数据来源准确。

全面准确地了解和掌握决策分析与评价有关资料数据,是决策分析与评价的最基本要求和必要条件。

③分析要有说服力。

充分考虑企业目前的应用现状,并与信息化应用的长期规划进行比对。坚持从定性和定量的角度进行分析,以定量分析为主的原则,力求能够正确反映项目实施中的费用(如投资、日常运维投入费用等)与效益(社会效益与经济效益等);采用静态和动态结合的方法,以动态为主的原则,通过比较,发现各个方案的优、缺点,取长补短,确定最优方案。

(2)可行性研究的主要结论。

可行性研究报告的主要结论包括以下几部分。

①投资必要性。

主要根据市场调查及预测的结果以及有关的产业政策等因素，论证项目投资建设的必要性和技术的可行性。主要从项目实施的技术角度，合理设计技术方案，并进行比选和评价。

②财务可行性。

主要从项目及投资者的角度，设计合理财务方案，从企业理财的角度进行资本预算评价项目的财务盈利能力，进行投资决策，并从融资主体（企业）的角度评价股东投资收益、现金流量计划及债务清偿能力。

③组织可行。

制订合理的项目实施进度计划、设计合理的组织机制、选择经验丰富的管理人员、建立良好的协作关系、制订合适的培训计划等，保证项目顺利执行。

④效益可行性。

主要是从资源配置的角度衡量项目的价值，评价项目在实现业务发展目标、有效配置经济资源、改善工作效率等方面的效益。

(3)可行性研究报告。

信息化项目可行性研究报告的主要内容由总论、现状分析、需求分析、技术方案、系统概要设计、系统运维组织与定员、项目实施、投资估算、效益分析、风险分析、可行性分析及附件构成。

从技术角度看，在可行性方案中，技术方案和概要设计是非常重要的两部分内容。技术方案将选择系统的技术路线、确定系统的主要技术指标，是达到系统建设目标、满足业务需求的技术基础和保证。概要设计涉及系统功能设计、信息流设计、基础架构配置设计、接口设计、安全性设计等，主要是对项目的目标、任务和范围、实施方法等进行规范、清晰、准确的描述。

(二)企业信息化项目招标

企业信息化建设过程中所采购的软件、硬件、管理咨询、系统集成等产品和服务都是通过招标完成的。招标不仅可以在企业优选产品和服务的基础上大幅度降低采购成本，节约信息化建设投资，还可以节约采购时间，提高决策效率，加快项目进程。招标是信息化建设过程中必不可少的环节，也是确保信息化项目建设成功的一个重要环节。

信息化项目选型和招标是紧密联系的两个环节，选型是招标的基本依据，招标是选型的具体实施。

1. 系统选型阶段

信息化项目的选型，是指与信息化项目相关的硬件、软件、集成等供应商、服务商的选择。

(1)选型的步骤。

①确定企业信息化的需求。

很多企业在进行信息化选型前只有一些初步的设想，并没有形成明确的需求和规划，容易被软件供货商诱导。企业信息化项目需求的获取可以由企业的信息部门独立完成，也可以由咨询公司与企业信息部门合作完成，不管采用什么方式，在选型前形成明确的需求是必须的。

②建立招标以及相应的考核体系。

在信息化项目的需求明确后，要组成选型委员会，制定详细的招标流程。在招标文件中分别拟定技术和商务指标，赋予其不同的权重，建立考核与评分体系。

③明确产品选型的关键点。

对于信息化软件产品来说，选型策略的主要标准是行业匹配度、产品成熟度、产品特点、系统功能、典型用户、产品架构、实施方案、实施团队、公司实力、本地化服务能力、总体成本等。

④实地考察以认定软件商的实施和服务能力、用户反馈。

在信息化项目实施过程中，实施顾问尤其是项目经理的能力和实践经验非常关键，但"高级顾问打单、初级顾问实施"的现状普遍存在。因此，企业必须对软件厂商进行实地考察，以验证其人才资源和本地化服务能力、二次开发能力、用户企业的集成应用情况等。

(2)选型的内容与考虑因素。

①信息集成商的选择。

企业信息集成商是指企业信息化咨询商、软件集成商、软件应用实施商。企业选择信息集成商的时候应本着"选择战略合作伙伴而不是单纯地选择软件"的思路来进行全局考虑。因为企业的信息化建设是一个长期的系统工程，项目的前后相关性强，单元软件虽然能解决企业一定的问题，但从企业整体信息化的全局上来看，解决局部问题并不是最终解决集成问题，这就要求集成商必须有相当的实力提供全面的、可行的集成解决方案。一旦合作伙伴选定后，企业一定要树立合作的态度，与合作伙伴共同将企业的信息化做好。

选择信息集成商的主要考虑因素：

信息集成商的经济实力、规模要符合项目要求，并且是市场上的主流厂商；有较强的产品实力、技术开发实力和实施服务支持实力以及完整的解决方案；必须有近三年与项目规模和方案类似的成功案例；项目经理、项目团队有较强的实力和丰富的经验；有完善的咨询能力、培训方案和服务承诺；良好的可持续发展能力，符合集中、集成、可扩展等要求；报价合理，综合性价比高。

②软件的选择。

企业在重点考察信息集成商实力的同时，也必须关注其提供软件的具体性能，在满足企业现有需求的基础上，还要考虑软件的安全性、先进性、实用性、开放性、兼容性、集成性、跨平台性、共享性、可实施性，软件的市场占有率，软件的用户情况和软件的更新换代能力等。

在软件的选择过程中，应着重考虑以下几个方面的问题：

软件厂商是市场上的主流厂商；软件功能丰富、性能优良、价格合理，市场份额大；开放性好，良好的跨平台适应性，与其他软件的接口丰富；有与本企业类似的成功用户；良好的升级和服务承诺；综合性价比高。

③硬件和系统设备的选型。

硬件和系统设备是信息化项目建设过程必不可少的重要组成部分，其质量的好坏直接关系到信息系统的性能和运行寿命，因此，必须加强对信息设备的选型管理。

硬件和系统设备的选型主要考虑因素：

选择市场上的主流厂商;良好的升级和服务承诺;同等条件下选择价格最低的厂商产品。

2. 系统招标阶段

企业信息化项目是具有特殊性质的工程项目,对于较大型的信息化项目,组织系统的招标是必要的。信息化项目建设招标,必须严格按照信息化招投标规范执行,同时还要考虑投标企业的行业背景和专业知识。

(1)招标范围。

企业信息化项目所需的软件、硬件、管理咨询、系统集成等产品和服务,都在招标采购的范围之内。

(2)招标方式。

①企业信息化项目招标根据《中华人民共和国招标投标法》主要分为公开招标和邀请招标两种。

公开招标是指招标人在公开媒介上以招标公告的方式邀请不特定的法人或其他组织参与投标,并在符合条件的投标人中择优选择中标人的一种招标方式。公开招标须采取公告的方式,向社会公众明示其招标要求,使尽量多的潜在投标商获取招标信息,前来投标,从而保证公开招标的公开性。

邀请招标是指招标人以投标邀请书的方式邀请特定的单位或组织投标,从中选定中标者的招标方式。根据信息化项目的范围、内容、工期和特点,项目招标单位向三个以上具有承担项目能力且资信良好的单位发出投标邀请书。决定参加投标的单位应在 7 日内,以书面形式通知项目招标单位予以确认,不确认的视为放弃投标。通常情况下,为了节约时间和成本,缩小选择范围,企业一般采用邀请招标的方式。

②由于城市公交企业隶属政府服务行业,根据《中华人民共和国政府采购法》,也可遵循政府采购的方式,因此还存在竞争性谈判、单一来源、询价三种采购方式。

竞争性谈判:指采购单位或代理机构直接邀请三家以上供应商就采购事宜进行谈判,最后从中确定中标供应商的方式。该采购方式适用于招标后没有供应商投标或者没有合格标的或者重新招标未能成立;技术复杂或者性质特殊,不能确定详细规格或者具体要求;采用招标所需时间不能满足用户紧急需要;不能事先计算出价格总额等情况。

单一来源采购:也称直接采购,是指达到了限额标准和公开招标数额标准,但所购商品的来源渠道单一,只能从唯一供应商处采购;或属专利、首次制造、合同追加、原有采购项目的后续扩充和发生了不可预见紧急情况不能从其他供应商处采购等情况,必须保证原有采购项目一致性或者服务配套的要求,需要继续从原供应商处添购,且添购资金总额不超过原合同采购金额百分之十的采购方式。该采购方式的最主要特点是没有竞争性。

询价采购:指采购人向有关供应商发出询价单让其报价,在报价基础上进行比较并确定最优供应商的一种采购方式。采购的货物规格、标准统一,现货货源充足且价格变化幅度小的政府采购项目,可以采用询价方式采购。

(3)招标分类。

招标大致划分为软件产品招标、硬件产品招标、管理咨询与系统集成服务招标三大类。

(4)招标原则。

①本着"公开、公平、公正"的原则,确保招标过程规范、合法、有效;

②对于分期建设的项目,坚持"一次招标、分期执行"的原则,保持软硬件平台和服务厂商的统一性。

(5)招标流程。

企业信息化项目招标参与方和人员众多,是一项非常重要、复杂,管理和技术要求都很高的工作,主要流程包括:招标准备、发标、开标、评标、定标、签订合同等阶段,如图3-11所示。

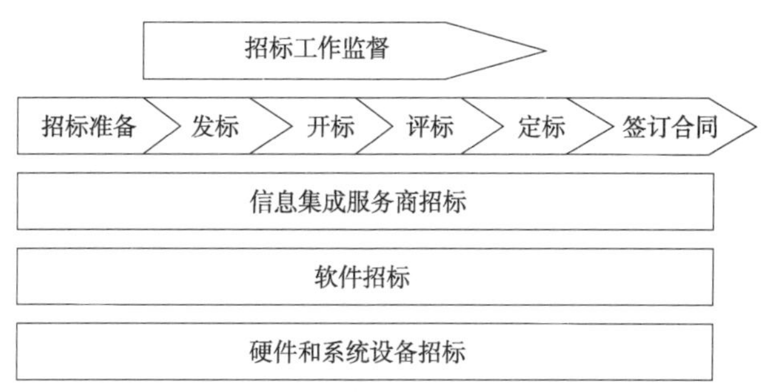

图3-11 招标工作及其主要阶段

①招标准备阶段:项目招标准备工作需要以请示呈报件报企业信息化主管领导批准后,开始进入项目的招标准备阶段。主要包括确定拟邀请供应商名单,进行前期技术交流,编写招标文件,草拟合同,组成评标委员会,制定评标标准、评标纪律和评标工作方案等。

②发标阶段:招标文件及有关资料可由招标领导小组发放给潜在投标单位,也可由投标人购买。投标人在收到招标文件后,要认真核对,并以书面形式通知招标领导小组予以确认。

③开标阶段:在投标截止时间和招标文件规定的地点,在投标人的法定代表人或授权代理人在场的情况下,由招标领导小组负责主持,邀请所有投标人参加,公开进行开标。投标人超过规定的开标会议开始时间还未能到达会场的,视为其撤回投标文件。在开标过程中,投标人必须提供符合投标资格证明文件和投标保函。如果在开标过程中投标人未提供该系列资料,则在开标现场按废标处理。

④评标阶段:开标会结束后经过招标单位初步审查符合规定的投标文件,送入评标委员会进行评标。评标过程可分为:投标人述标、评委评标、评分汇总、形成评标报告、形成评标监督报告五个步骤。评标应坚持客观公正、平等、科学、合理、自主和注重信誉的原则,评标委员会应按照招标文件中规定的评标标准、办法对投标文件进行评审。评标报告和监督报告作为评标的重要结果由招标领导小组报送招标组织部门。

⑤定标阶段:招标组织部门对评标报告审查后,以呈报件报企业信息化主管领导审批。项目招标领导小组根据领导对招标结果请示呈批件的批复,确定中标人,并向中标人发出中标通知书,同时将中标结果通知所有未中标的投标人。

⑥签订合同:主要工作包括合同谈判、发中标通知并完成合同编制、与中标人签订合同。在合同签订生效后,即进入项目启动阶段。中标人应当按照合同约定履行义务,完成中标项目。中标人不得向他人转让中标项目,也不得将中标项目肢解后分别向他人转让。招标单位与中标人签订的合同,不得随意变更或者解除。在履行中遇到特殊情况确实需要进行变

更、解除的，依法办理合同变更、解除手续。

（三）调研设计，并形成项目实施方案

1. 成立信息化建设项目经理部

经由企业信息化项目指导委员会授权，信息管理部门牵头组建由企业有关业务部门、内部支持单位以及项目承建设单位负责人组成的项目经理部。

召开首次工作例会，主要内容包括明确项目建设任务、明确项目经理部人员的分工及职责、确定建设队伍、分解项目任务并提出推进措施等。

2. 进行信息化建设项目调研

项目调研是在总体规划的指导下，在应用系统设计开始之前，对项目进行详细的现状调研和需求分析功能分析。

项目调研阶段工作的深入与否，直接影响项目的设计质量和经济性，在整个项目建设过程中起着极其重要的作用。项目调研的主要工作有以下方面

（1）制订详细的调研计划。

按照项目实施计划的安排，项目经理部需组织制订项目调研的详细计划，确定调研方法。

①调研的内容：业务范围、业务流程、业务运营等状况，业务未来发展计划，信息系统建设现状，业务组织结构及其人员设置。

②调研的范围：一般涉及企业决策层、中间管理层以及基层操作层这三个层次的人员。

③调研的形式：主要有电话访谈、问卷调查、现场调研等，每项调研任务完成后，都要对调研情况进行汇总整理，并对调查问卷进行收集整理，建档归档。

④调研计划的主要内容：调研组织，明确各调研组的负责人；调研的任务、形式、主题；要调研的单位、部门、岗位、人员列表等调研的对象。

此外，调研还包括对国内外相关业务和信息化现状及趋势的调研，进而整理归纳分析出本企业与国内外最佳实践之间的差距，为方案设计提供基础资料和依据。

（2）项目调研的实施。

为保证调研质量，各调研小组要确定调研分析的具体方法和工具，并对参加调研的人员进行调研方法和工具的指导培训。

各调研小组要按照调研计划组织现场调研。一般情况下，咨询服务商、软件供应商、企业内部成员等都应派人参加现场调研。在每项调研任务完成后，都要对调研情况进行汇总整理，并将相关文档和资料按项目命名规则进行命名并归档。

（3）编制和通过调研报告。

项目经理部根据经各调研组加工整理过的调研总结材料，编制调研报告。调研报告包括：现状报告、需求分析报告、差距分析报告以及业务和数据流程图。所谓差距分析报告，就是将系统可以实现的功能与收集来的用户实际需求进行比对，明确哪些需求系统可以完全实现，哪些只能部分实现或根本不能实现，并提出相应的建议方案。

上述报告完成后要进行广泛讨论和修改完善，经企业业务部门审核后，由项目经理部组织会议确认。其中项目需求分析报告必须企业书面认可。

在调研报告基础上形成的阶段成果，经企业审核通过后，可作为项目下一步实施的依据。企业信息管理部门要做好备案等工作。

3. 进行信息化建设项目的系统设计

参加信息化项目建设与设计的人员，通过对于企业的现状、企业未来需求、项目相关领域的发展情况及差距获得明确的认识后，就可进入系统设计阶段。系统设计阶段主要根据GB 8567—1988，在反复理解系统需求分析的基础上，设计系统结构、模块划分、功能分配以及处理流程。如果项目的设计比较复杂，可将设计分解成总体设计阶段和详细设计阶段两阶段进行。企业应用系统设计方法模型，如图3-12所示。

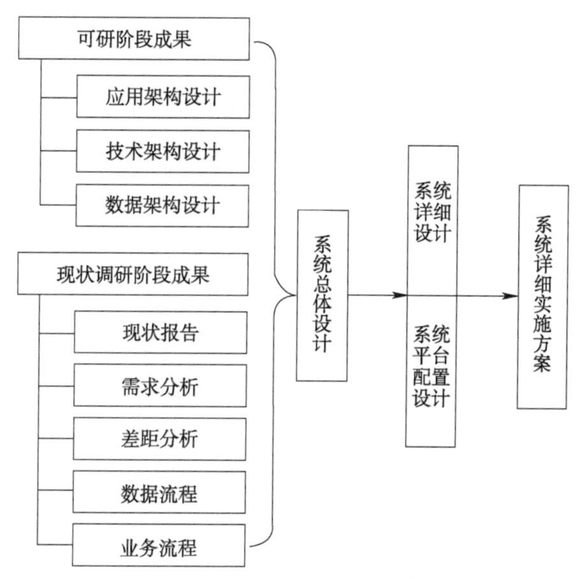

图3-12　信息化建设项目的系统设计方法

(1)系统总体设计。

系统总体设计主要内容包括系统应用架构设计、系统技术架构设计以及系统数据架构设计。该阶段的主要工作步骤如下：

①分析行业最佳实践；

②描述系统应用架构、技术架构、数据架构；

③描述系统功能及与之适应的流程；

④结合现状、需求和差距分析报告，进行未来流程设计，形成流程图；

⑤形成系统总体设计方案。

在进行系统总体设计时，应该注意以下几个方面：

①项目经理部要以调研阶段所产生的各项调研报告为基础，与国内外同行业相关的先进水平比照，结合系统功能，进行未来流程设计；

②本阶段设计出来的流程是以后系统配置和运作的基础，需要项目成员投入大量精力共同完成；

③当企业现有的业务流程不能与系统功能很好对接时，尽可能对现有业务流程进行调整和优化，只有在现有业务路程无法调整时，才考虑用系统的替代方案来满足业务流程的

要求；

④流程图必须按照统一规范进行绘制，明确定义项目设计的企业核心业务流程，有重大改动的，要进行重点说明；

⑤在有多个试点单位的情况下，可采用“先集中、后分散”的方法，即将各单位共性的部分结合起来，做共性设计，然后再考虑每个单位的特殊性；

⑥要组织专家研讨会对总体设计方案的设计思路和技术策略进行研讨，征求各方意见，进一步完善，形成具有可行性的系统总体设计方案。

(2)系统详细设计和平台配置设计。

系统总体设计完成后，要以总体设计为基础，按照相关标准和项目要求，进行系统详细设计，详细设计包括：程序描述、功能、性能、输入项、输出项、算法、流程逻辑、接口、存储分配、注释设计、限制条件、测试计划、尚未解决的问题等。同时开展软硬件平台配置方案设计，编写系统详细设计方案和平台配置设计方案，提交项目企业主管部门以及主管领导组织研讨完善。

(3)系统详细实施设计。

系统详细实施阶段的目标是根据系统总体设计的最终成果，将系统详细设计方案和平台配置方案付诸系统实现。主要包括：业务描述、业务流程、内部控制关键点；功能描述、主要功能模块组成和相互关系；系统运行的软硬件平台以及对客户端软硬件环境的特殊要求；接口设计；用户界面风格设计；主要算法设计；异常处理设计；程序设计以及安全性设计说明等内容。系统详细实施设计阶段的主要工作有：

①熟悉和掌握系统设计的内容；

②制订系统实施设计的详细计划；

③从技术、经济等角度详细讨论、分析系统实施的基本设计；

④对系统实施进行详细设计；

⑤对某些技术进行测试，根据对测试结果的评价，对详细设计进行修正；

⑥整理和确定实施说明书，编制和确定系统详细实施计划书，并上报项目经理部；

⑦由项目经理部组织专门会议进行审核并根据审核结果决定是否付诸实施，如决定付诸实施，经报企业主管领导和主管部门后进入组织实施阶段。

4.编制信息化建设项目的实施方案

城市公交企业信息化建设项目的实施方案主要包括：

(1)项目名称。

(2)项目设计。

(3)实施计划。

公交企业信息化实践一般分为以下几个阶段：

第一阶段是系统的构建和测试；第二阶段是数据准备；第三阶段是用户培训；第四阶段是上线启用；第五阶段是项目验收。

(4)推进保障措施。

为了保证企业信息化建设项目的顺利实施，编制信息化建设项目方案，应配套研究一系列保障措施。保障措施一般包括五个方面：资金保障、人员保障、进度保障、质量保障和风险控制措施。

①资金保障措施。

项目的资金管理是指在项目的实施过程中，为了保证完成项目所花费的实际成本不超过其预算成本而展开的项目成本估算、项目预算编制和项目成本控制等方面的管理活动。项目资金关系项目生命周期的每一个阶段能否正常完成，资金管理并不只是把项目的资金进行监控和记录，而是需要对资金数据进行分析，以发现项目的成本隐患和问题，在项目遭受可能的损失之前采取必要的保障措施。

②人员保障措施。

人员是项目的主要执行者，是决定项目能够顺利建设的关键，也是项目开展所需知识和技能的载体。项目的人员管理主要包括编制人员计划、组建项目团队和项目团队建设三个主要过程，需要综合衡量人员的成本、生成效率和利用率，对各项岗位人员的能力要求要根据岗位的需求来制定，以保证刚好适合岗位的要求为宜。

③进度保障措施。

项目从付诸实施开始，便一直处于动态的变化调整之中，项目的进度管理就是监视和测量项目实际进展，若发现实施过程偏离了计划，就要及时查找原因采取行动，使项目回到计划的轨道上来。进度保障就是比较实际状态和计划之间的差异，并根据差异作出必要的调整以使项目向有利于目标实现的方向发展。

④质量保障措施。

项目的实施过程，也是质量的形成过程。质量存在于信息化建设项目的整个生命周期，并涉及其各层面。质量保证措施是通过执行项目管理过程和使用一些项目管理工具和技术，来加强对质量的有效控制，从而保证和提高项目交付成果的质量。

⑤风险控制措施。

企业信息化项目实施是一项技术性强、涉及面广、周期长、庞大复杂的系统工程，也是一个渐进明晰的过程，必然存在很多不确定性和潜在风险。因此，风险控制是项目管理中的重要基础部分，在项目实施设计时不仅要识别和分析潜在的风险，而且要提出规避、降低或控制风险的措施。

（四）信息化建设项目的组织实施

1. 系统构建与测试

系统构建与测试主要完成三件工作，即软硬件系统集成、客户化开发和系统测试，主要为以下步骤。

（1）制订本阶段工作计划。

项目经理部组织编制本阶段的工作计划。工作计划包括：目标、组织及职责、工作任务及具体分工、相关培训与具体要求、测试计划等。工作计划要科学严密，并且在各个任务项目组内达成共识，以确保工作顺利实施。

（2）根据需要组织系统客户化开发。

客户化开发工作是根据用户需求，对采购的系统进行必需的部分客户化编程，该工作不是项目实施的必经阶段，只有在必需情况下才进行。

客户化开发通常有三种方式:由软件商独自进行客户化工作;由企业、软件商或咨询公司组成团队共同进行客户化工作;由咨询公司单独进行客户化工作。不同的开发方式,在程序质量、开发进度、项目风险、项目人员需求、开发成本等方面会有所不同。在确定开发方式后,要组建开发团队,选择并确定有能力完成客户化工作的开发人员,并对其工作进行监督。

通常来说,客户化是一把双刃剑,客户化太多,将直接影响项目建设进度和未来系统的整体升级维护;客户化太少,业务人员很难适应或不能完全满足业务需求,存在应用程度低的风险。在许多企业的信息系统项目实施中,比较成功的经验是尽量减少系统的客户化工作。

在确定开发方式,组建好开发团队后,主要工作包括:进一步分析开发需求;预估开发工作量、设定开发优先级;与用户确认优先级和范围;项目组与开发人员共同编制功能说明书;开发人员根据功能说明书,进行编程;对客户化程序进行配置和测试。

(3)硬件设备到货验收及单机测试。

硬件设备到货后,首先对产品及其包含(附属)的相关配备件进行初步验收,当出现产品包装外观损坏、产品数量不全或产品不符合等任何问题时,均由供货商负责及时解决。初步验收完毕后,应共同签署项目设备到货验收单,作为产品初步验收情况和问题的书面证据。

硬件初步验收合格后,按照安装、调试方案完成产品的安装、调试工作,并进行单机测试,进行设备测试验收,填写硬件设备验收意见表和硬件系统单机测试表。

(4)系统集成与配置。

硬件系统测试通过后,进行软件系统安装、调试、集成与配置。项目经理部要根据系统支持的业务流程设计方案,对系统进行配置,使流程得以在系统中实现。

①系统集成。

该阶段工作的重点是对操作系统进行配置,分配网络地址,安装应用系统和数据库软件,配置系统相关参数,合理分配系统软硬件资源,使系统处于最佳运行状态,提高其可用性和可管理性。

②系统配置。

在系统配置工作中,包括对客户化内容和系统用户资源进行配置,在进行系统配置的时候,项目成员需要对各项功能配置的步骤、参数等进行详细记录,形成系统配置文档。系统配置完成之后,为用户进行系统功能的演示,以进一步征集用户对系统配置的需求。

(5)系统测试。

按照系统测试计划和测试用例,在系统集成、配置工作结束后,组织对系统进行测试,同时对测试结果进行记录,形成测试报告。系统测试是由一系列的测试阶段组成的,其主要测试内容见表3-5。

系统测试内容　　表3-5

测试阶段	输入和要求	输出
单元测试	源程序、编程规范、产品规格设计说明书和详细的程序设计文档要求:遵守规范、模块的内聚性、功能实现的一致性和正确性	缺陷报告、跟踪报告、完善的测试用例、测试计划;对系统功能及其实现等了解清楚;获得可组装的单元

续上表

测试阶段	输入和要求	输出
集成测试	通过单元测试的模块和组件、编程规范、集成测试规格和程序设计文档、系统设计文档 要求:接口定义清楚且正确、模块或组件工作正常、能集成为完整系统	缺陷报告、跟踪报告、完善的测试用例、测试计划;集成测试分析报告;集成后的系统
功能验证	代码软件包及文档、功能详细设计说明书、测试计划和用例 要求:模块集成功能的正确性和适用性	缺陷报告、代码完成状态报告、功能验收测试报告
系统测试	修改后的软件包、测试环境、系统测试用例和测试计划 要求:系统能正常、有效地运行,包括性能、可靠性和安全性、兼容性等	缺陷报告、系统性能分析报告、缺陷状态报告

系统测试的过程中最重要的就是收集使用人员的反馈意见,并进行分析处理,对那些由于流程设置错误、系统漏洞而产生的问题以及技术方面存在的问题要给予纠正。

(6)组织系统集成验收。

项目经理部对照本阶段的工作计划进行阶段工作总结,并提请项目建设单位主管部门进行验收。建设单位需要提出测试及验收报告,报信息管理部门。

2. 进行数据准备

数据准备主要涉及历史数据的整理入库和现时数据的在线运行两个方面,需要业务人员的积极参与,必须做好计划并严格按计划执行,并进行数据质量控制和确认。

数据准备阶段的工作可进一步分解为以下 5 个步骤。

(1)制订数据管理及迁移计划。

数据管理与迁移计划包括:数据收集、数据整理及加载、数据迁移和数据管理。需要对这些工作进行仔细研究,明确任务及分工,形成明确的实施进度计划。确定数据收集范围和收集时间表,明确各关键时间截止点;按照相关的标准和规范将原系统数据依据新建系统的要求,批量加载到新系统中;按照系统所承载的业务流程,从采集、存储到应用进行长期的维护管理。

(2)编制相关标准规范。

编制相关流程和数据标准规范,确定业务流程,指导数据迁移,并为其他系统提供数据基础的依据。

(3)收集整理数据并进行质量控制。

项目经理部要按照数据管理计划和相关的标准规范,组织进行认真细致的数据整理工作,对数据提供人员进行培训,使他们了解和掌握数据收集的各项标准、规定和要求,并据此进行数据清理,严格控制数据质量,对数据进行必要的格式转换,为数据的迁移做好准备。

(4)完善数据迁移计划。

根据数据整理和质量检查的情况,项目经理部需要完善数据迁移计划,检查数据迁移范围、进度、格式及实施方案,设计数据迁移完整性和准确性测试方法以及意外情况处理程序。

数据迁移前,项目经理部组织人员在测试环境中对数据迁移方案进行测试,及时解决数据质量、格式以及数据迁移方法等方面发现的问题,记录测试结果并归档。

(5)组织进行数据迁移。

项目经理部按照数据迁移计划,组织进行数据迁移工作,数据迁移完成后,由用户对迁移结果进行审验并签字确认。

3. 做好用户培训

用户培训的对象是企业信息技术人员、业务骨干和最终用户。系统上线后,信息技术人员将成为上线系统的技术支持人员,业务骨干将在实际工作中指导最终用户进行系统操作。最终用户就是操作使用系统进行日常工作的用户。

信息技术人员和业务骨干全程参与项目实施,其培训也应贯穿整个项目实施过程,其参与项目的工作越多,知识转移的效果越好,对项目的成功上线及上线后的维护与应用就越有利。而最终用户只需掌握与自身工作相关的操作,所以对最终用户的培训一般与数据准备并行进行。

用户培训的主要工作内容包括以下方面。

(1)制订详细的培训计划。在项目初期,项目经理部应制订用户培训计划,主要内容包括培训目标、对象、内容、时间、场地、师资、所需设备、预期培训效果与考核等。

(2)建立系统培训环境。

(3)选择懂业务和技术、表达能力强的项目核心人员对信息技术人员和业务骨干进行培训。

(4)由建设单位编写最终用户使用培训教材,对本单位的最终用户进行培训和考核。

(5)建设单位根据考试结果,确定上岗名单。

4. 上线运行

系统上线是一个发现问题和解决问题的反复过程,是对系统开发阶段一系列工作的实施和检验,要对系统运行状态、系统性能等方面进行定期检查,对反映出来的不正常现象进行分析、研究、解决,尽可能将系统的问题和不足在此阶段暴露出来。

系统的试运行应先选取试点单位对系统运行状态、安全性、可靠性以及适用性等方面进行检验,如果可行性得到证实,则还需要选取推广单位进行系统稳定性等方面的再检验。

系统上线指系统投入正式生产运行,系统正式上线运行,标志着系统全面进入正式工作状态,因此项目经理部要提前做好系统上线的工作计划和系统维护计划。

系统上线的工作计划包括上线动员会、上线前的全面检查、操作人员的落实、上线的支持人员落实,上线时间以及上线的仪式的准备等。

在系统上线试运行期间,需要注意的事项有:

(1)确保有效的技术支持,保证系统上线后出现问题的及时处理;

(2)系统运行状态的监控,保证系统处于稳定、良好的运行状态。

(3)在试运行过程中进一步完善系统的各项配置。

在系统上线试运行阶段,要对系统的运行维护计划进行修改完善,主要是制订系统上线后的技术支持计划和长期运行维护计划,确定技术支持的服务方式,包括现场和远程的支持等。这是试运行阶段最重要的工作。

在试运行阶段,项目经理部还需要对系统运行情况进行评估和相应的测试分析,总结汇总相关资料，上报信息管理部门。

信息管理部门负责进行系统运行维护队伍的建立，落实配套资金，为系统的长期稳定运行打好基础。

系统通常要经历一个阶段的试运行。比较大的系统一般需要3～6个月的试运行期，待系统平稳运行后，正式投入生产系统的运行和管理。

（五）信息化建设项目的验收

系统验收是信息化项目建设的重要组成部分，是验证和认可信息系统实施成果的阶段，主要任务是通过验收测试，发现并纠正信息化项目潜在的问题，系统地验证项目设计和实施中的各项技术指标。项目建设按阶段推进，项目验收也随阶段而逐步展开。

信息化项目验收主要包括阶段验收、上线验收、竣工验收和项目评价四个子流程。

1. 阶段验收

阶段验收主要根据项目生命周期的划分来组织，当项目的一个阶段完成后，对其阶段性活动所形成的成果进行确认，其主要验收内容包括本阶段计划完成情况、阶段成果和下一阶段工作设想，通常由企业信息管理部门组织业务主管部门、项目建设单位及相关专家进行验收，并形成书面的阶段验收意见。

不同项目阶段验收内容的侧重点不同。

(1)项目调研阶段主要验收项目调研报告的质量，项目计划执行情况，用户对需求的确认情况。

(2)项目设计阶段主要验收详细设计方案的合理性、先进性、可操作性，项目计划执行情况，专家对方案的确认。

(3)系统构建与测试阶段主要验收配置文档、测试计划、测试报告的质量，系统的功能和性能。

(4)对咨询服务的验收主要关注提交成果的质量，行业经验，项目经理的能力，咨询人员数量、资历与合同要求的符合性，专家投入时间，项目人员流动率等。

(5)对内部支持单位的验收主要关注任务完成情况，投入人员的数量和质量，以及用户意见。

阶段验收的主要内容是本阶段计划完成情况、阶段成果和下一阶段工作设想。阶段验收由项目经理部组织，通常以会议的方式由信息管理部门、业务主管部门、项目建设单位及相关专家进行验收，阶段验收需要形成书面的阶段验收意见。

2. 上线验收

上线验收的主要内容包括：合同执行情况、系统功能及应用状况、项目文档、运行维护建议等。一般由企业信息管理部门组织业务主管部门、项目建设单位、相关专家进行上线验收。

上线验收前，项目经理部应做好验收准备，包括汇总项目文档，收集用户意见，起草总结报告，向信息管理部门提出验收申请。

上线验收完成后，项目经理部负责将项目文档和验收报告送有关部门归档。项目文档包括项目准备，项目启动，现状调研，方案设计，系统配置与测试，数据准备与培训，系统上线过程中形成的文字材料、图纸、图表和声像资料等。

3. 竣工验收

竣工验收是信息化项目由建设阶段转向全面应用及运行维护阶段的起点。项目竣工验收的条件是要完成阶段验收、上线验收、验收文档汇编和竣工决算审计。验收文档包括项目竣工验收资料和竣工验收报告。项目竣工验收资料包括从可行性研究、项目试点到推广应用全过程中形成的文字材料、图纸、图表和声像资料,以及各阶段验收报告、用户意见、竣工决算审计报告等。项目竣工验收报告包括项目概况、上线运行总结、文档资料管理、竣工决算情况及项目总评语等。

验收委员会一般由信息规划部门、财务部门、信息管理部门、业务主管部门、项目建设单位和信息技术专家组成。一般根据验收需要分为综合验收组、文档验收组、资产验收组。综合验收组审查竣工验收报告,文档验收组审查项目文档,资产验收组检查项目付款及资产相关情况。验收委员会听取项目实施和系统运行情况报告,观看系统演示,分组审阅竣工验收文档资料,形成竣工验收意见,由信息管理部门向主管领导报告。

项目经理部负责印制竣工验收意见、验收文档,并送有关部门归档。原件交档案部门归档,副本由信息部门、管理部门、业务主管部门分别归档,同时提供电子文档。

4. 项目评价

项目评价阶段是项目功能和性能的再检查,管理制度的再整理,系统项目的再总结和理论及应用能力的再提升的阶段。该阶段主要活动包括组织专家评审组对企业信息化项目整体情况进行全面检查和评价,根据评价意见对项目进行整改完善,为系统的正常运行和未来的再提高打下良好的基础。

三、企业信息化项目建设中的问题与对策

(一)业务需求及时确认困难

由于专业知识的限制,造成了业务人员不太了解信息技术,而信息技术人员也不了解业务流程。随着业务人员对信息系统的逐步了解和使用,需求会随之变化、增加和提升,如果处理不好,就会使信息化建设疲于应付业务需求的变更,不但很难形成一个相对固定的系统应用版本,而且将引起项目的投资增加和工期延长。

为此,要非常注重业务人员的全过程参与,将业务需求整理并分类细化,分析优先级关系,形成书面文档请业务管理者确认,按照书面确认的需求进行系统设计和实施。通过对系统的应用,在规范业务的同时,根据业务的发展进行系统完善和版本升级,把企业的业务逐步迁移到统一的信息平台上运行。

(二)实施遭遇的冲突阻力大

企业信息化的实质是通过网络管理数据、整合流程,最终将业务管理搬到信息网络上运行,由于其涉及企业的方方面面、渗透于企业运作整个过程的各个环节,所以是一个非常复杂的系统工程,必然会遭遇各种各样的冲突和阻力。首先,信息化建设给企业带来了多方面的变革。信息系统需要集中建设,涉及跨组织边界的流程优化,与企业组织的结构本身存在

矛盾，需要统一数据标准、优化经营管理模式、改变信息获取方式，需要改变员工工作方式和行为习惯，提高员工素质和能力，需要进行资源、责任、利益的调整和再分配。这些变革同时交织出现在信息化建设过程中，必然会形成不可忽视的阻力和干扰。其次，信息系统分散和统一建设两种思想观念的矛盾和冲突也很难在短时间内消除。新建系统覆盖、替代已有系统也必然会遇到一些人为障碍。冲破这些阻力，需要企业各级领导的果断决策和强有力推进，需要企业各级管理人员持续提升对信息化的认识。

（三）信息化资金投入和预算问题

企业信息化建设的实施是一项高投入高成本的项目，无论是服务器、电脑等硬件设备，还是网络构建以及大型管理软件的上线，都离不开资金的投入，另外，实施过程中还面临很多复杂多变的情况，这些都要求企业做好财务成本的预算工作。如果对实施成本或各种意外情况所需的支出预算估计不够，就会给企业带来财务风险，成为企业信息化实施中的困难，严重时还可能导致项目的搁浅，企业一定要引起足够的重视。

（四）受乘客需求等外在变化的影响

随着公交行业科技产品的不断应用推广，社会公众切身体会到了信息化产品带来的好处与方便，思想观念也由此跟着转变，用信息化的思维来要求一切事物。如对公交提供的出行信息，乘客希望能不受时间限制、不受空间限制获得自己需要的信息，同时还希望获取的方式越简单越好。公共服务行业要满足乘客的需求，就必须调整和改变公司的业务及发展目标，否则将会导致现有的或者正在建设的信息化系统跟不上公司的发展变化，最终导致信息化达不到预想的效果。

（五）软件选型不当带来的后续隐患

软件选择的风险产生于企业选择和购买信息系统软件的过程中，主要有以下两种情况：一种情况是企业选择软件时片面追求软件的先进性和功能全面性，花大价钱买进功能超出企业实际需要的先进的信息系统软件，结果引入的软件不能充分发挥作用，造成功能闲置等问题；另一种是企业在选型时片面追求便宜，只图少花钱，结果造成引入的信息系统软件的功能不能满足企业发展的需要，导致企业花费了财力人力却无法收到预期的效果。因此企业在选型时应非常慎重，应根据需要选择真正适合自己的软件，企业选型时要把握一个原则："最适合自己的才是最好的。"

（六）项目实施监管不足的问题

一些企业在实施企业管理信息化时，往往不重视咨询顾问的作用，认为其可有可无，还有一些企业为了节省开支，直接让软件开发商作为其咨询顾问，结果使得企业大权旁落，以至项目方案无审定，项目进度无要求，项目延期不过问，项目超支无考评，最终，企业信息化工程项目变成了马拉松工程。还有另外一种情况，某些企业过度依赖咨询公司，完全处于被动的从属地位，把企业管理信息化实施过程看作一个"交钥匙工程"。因为没有正确认识咨询顾问的作用，没有处理好与咨询顾问的关系，也导致了企业信息化建设项目出现不应有的遗憾。

目前,在企业信息化建设实施过程中,一种比较通用的模式是:信息化咨询机构负责管理咨询、总体规划与设计,软件厂商、网络厂商和通信厂商提供产品,系统集成商负责各类信息的集成和实施。

(七)缺少对企业信息化实施中的风险规避研究

在企业信息化实施过程中,不能只关注信息系统体现的先进性,而不去了解和思考其实施中存在的诸多风险,要进行风险分析和风险度测量,作出规避实施风险的战略警戒线和警戒点,建立风险评估、风险管理、风险防范、风险认证的科学管理体系。

第四章　公交企业信息化管理

第一节　公交企业信息化组织机构设置

一、信息化组织的作用

信息化组织机构是整个企业信息化管理工作的基础。只有在机构健全、责任清晰、分工严明的组织体系下，信息化工作才能有效地展开进行。诚如美国加州大学黄硕豪教授所言，“信息化部门的组织结构是整个信息化工作的日常运作和战略规划中起着重要作用的一环，它的合理与否直接影响着企业信息化战略的发展，信息化部门的组织结构对信息化的影响远远大于我们所说的硬件、软件等。不仅如此，信息化部门的组织结构对于我们正确地分析和判断自己企业信息化工作的现状，并依此合理地把握信息化的战略发展方向也是有非常重要的意义”。因此，组织体系的完善是建立信息化管理体系的重点之一，信息化组织的合理设置和调整是企业信息化成功的关键。具体来讲，企业信息化组织机构，应包括四个方面：组织架构、岗位职能、岗位人员、工作责任。

二、企业信息化组织的设置及职能

（一）企业信息化管理体制

1. 信息技术（战略规划）领导小组（委员会）

信息技术（战略规划）领导小组（委员会）是企业信息化工作的最高决策机构。

2. 信息技术主管

信息技术主管负责具体领导企业的信息化，重点负责制定和实施企业信息技术的发展战略和计划，发布与此相关的指令。

3. 信息化战略办公室

信息化战略办公室负责制定和实施信息化发展战略和计划，授权公司内各业务部门执行信息化发展计划，并实施对信息化经费的管理和控制，还授权信息化支持部门（信息中心）管理信息系统的开发，管理已经运行的信息化各系统的操作，管理信息化经费开支使用等。

4. 信息化支持部门(信息中心)

信息中心通常的工作包括开发系统,操作、管理和维护各系统。

信息中心应定期向信息化战略办公室呈送信息化有关的管理报告、财务报告和信息系统基础设施规划建设建议;向各业务部门提出信息化解决方案和系统开发的建议。信息中心应该力图具备以下能力:了解信息化发展的新理念、新技术;寻求适合于企业内部用户和外部客户最新要求的信息化技术,把自己从"系统开发者"的角色转换为"问题解决者"的角色,从企业的信息技术部门转换为企业内各公司、各部门"前瞻性活动"的部门。

信息中心应具有的业务能力包括:掌握关于企业的业务和操作的知识、支持这些业务和操作的子系统的知识以及对企业业务和有关的领域中风险控制的知识和能力。信息中心应能有效地把企业内各公司和他的客户的业务模型和信息技术集成起来,为企业或集团内各公司、各部门主动提出适用的、有竞争力的 IT 总体解决方案,并以此作为"核心",与业务伙伴和外包公司一起实现总体解决方案构造和维护企业的信息技术基础设施(硬/软件、网络、网络通信、费用系统),以支持企业的业务开展和运营。

(二)以 CIO 为核心的信息化运营管理体制

CIO 机制是企业信息化发展较为成熟后一种典型的信息化管理机制。CIO 机制是以企业 CIO 为核心,以信息技术部门为支撑,以业务应用部门信息化实施、运行为主体,专兼职相结合的信息化管理体系。

1. CIO 体系的结构

CIO 体系具体包括 CIO、信息化管理领导小组、信息技术支持中心和业务部门信息化管理岗位。如图 4-1 所示。

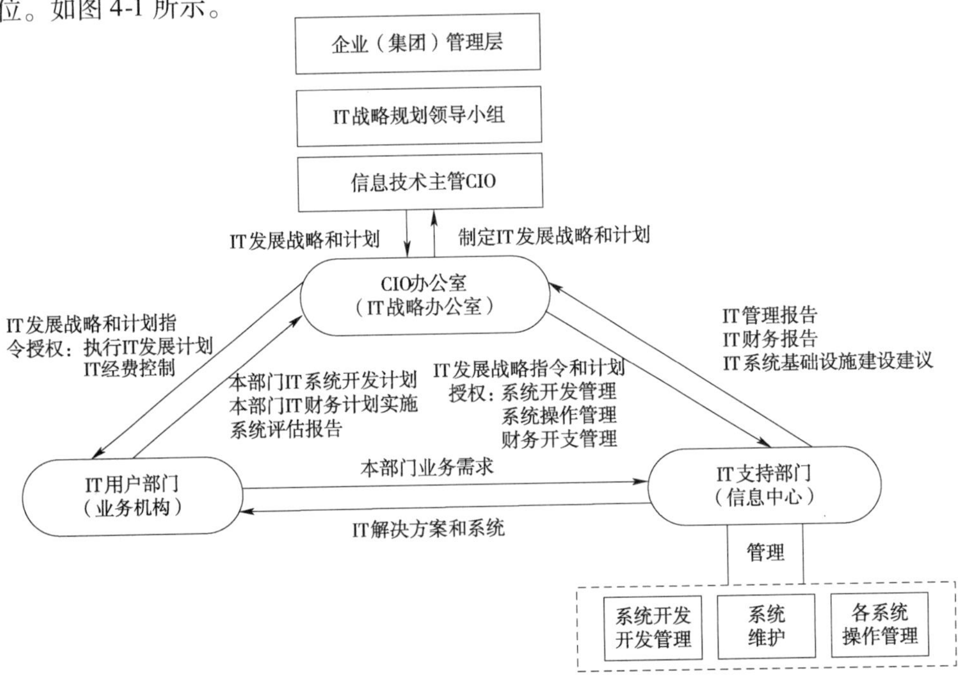

图 4-1 信息化的领导和管理机构

(1)CIO。

CIO 是“Chief Information Officer”的英文缩写,直译为首席信息官,国内一般翻译成首席信息主管、信息主管、总信息师或信息总监。社会各界对 CIO 的定义众说纷纭,比较有影响的定义有以下几种。1981 年,辛诺(William R. Synnott)和戈拉伯(William H. Grube)二人在著作《信息资源管理:80 年代的机会和战略》中首次给 CIO 下了定义:“CIO 是负责制定组织的信息政策、标准、程序,并对组织的信息资源进行管理和控制的高级行政管理人员。”美国权威的《CIO》杂志对 CIO 下的定义是:“CIO 是负责一个公司信息技术和系统的所有领域的高级官员。他们通过指导对信息技术的利用来支持公司的目标。他们具有技术和业务过程两方面的知识,具有多功能的概念,常常是将组织的技术调配战略与业务战略紧密结合在一起的最佳人选。”我国《互联网周刊》对 CIO 的定义是:“负责信息化战略规划及 IT 设备选型采购的各类企业和各相关政府部门的要员。”

综上所述,可以认为,CIO 是负责一定范围内信息化制度和战略规划制定与实施、参与重大信息化项目高层决策、协调信息化项目建设、推进信息化应用的高级管理人员。

(2)信息化管理领导小组。

有时也称作委员会,一般由企业内高层领导、部门领导共同组成,负责整个企业的信息化战略规划审批;信息化的重大技术方案、管理及业务流程改革方案的讨论和决策;批准信息化实施方案、组织机构、管理制度、标准规范。

(3)信息技术支持中心。

一般企业均设有独立的信息技术支持中心,一些大型企业还在各个部门设立专门的技术支持中心,作为企业信息化建设的主要技术力量。

(4)业务部门信息化管理岗位。

全面实施信息化以后,信息化管理应渗透到业务部门的各个岗位,另有专职或兼职人员负责系统的维护工作,系统运行协调工作等。

CIO 的出现标志着信息管理的社会地位和职业水平达到了一个新高度,走上了技术与人文、经济相结合的战略信息管理阶段。

2. CIO 的地位

从 CIO 角色演变来看,CIO 经历了从数据处理部门经理、计算中心主任、信息系统主任到 CIO 的发展过程。以前,数据处理部门经理、信息系统主任主要是负责技术和技术管理的中低层管理者,常常是纯粹的技术人才。而 CIO 不仅是一个主管技术的角色,并且进入管理层和决策层,担任行政业务和信息技术应用之间总协调的角色。CIO 的地位在企业相当于副总裁,在政府部门相当于副部长或部长助理。CIO 最核心的和最本质的角色定位为:信息功能的领导者,战略信息资源的管理者,信息技术的战略规划者,电子政务或电子商务的推动者、组织者和实施者。

3. CIO 的职能

CIO 处于企业战略决策层,参与企业整体战略的制定,具体负责企业信息化的规划、实施,全面协调各部门的信息化建设。其至少有三个基本职责:根据企业的经营战略,考虑和提出企业的信息化战略;负责企业的信息化推进工作,包括基础设施建设、人员配备、资源调配等;全面负责企业的信息化管理工作。主要发挥以下几方面职能:

(1)决策参谋作用。

CIO是决策成员之一,主要任务是为企业负责人做参谋,把信息论、控制论、现代管理等理念,应用于企业管理操作的信息技术;将业界和其他行业应用信息化取得的管理改造和创新的成效,介绍给企业负责人,影响企业负责人的战略部署,使其自觉地运用信息技术完成决策和管理。

(2)桥梁作用。

企业信息化是一项错综复杂的长期任务,涉及许多因素。CIO处于将信息技术和企业业务相结合的结合点上,所以肩负着内外沟通的重要桥梁作用。CIO要对信息技术、企业管理和企业业务有很好的理解,然后要把企业信息化的需求准确地传达出去,让外界理解企业需求,为企业提供合适的解决方案;CIO要把外界的新信息、新技术、新趋势介绍给企业领导成员,达成内外之间在信息化建设方面的互动。CIO的桥梁沟通作用是信息化管理的重要职能。

(3)企业信息化的总领队。

企业信息化工作时,必须有一支专业化的人才队伍,由于这支队伍的特殊性和复杂性,所做工作与企业信息化的直接相关性,需要且必须由CIO来统领。

(4)信息化培训的总策划。

企业信息化培训是一项系统性工作,是信息化管理的重要组成部分。CIO应作为培训的总策划、总教官,主持制订培训方案和规划,组织实施培训,对企业全员进行信息化理念的灌输和培育、技术技能的掌握和提升等。

三、信息化组织机构的调整

(一)企业信息化组织机构发展的历程

在企业信息化的历史中,信息化管理部门在企业中的地位及其重要性呈逐渐上升的态势。从历史发展的角度来看,信息技术在企业中的应用分为三个阶段:

第一阶段,信息技术在企业的应用,仅限于在个别业务领域的应用。这阶段由于只是技术的直接应用,信息化管理局限于简单的技术管理。如软硬件维护、技术培训等。

第二阶段,信息技术在企业各领域开始大量应用,这一时期的信息化管理体现在业务信息化过程中系统规划、系统选型、人员培训、网络建设、数据库建设、辅助管理和决策等多个方面。

第三阶段,当企业信息化进行到一定深度和广度时,就上升为战略信息管理阶段。这一阶段的信息化管理充分体现在从企业经营战略的角度,全面规划企业信息化战略,全面整合企业各方面信息化资源(包括软硬件、基础设施、信息化人才等),协调各部门信息化实践,整体推动企业信息化工作,为实现企业经营战略目标服务这一核心目标上。

从以上三个阶段的发展我们可以看到,企业信息化管理组织机构的演变,是与信息化管理职能逐步加强相伴随的。

(二)企业信息化与企业组织机构的未来发展

企业信息化是一个不断发展、不断持续的过程,这就决定了企业信息化的组织机构不是一成不变的，而要与企业信息化的发展阶段和发展水平相适应，要根据企业自身的特点进行不断调整。在可预见的将来，企业信息化的机构还将进行较大的调整，其主要原因将是，由于企业信息化的发展，推动并影响了整个企业的管理组织结构发生变化。

马克斯·韦伯的行政组织理论为20世纪初欧洲企业从不正规业主式管理向正规化职业性管理过渡提供了一种纯理性组织模型，对当时新兴资本主义企业制度的完善起了划时代作用，这种非人性化的“机械式组织”对20世纪金字塔形组织结构普遍盛行产生了深远影响。但是，随着时代的发展，信息技术的突飞猛进，这种“机械式组织”形式日益成为当今管理事务中的一个桎梏。为了适应信息技术时代的管理要求，“机械式组织”结构向新型组织结构的转变成为必然。企业信息化的发展将以开放式的广域网络集成化信息管理模式为主，以数据仓库为数据管理技术，以知识管理为中心，以人为本，融合现代先进管理思想与方法，优化企业组织中的信息收集、加工、存储、传递、利用和反馈等信息过程，对企业组织形式产生巨大影响，引发企业组织结构出现一系列深刻变革。以信息技术广泛应用为基础的企业组织具有以下特征：从组织内部看，组织具有扁平化、团队化、集成化等特征；从与外部组织的关系看，组织边界则呈现柔性化、网络化、虚拟化的特征。

1. 扁平化

Charles M. Savage 在《第五代管理》一书中认为，金字塔式的等级组织结构并不适合于信息经济，适合于信息经济的应是扁平化组织结构。扁平化组织是指企业组织结构外形具有扁而平的特征，相对于传统层级结构，组织层次减少，管理幅度增加。扁平化组织是一种新型组织结构形式，它是在企业信息管理模式和成熟经验的基础上逐步萌发、形成的。从其结构特征来看，纵向上职权等级较少，强调上下级双向的信息沟通，注重分权决策，企业资源和权力侧重于基层，受顾客驱动的影响。横向上员工跨职能部门围绕共同任务开展合作，具有充分自主权的以任务为导向的工作小组成为企业的基本单位。每个工作小组和每个员工都由过去的“对上级负责”转变为“对市场负责”，它强调平等、合作，是一种松散、灵活、具有高度适应性的组织结构形式。

扁平化组织在管理学界引起了广泛关注和讨论，扁平化组织成为企业组织结构变革的趋势已经形成共识。采用扁平化组织结构，不但能大大降低企业管理过程中的协调费用，还能大大提高企业应对市场行情的反应速度和满足用户需要的能力。企业传统组织结构中庞大的中间管理层主要是起“上传下达”信息的作用。企业信息化过程中，各种信息系统的实施将优化企业的信息传递过程，企业信息系统承担了以前由中层管理人员所负责的许多沟通、协调和控制方面的职能，为企业减少中层管理人员、缩短组织的高层与基层之间的信息传递距离提供了条件，使传统组织结构中的中层管理人员失去了存在的意义，为企业成为高效扁平化组织提供了可能。

2. 团队化

传统组织结构是一种机械性结构，面对环境的高度不确定性，必须进行结构的柔性化改造。组织结构柔性化的方式有很多，其常见的是组建工作团队。工作团队能吸纳内外不同背景、不同技能的优秀专家，共同完成特殊而复杂的任务，任务完成后团队就解散，因此能增强组织的灵活性。顾客导向的跨职能部门团队能够进行最有效的双向沟通，具有平等感、参与感和责任感，能焕发自主意识和创新精神。团队中，每个人都要完成多种工作，因而使工作丰富化、扩大化,实现一人多能,有利于综合素质人才的培养。例如,日本京都制陶共有13000名员工,组建成1000个独立核算的“变形虫”小组。每个小组的负责人必须对小组的“单位时间的附加价值”负责,若经营成绩无法提高,就将小组重新组合,重新任命负责人。当产品被市场淘汰时,这一团队将解散或开发新产品上市。

3. 网络化

网络式组织结构是以合同为基础进行制造、销售或其他重要业务经营活动的结构。如耐克公司,为了抵御来自海外的低成本竞争,充分利用亚洲劳动力成本低的资源优势,将产品的制造交给亚洲制造商,自己则集中于产品设计开发和营销,使组织具有更大的适应性和应变能力。海尔集团提出“业务流程化、结构网络化、竞争全球化”的“三化”战略管理模型,目前它正在实施从制造业向服务业的转换,集中精力抓研发和服务,把制造转包出去,将自身研发、服务、品牌和管理优势与中国本土的资源优势相结合,形成强大的网络,参与国际竞争。网络式组织结构投资风险及成本低,能够迅速提高企业竞争力;而结成联盟,能够实现资源的有效配置,有利于参与全球竞争。

在企业信息化环境下,企业的组织结构向网络化转变已成为企业变革发展的大趋势。国内企业通过外联网(Extranet)和内联网(Intranet)建设,以及ERP、SCM、CRM等系统的建设,使企业组织结构网络化改造正在成为可能。在企业组织结构网络化的过程中,严格等级制形式的命令链被网络化形式的沟通所取代,传统的命令沟通方式转变为协商式的沟通方式。网络组织结构的关键是外部关系的建立、协调和控制。网络化组织结构必须以诚信为基础,以合同为纽带,以法律为保障。

4. 虚拟化

虚拟企业是以信息技术和通信技术为基础,依靠高度发达的网络将供应企业、生产企业、消费者甚至竞争对手等独立的企业连接而成的临时网络,其目的是共享技术、共担费用、联合开发。虚拟企业的出现也是企业组织结构按特定逻辑优化的结果。根据科斯的观点,虚拟企业扩张的最优边界出现在企业组织的边际管理成本等于市场交易成本。传统商务运作模式下,由于市场交易成本与协调成本相对较高,尽管企业组织内部存在机会主义与有限理性,还是倾向于用企业组织代替市场交易,因此便出现了管理低效率的大企业组织。

企业信息化的实现,使企业组织之间的交易成本、协调成本大幅降低。电子商务技术在一定程度上能有助于改善企业组织内部的低效率。无论从技术上还是从经营上来说,低效率的企业组织让位于市场交易既是可能的,也是必要的。而激烈的市场竞争,消费者需求的多样化与快捷化使企业组织的协作成为确立竞争优势的手段。因此,在信息技术驱动下虚拟企业成为企业组织结构演进的必然产物。虚拟组织的出现,反映了在信息技术条件下企业组织的“法定”界限已被打破,传统组织概念也开始发生根本性变化。

企业信息化中信息技术的应用可被视为一个逐渐过渡的历程,在仅仅作为事务处理的阶段,主要用来减轻工作人员的负担。当信息技术的使用超越了这个阶段,就逐渐成为支持组织管理者来管理整个组织的工具。伴随信息技术使用的不断深入,又逐渐成为触发组织变革的催化剂。因此,企业信息化建设的不同阶段也要求企业组织结构能够适应这种变化。企业信息化和企业组织结构变革之间的相互关系和互动将日益密切。

新型组织结构形式作为描述组织的框架体系,它与信息技术应用水平之间的关系一直是企业信息化建设者所重点关心的问题。针对信息技术不同层次的应用水平,不同的组织结构形式对信息化建设的促进力度是不同的。信息技术仅仅作为事务处理工具的时候,等级制组织结构能够适应企业信息化。信息技术作为管理工具时,柔性化组织结构和网络化组织结构最能够适应企业信息化的深入应用。信息技术作为组织变革的动力时,扁平化的组织结构最能够适应企业信息化的高级需求。由于不同的企业信息化应用水平对组织结构有不同的要求,因此,为推进企业信息化的持续优化,必须根据不同的企业信息化应用水平构建不同形式的组织结构。

第二节　建立公交企业信息化管理制度

企业信息化管理制度是围绕着企业信息化系统的规划、设计、实施、运行、维护、完善等过程而设计的一整套管理规范,应适用于企业信息化建设与应用的全过程,是企业信息化建设、应用和运维的行为准则。

在信息化的建设中,信息制度建设是保障。信息化为我们提供了科学、便捷、智能化的管理工具和手段,但实现信息化预期的功能,还要靠制度去保障、去规范使用者的操作行为,换句话说,要用严格的制度去约束人的行为。要建立科学规范的设备和资源的保管、维护、使用制度,建立完善的经费投入和保障机制,建立科学的评价与反馈机制来确保信息系统的成功应用。从这个意义上说,企业信息化建设又是一项非常重要的基础工作。

一、企业信息化制度制定的四大原则

(一)量身定做的原则

企业要根据自己的实际情况和存在的管理问题制定相应的信息制度,不能生搬硬套。很多企业非常喜欢从别的企业拷贝来一些制度,稍加修改就在本企业使用,但由于和企业的实际情况不吻合,结果造成制度不能得到很好的执行。

(二)全面科学的原则

企业信息管理制度一定要全面、科学。因为,企业信息管理中存在很多问题,问题之间有一定关联性,如果仅仅从某些方面分析解决问题,往往是不能从根本上解决的。因此,要科学制定制度,制定的各项制度要符合客观实际,并切实可行。当企业信息化建设、管理、运维等情况发生变化时,要及时修改制度,制度要在执行过程中不断得以充实完善。体现整个制度的完整性和合理性。

(三)责任目标明确原则

制度要有明确的目标和责任,要有明确的推进措施,尽量做到有的放矢,切实发挥制度应有的作用。

(四)奖惩分明原则

制度要有奖惩措施,否则制度只是一纸空文,起不到真正的作用。

二、企业信息化制度体系构建方法

在信息化建设过程中,企业大都制定了一些只有一定实效的工作管理制度。但这些制度未能形成比较完整的体系,主要表现是:制度框架不清晰、不完整,各项制度不集成,一些制度要求不统一。随着信息化建设的逐步深入、信息化组织机构逐步健全,建设完善的信息化工作管理制度体系已成为企业信息化不可缺少的重要环节和急迫的基础工作。

企业需要从信息化建设和应用的全局出发,认真清理原有规章制度,进行深入研讨,按照"自上而下、逐步细化,基于流程、顺序展开"的工作思路,设计和建设符合企业信息化应用实际的管理制度体系。

自上而下,就是从企业整体管理出发,分上、中、下不同层次设计信息化管理制度体系架构。

逐步细化,就是制度体系中第一(最高)层次的制度应比较宏观,成为管理工作的总纲;第二(中间)层次的制度应比较具体,是各项工作的管理指南和办法;第三(最低)层次的制度要更加具体,作为开展某项工作或信息系统管理的有效管理工具,如各项具体办法、实施细则以及配套表单等。图 4-2 为从"信息化工作纲领"到"信息化各项工作目标与要求"再到"实施细则"的信息化制度体系建设总体思路。

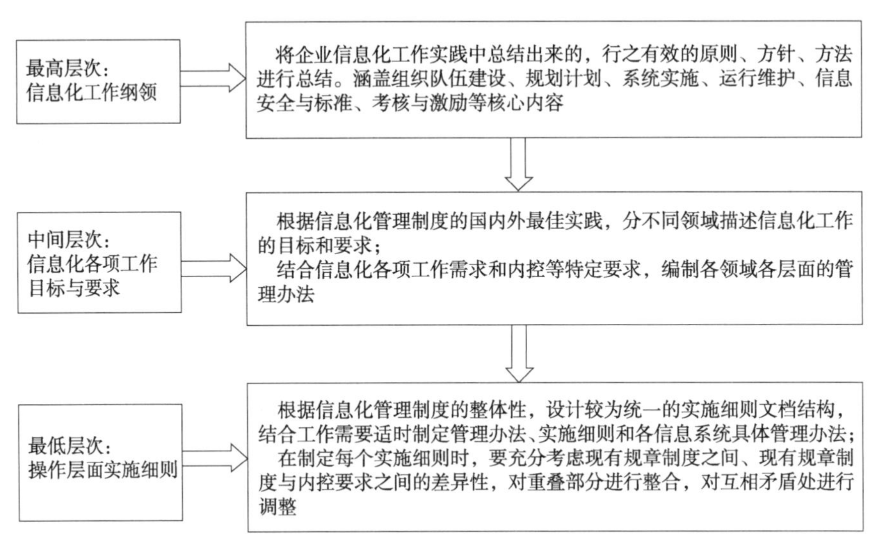

图 4-2 信息化制度体系建设总体思路

基于流程,就是理顺工作流程,找准关键环节,明确流程各环节相关部门/单位的职能和责任,根据流程设计的结果制定管理办法和实施细则,提高制度的针对性、操作性和高效性。

顺序展开,一是按照流程横向依次展开,二是按层次纵向逐级深入细化。

基于流程的制度体系设计和编制方法如图 4-3 所示。

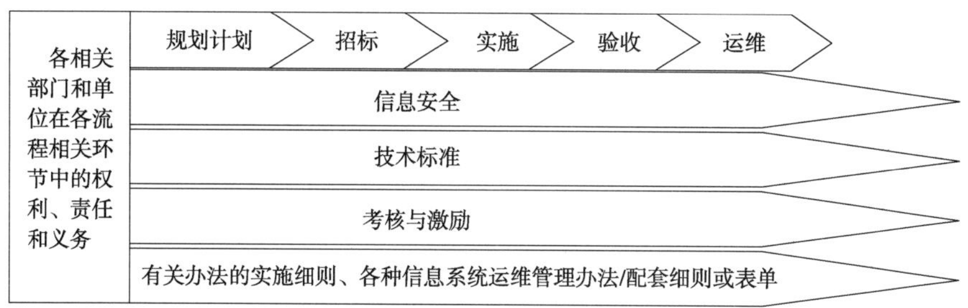

图 4-3 制度体系设计和编制方法

三、企业信息化管理制度架构

(一)总体架构

按照上述管理制度体系构建方法设计的企业信息化管理制度体系如图 4-4 所示,体系分为管理规定、管理办法和管理细则三个层次。

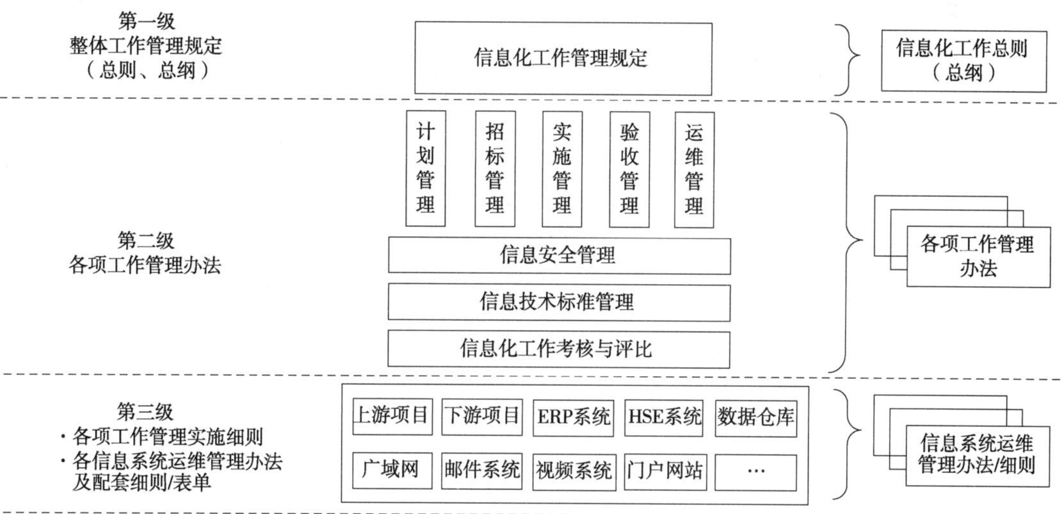

图 4-4 企业信息化管理制度体系实例

第一级,整体工作管理规定,是企业信息化管理的总纲、总则,是信息化管理制度体系的核心,主要明确企业信息化工作指导方针和工作原则、组织机构及职责、工作范围及要求等。

第二级,各项工作管理办法,是在管理规定的框架指导下,对企业信息化的不同工作领域分别提出具体的工作目标和要求,是信息化计划、招标、实施、验收、运维、安全、标准、考核等方面的管理办法。

第三级,管理细则,即各项工作管理实施细则和各信息系统运维管理办法及配套细则/表单等,是分别针对各项工作管理办法的要求和各信息系统运维管理工作,制定的项目、系统层面的具体管理办法和操作规程等,以确保第二级管理办法的各项要求在执行和操作层面落到实处。不同信息系统实施细则根据该系统相关管理办法的有关要求制定,文档架构基本保持一致。

(二)信息化工作管理规定实例

企业信息化工作管理规定包括信息化工作总则、管理体系及队伍建设、规划计划管理、信息化项目实施管理、信息系统运维管理、信息系统安全管理、信息技术标准管理等方面的内容。要点有以下方面。

1. 总则

企业信息化建设应遵循“统一、实用、兼容、高效”的指导方针,坚持“统一规划、统一标准、统一设计、统一投资、统一建设、统一管理”等原则,坚持公司发展理念,坚持集中统一管理,坚持持续投入机制。

2. 管理体系

信息化工作管理体系一般应由企业信息化工作领导小组、信息管理部门、各成员企业的信息管理部门构成。

3. 建设规划

信息化建设按照统一规划进行,总体规划每五年编制一次,并每年进行评估,根据需要进行跟踪管理并及时进行调整。

4. 项目实施

信息化项目实施所需的软件、硬件产品和咨询服务应通过招标选择;实行项目经理负责制,采用规范的项目管理方法,严格控制项目范围,按阶段、按计划组织实施;企业各成员单位、信息管理部门和业务部门、内部专业队伍和外部专业队伍要紧密合作,各自发挥自己应有的作用。

5. 项目验收

项目验收的基本标准是:项目范围符合总体规划和可行性研究报告批复的要求;项目投资不超预算;项目按计划投入使用;项目达到设计要求。项目验收分阶段进行,包括阶段验收、上线验收和竣工验收。

6. 信息系统运维管理

信息系统运维工作坚持主动预防的先进理念,树立主动服务的意识,保证系统 7×24h 稳定、可靠运行。

7. 信息系统安全管理

实施信息系统安全等级保护,建立健全先进实用、完整可靠的信息系统安全体系,保证系统和信息的完整性、真实性、可用性、保密性和可控性,保障信息化建设和应用,保障信息资产的安全。

8. 信息技术标准管理

统一组织制定、宣贯、更新和检查全局性信息标准。各具体信息系统的标准规范应在该系统项目实施过程中就研究制定,并在后期运用中加以完善。

9. 信息化工作考核与评比

企业每年对信息化工作和信息化专兼职工作人员进行考核,主要内容包括信息化工作方针政策、标准和总体规划执行情况,领导重视情况,信息系统及基础设施等建设、应用和维护情况,信息化队伍建设状况,信息安全工作情况等。

(三)信息化工作管理办法

企业信息化管理制度体系第二级中的各项工作管理办法主要包括:信息化总体规划管理办法、信息化项目招标管理办法、信息化项目实施管理办法、信息化项目验收管理办法、信息系统运维管理办法、信息系统安全管理办法、信息技术标准管理办法和信息化工作考核与评比办法,如图4-5所示。

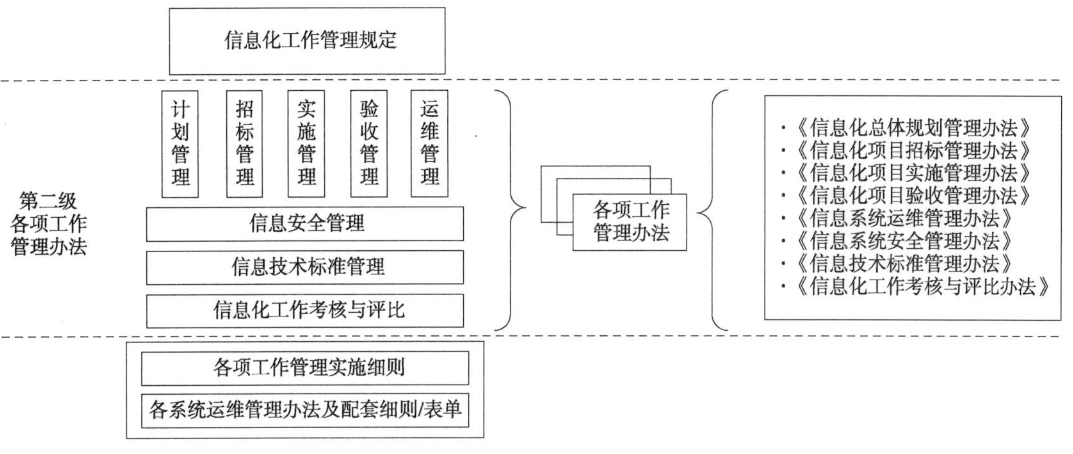

图4-5　企业信息化管理办法

以《信息技术标准管理办法》为例,管理办法涵盖的主要流程如图4-6所示。标准管理办法的主要流程制定包括管理组织与职责、注册与立项、制修订与发布、宣贯与执行、检查与复审、维护六个部分。概述如下:

1. 管理组织与职责

企业标准化主管部门是标准化工作的统一管理机构,信息技术专业标准化委员会(以下简称信标委)是信息技术标准管理的技术组织,信息管理部门是信息技术标准化工作的主管部门。

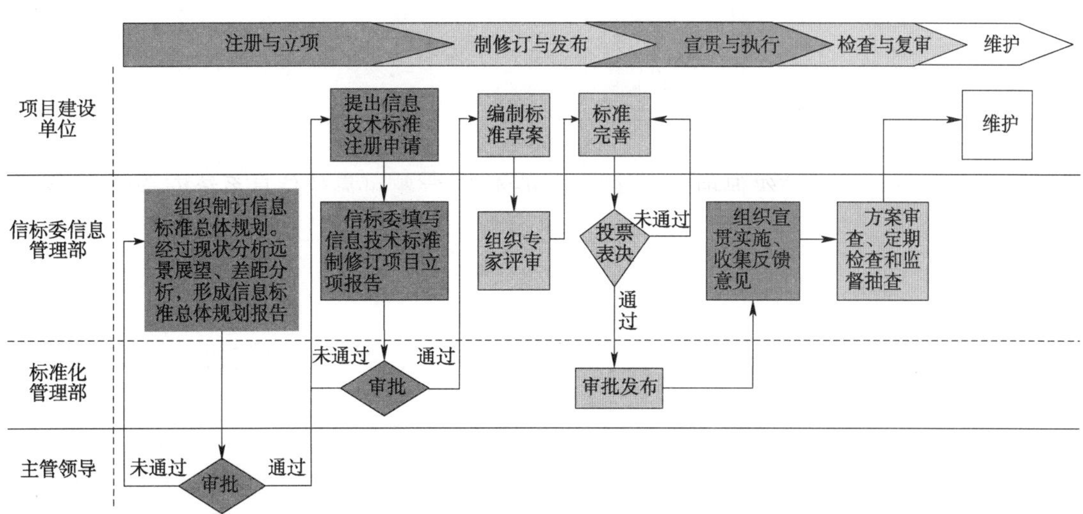

图4-6　信息技术标准管理流程

2. 注册与立项

项目建设单位向信息管理部门提出信息技术标准注册申请。信标委协调确定编制方案及标准制修订项目建议书，报标准化主管部门立项。

3. 制修订与发布

包括标准起草、征求意见、专家审查、委员表决、批准发布五个环节。起草单位依据编制方案编写标准草案，信标委组织征求意见、专家审查及委员表决，表决通过后的标准由企业标准化工作主管领导批准发布。

4. 宣贯与执行

信标委对信息技术标准的宣贯与执行进行统一管理。各级信息管理部门认真组织好信息技术标准的宣传贯彻工作。项目建设单位严格执行各项已发布的信息技术标准。

5. 检查与复审

信标委负责对信息技术标准的执行情况进行检查与复审。在信息技术项目阶段验收和最终验收中，包括对信息技术标准遵循和制定情况的审查。

6. 标准维护

维护涉及标准的废止、修订、部分修改工作，主要包括分析信息标准在贯彻实施和监督检查过程中存在的问题和建议，对信息标准进行定期和不定期的修订与维护等。

（四）信息化工作管理实施细则

第三层次的管理制度包括总部制定的第二层次中管理办法的配套实施细则、成员企业结合本单位情况制定的配套实施细则以及各信息系统运维管理细则。第三级信息化工作管理实施细则如图 4-7 所示。

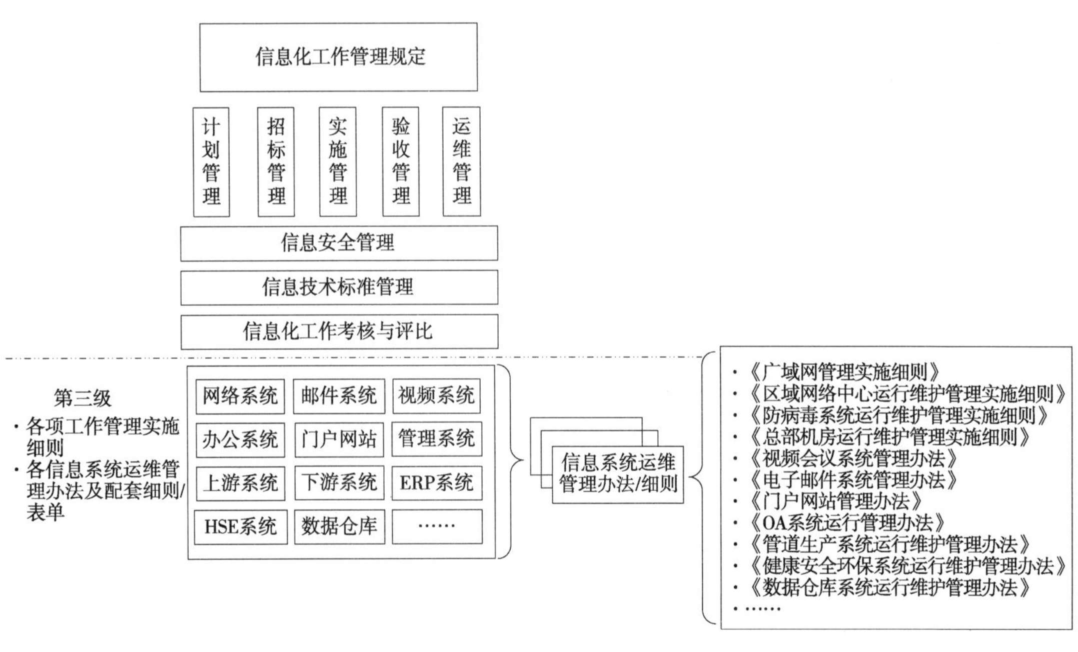

图 4-7　信息化管理实施细则

各信息系统运维管理细则/表单成为企业信息化管理制度第三级的主体。对于所有信息系统,在其上线时都应充分借鉴现有模式制定各自的运维细则,并补充到管理体系的这一层次中。

四、公交企业信息化管理制度案例

国内某公共交通企业建立了较为完善的企业管理制度,并将其汇编成《××市公共交通总公司企业管理制度》一书,其中信息化管理制度主要包括管理规定和岗位职责两类,具体见表4-1、表4-2。

××市公共交通总公司管理规定　　表4-1

序号	××市公共交通总公司管理规定	序号	××市公共交通总公司管理规定
1	IC卡系统管理规定	7	车载监控系统使用管理规定
2	信息办公设备管理规定	8	电子巡更系统管理规定
3	计算机等办公设备配备标准	9	网络及硬件使用管理规定
4	车载设备管理规定	10	集团总机平台召集电话会议管理规定
5	驾驶员车载设备应用考核标准	…	…
6	智能调度系统管理规定		

××市公共交通总公司岗位职责　　表4-2

序号	××市公共交通总公司岗位职责	序号	××市公共交通总公司岗位职责
1	信息中心工作职责	7	信息中心软件管理员岗位职责
2	信息中心主任岗位职责	8	信息中心IC卡数据管理员岗位职责
3	信息中心副主任岗位职责	9	信息中心网络及硬件服务保障管理员岗位职责
4	信息中心主任助理岗位职责	10	信息中心车载信息设备维护管理员岗位职责
5	信息中心综合管理员岗位职责	11	信息中心应用系统管理员岗位职责
6	信息中心机房及服务器管理员岗位职责	…	…

第三节　建立公交企业信息化管理标准体系

一、信息化标准规范的概念

企业信息化过程,也是企业标准的建设过程。企业信息化标准规范是根据企业信息化建设过程中的一般规律、基础要求和共性化需要而设计和制定的。它是企业信息化建设、信息技术应用的重要基础,是保障企业信息化建设成功的重要准则。

管理标准与管理制度的区别。两者同样是为了对企业信息化工作进行约束、管理。但管理制度制定缺乏管理构架的支撑,多是针对规范企业某一方面的管理需要而制定;管理标准基于企业管理构架,强调管理流程,对工作流程有完整的描述;制度执行缺乏统一的检查考核手段,而标准通过内审和外审督促实施,发现执行中的不合格,通过纠正改进工作,形成闭环,并明确考核点;规章制度没有严格的格式要求,标准有固定格式要求,通过格式固化管理要素;标准经过标委会审批发布,制度由相关领导签发。标准更体现横向协调,因此标准是比制度更为系统、更为规范的文件。但是标准和规章制度的制定、修订工作不应该是割裂或者对立的,而应该根据工作实际统筹考虑。

管理标准与规章制度制定原则:

(1)标准是对重复发生的活动做出的规范性文件,制度可对某些临时性、偶然性事件进行规定。对未统一规范过的管理事项,可先行制定制度。

(2)原有管理制度且经过执行较为成熟的制度可转换为标准。管理标准制定应充分借鉴规章制度,因为规章制度是管理经验的总结,其中有许多合理和有效的方法,制定标准时应借鉴其内容。

(3)标准一经发布实施,被代替的规章制度即行废止。目前尚不具备转为标准的制度应保留,避免既无标准又无制度。

标准化和规范化体系包括:

技术体系——标准化技术、支撑技术、标准体系;

工作体系——标准化组织体系构成的工作体系;

管理体系——由政府、管理机构、中介机构、企业组成;

工作规范——标准化职责、工作程序、工作要求;

资源投入——企业开展标准化所需的设备、材料、资金、人力、信息。

企业信息化标准规范可按国际标准规范、国家标准规范、行业标准规范、地方标准规范、企业标准规范等进行分类;也可按技术标准规范、工作标准规范、管理标准规范、组织标准规范等进行分类;还可按不同技术、产品或服务类别划分,如工程设计类企业信息化技术(CAD/CAE/CAPP/CAM/PDM)、经营管理类企业信息化技术(MRP/ERP/SCM/CRM)、过程控制类企业信息化技术、办公自动化类企业信息化技术、网络硬件数据库等平台类技术等。同时,企业信息化标准规范也可分为产品技术标准规范、建设采购标准规范、工程实施标准规范、咨询服务标准规范、认定评价标准规范等;还可按指令性标准、指导性标准、技术或工作规范等进行划分;并可分为面向政府的标准规范、面向供应商的标准规范、面向用户的标准规范等。

二、企业信息化标准规范设计

(一)设计原则

(1)统一性原则:符合国家信息化建设标准规范及规定原则。应按照国家已经颁布的相关标准规范及其要素来制定,同时应兼容行业主管部门和地方行政机关已有的标准规范和规定,并结合本企业的特殊情况,力求上下兼顾、相互配套。

(2)系统性原则:在构建公交企业信息化标准规范体系过程中,一方面,必须从系统的角度出发,综合分析各要素之间的关系,逐步形成一个覆盖公交企业信息化管理全过程的标准规范体系,即从公交企业信息化建设开始,到基础设施建设、信息系统开发、信息资源建设、信息利用、信息管理等一套完整的业务性、技术性和管理性标准规范体系。另一方面,既要保证每一项标准规范的内容前后协调一致,还要确保各相关标准规范之间在内容与技术方面的协调一致。

(3)适用性原则:公交企业的信息化标准规范体系的构建,应根据企业信息化建设的实际发展需要和客观可能性,从现实情况出发,适时制定有关标准,使标准规定的事项与实际工作的技术水平和管理水平不会产生太大的差距。做到所制定的标准规范既能在一定的时期内保持相对的稳定,又能够及时付诸实施,还能够随着技术和管理方法的进步而被修订。

(4)成熟性原则:一个企业的信息化建设是一个循序渐进、不断完善、不断优化的过程,因此公交企业信息化建设标准规范体系中的每一项标准规范都应该反映优化了的技术、工作程序与组织程序,要能够体现目前先进而成熟的技术手段和设备,能够反映先进而高效实用的系统软件、应用软件及管理方法,使整个标准规范体系具有领先性和一定的前瞻性。

(5)集成性原则:公交信息化不仅仅是数字化,也不只是停留在公交工作业务流程的计算机化,而是代表了网络环境下公交信息资源的整体管理模式,涉及多方面内容,是一个与网络工程、计算机工程、软件工程、信息组织工程等密切关联的系统工程。因此,公交企业信息化标准规范体系不仅要与企业信息化管理理论兼容,与信息技术行业相关标准规范兼容,还要注意与重要信息系统项目的兼容,如 OA、ERP 等。信息系统的集成化是要实现业务信息、管理信息的源端输入,保证信息的真实性、准确性、及时性,实现最大效益,通过业务运营系统与管理系统集成实现物流、资金流、信息流的高度集成;实现应用系统、管理系统与决策支持系统的高度集成,支持企业快速、准确地决策分析。

(二)制定方法

参照前述分类方法,选取其中一种或几种,先行建立企业的信息化标准体系框架,以此为基础,通过采用国家制定的有关指令性标准和规范,参考国际标准,国家其他有关标准规范以及行业、地方发布的有关标准规范,紧密结合企业信息化的具体实施过程,适时制定企业实用的标准及规范,逐步形成完整的企业信息化标准规范体系。

1. 企业信息化标准规范框架的建立

遵循"总体规划、分步实施"的原则,采用自顶向下与自底向上相结合的方法,有计划、有步骤地建立企业信息化标准规范体系。首先建立企业信息化标准规范体系的框架。建立企业信息化标准规范体系可以参照建立规章制度的方法,同时从面向资源和工作内容、面向信息化过程两个角度建立,形成矩阵式体系结构。标准规范体系框架可以根据企业实际参照前述分类方法中的一种或几种建立。比如,可以按照下列层次建立体系框架。

(1)基础标准:是面向资源的基本标准,如分类及编码标准、数据格式标准等。

(2)技术标准:是企业信息化中标准规范最集中的方面。面向资源的技术标准有技术平台和工具标准、各应用分系统技术标准、技术接口标准等;面向过程的技术标准有流程分析方法准则、产品选型标准、工程实施规范以及各类技术流程规范等。

(3)工作标准:主要是面向过程的标准,如企业信息化各项工作的立项、审批及其流程规范,企业的信息化建设评价标准等。

(4)管理规范:既有面向资源的,也有面向过程的,如文档管理及其管理规范、产品采购规范、资金投入的有关条件规范等。

(5)组织规范:与人相关的各类标准规范,包括职位设置和岗位职责等。

2. 标准规范建立的要点

(1)基础标准建立的要点:基础标准主要建立在对企业现状分析的基础上,它需要通过缜密细致的调查和研究,在专家指导下用科学的方法和手段建立。着重点应放在建立企业信息分类及编码标准、企业信息模型规范等方面。

(2)技术标准建立的要点:技术标准的建立应遵循成熟性、适用性原则,即采用已发布的现有较成熟的标准化组织或商业标准组织建立的,并已经过较长时间的检验而证明有效的标准和规范。面向资源的技术标准需坚持这一点,面向过程的技术标准也应坚持这一点。

技术标准是企业信息化标准规范体系中的主要部分,遵循成熟性、适用性原则,方能够使企业的信息化建设具有信息互换性、系统开放性、可扩展性和可维护性,与外界集成、互联更容易,同时可充分降低建设、运行、维护的成本。

(3)工作标准建立的要点:建立工作标准重在遵循统一性原则,并注意与企业经营管理制度、其他技术标准规范和信息化规章制度的建立健全等相结合。

(4)管理规范建立的要点:管理规范中最为重要的是企业信息化文档及其管理规范,它与信息化全过程息息相关,切不可忽视它在企业信息化实施过程中发挥的重要基础规范作用。

(三)企业信息化标准的工作思路

企业信息管理部门需要根据信息技术总体规划,借鉴国际经验,结合公司实际,研究制定信息化标准工作规划和标准体系。需要注意的是公交企业在信息化管理标准体系的建设过程中要首先采用现行的国际标准、国家标准、行业标准和地方标准,然后结合信息化的具体实施过程,适时自行制定企业实用的标准或规范,最后形成完整的企业信息化标准规范体系。应该明确的是,企业的所有使用的信息化标准规范原则上都不应低于现行的国际标准、国家标准、行业标准和地方标准的相关要求。

(1)牢固树立“服务业务、服务建设、服务集成、服务应用”的理念。信息化标准要服务于企业业务的运营和发展,服务于信息系统建设和运维,服务于信息系统、数据、应用和流程的集成,服务于信息系统广泛深入的应用,服务于信息资源的共享、开发和增值。

(2)坚持统一标准、采标优先、制标补充、采制结合的原则。企业要按“国际标准——→国家标准——→行业标准”的采标顺序优先采用外部标准,以保证系统的开放性及其与外部系统的链接与共享。只有在没有外部相关标准或不能支持本企业业务的情况下,企业才需要制定本企业标准。标准必须在企业范围内完全统一,在工作流程和信息系统中固化,杜绝不执行标准和不同部门、单位执行不同标准的乱序现象。

(3)在信息系统建设项目实施过程中要同步制定应用系统设计、开发、运维等标准。这些围绕和服务于信息系统的标准,是无法先行制定的,强行提前制定也多是无本之木,没有生命力。这些标准、制度一定要在项目实施中研究制定,并在系统应用中验证、修改与完善。

(4)充分发挥业务部门对制度标准起草和执行的主导作用。信息系统的价值通过业务应用才能体现,信息化标准归根结底是为业务部门、为业务运营发展服务的。和信息系统建设一样,如果没有相关业务部门提出需求,没有相关业务人员参与,没有相关业务部门推动施行,信息标准是制定不出来的,即使制定了也难免会成为一纸空文。

(5)设立跨项目的项目组织,建设并动态完善公共数据[或称主数据(Master Data)]编码。企业许多信息系统都会用到组织、人、财、物等公共数据编码,如果这些代码由各系统自行定义和管理,对企业应用的集成和信息的共享将是一场灾难。同时,由于公共数据编码工作量巨大、涉及面很广,也需要按信息化建设项目进行建设和管理。要组织覆盖各信息系统、各相关专业的项目组织体系,并借助规范的流程和编码系统平台,建设并动态完善企业公共数据编码,为信息系统建设和应用提供全方位的公共数据编码服务。

(6)切实强化制度标准的支持维护和执行监督。信息技术日新月异,企业业务不断创新,为技术和业务服务的标准也不能一成不变,也必须加强维护,适时更新,增强标准的科学性、准确性和生命力。要把标准执行情况列入信息化工作绩效考核与激励指标体系,进行定期或不定期的检查、监督。企业信息系统相关的标准一般应为实质上的强制性标准,并固化到实际运行的应用系统中。信息系统相关的标准如不与系统和应用绑定,而是推荐执行,其效力和效益将大打折扣。

三、企业信息化标准规范框架体系

(一)标准体系组成

企业信息化标准体系主要包括以下内容:

(1)标准体系的层次结构图;

(2)多个相互制约、相互作用、相互依赖和相互补充的分体系,每个分体系根据不同的属性再划分为若干不同的分支;

(3)标准明细表:包括企业信息化建设必需的现有的、正在制定和规划的所有标准。

一个企业具体信息化标准体系的层次结构图是以方框图形式表示标准体系的层次结构,它由总体标准、应用标准、信息资源标准、应用支撑标准、网络基础设施标准、信息安全标准和信息化管理标准七个分体系组成,如图 4-8 所示。

(二)标准体系逻辑框图

标准体系逻辑框图如图 4-9 所示,总体标准分体系层处于整个体系的最上位,它为下位的其他六个分体系提供总体指导和机制保障,信息安全标准和管理标准贯穿于网络基础设施标准、应用支撑标准、信息资源标准和应用标准之中。

四、信息化标准体系的主要内容

企业信息化标准体系由总体标准、应用标准、信息资源标准、应用支撑标准、网络基础设施标准、信息安全标准和信息化管理标准七个分体系组成。每个分体系又可划分为若干个二级类目。每个分体系由相应的“分层次结构图”和“标准明细表”组成。

(一)总体标准

总体标准分体系为企业信息化标准提供基本原则、指南和框架以及基础性信息化术语。总体标准分体系层次结构图如图 4-10 所示,包括总体框架标准和术语标准两个二级类目。

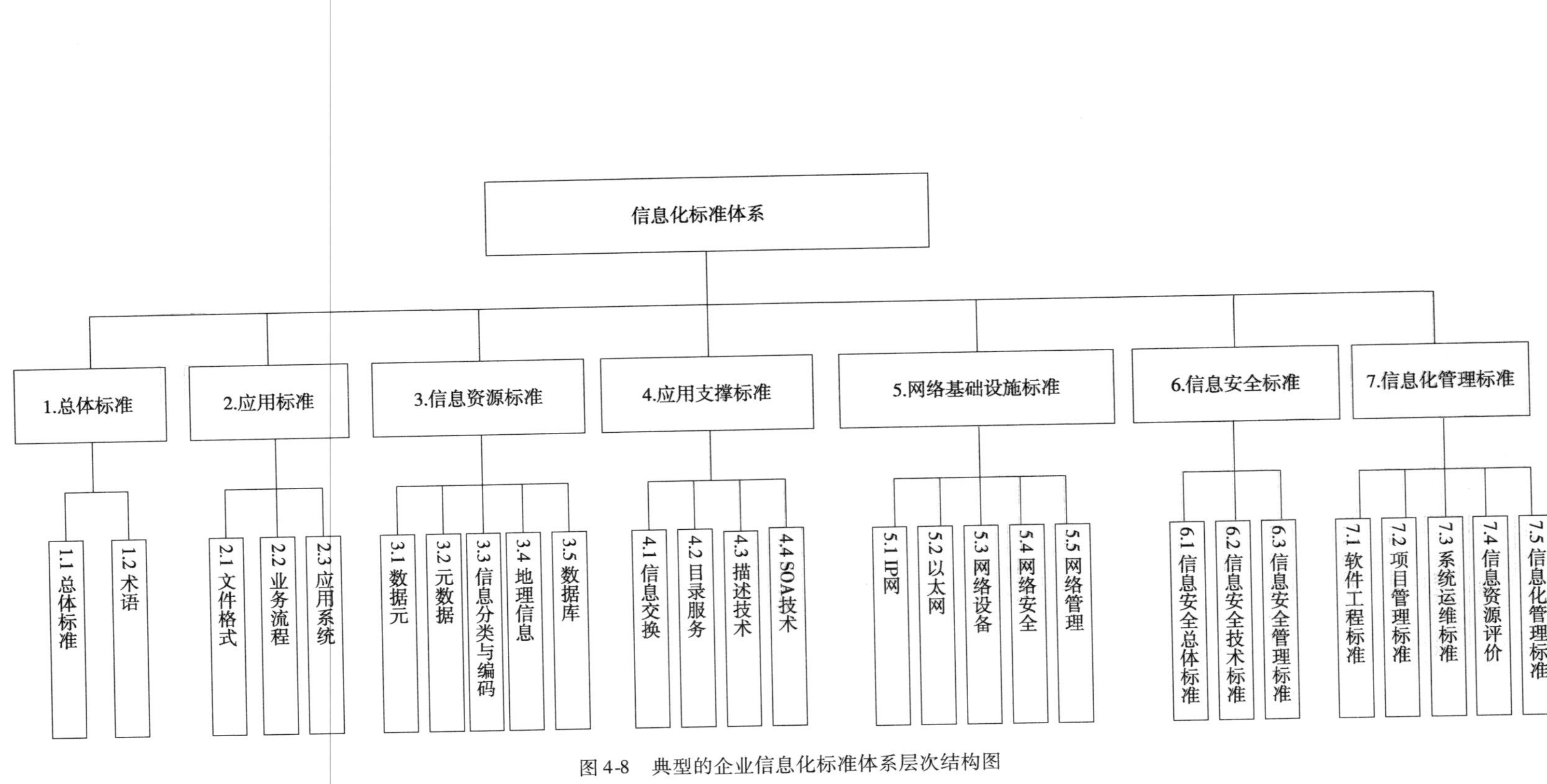

图 4-8 典型的企业信息化标准体系层次结构图

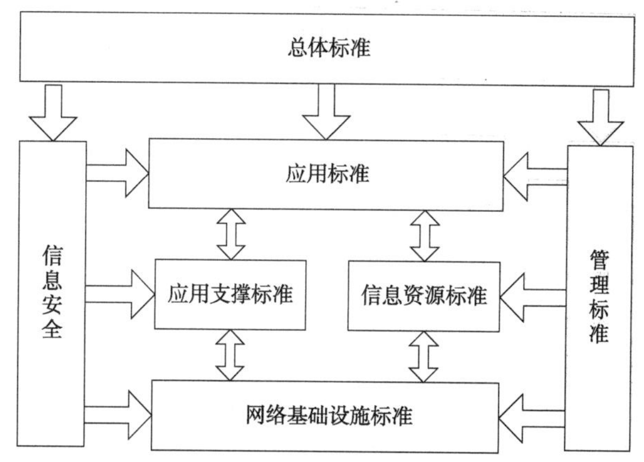

图 4-9　企业标准体系逻辑框图

总体框架标准主要包括企业信息化标准体系、企业信息化标准指南、企业信息化总体框架、企业信息化总体技术要求等总体性标准和相关标准。企业信息化标准体系即本标准。企业信息化标准指南包括企业信息标准化工作导则、编制指南以及实施细则等。企业信息化总体框架包括企业信息化建设蓝图、总体规划和建设路径等。企业信息化总体技术要求包括企业信息化建设统一技术平台要求、计算机网络和信息安全技术管理规范及网络安全总体技术要求等。

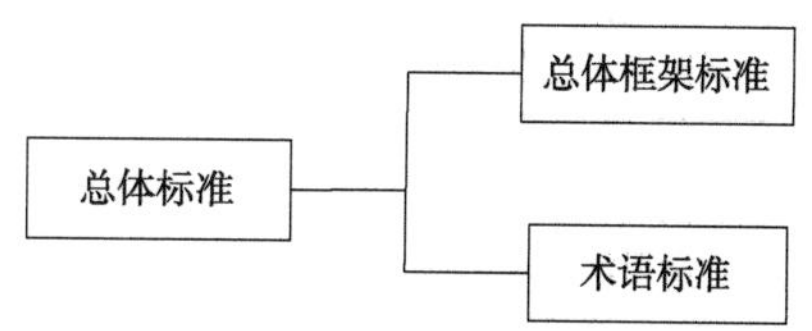

图 4-10　总体标准分体系层次结构图

术语标准的目的是统一企业信息化建设中遇到的主要名词、术语和技术词汇，避免引起对它们的歧义性理解。术语标准包括企业信息化术语、基础术语和专业术语。

（二）应用标准

应用标准分体系为企业信息系统提供应用方面的标准与规范。

应用标准分体系的层次结构图如图 4-11 所示，包括文件格式、业务流程和应用系统三个二级类目。

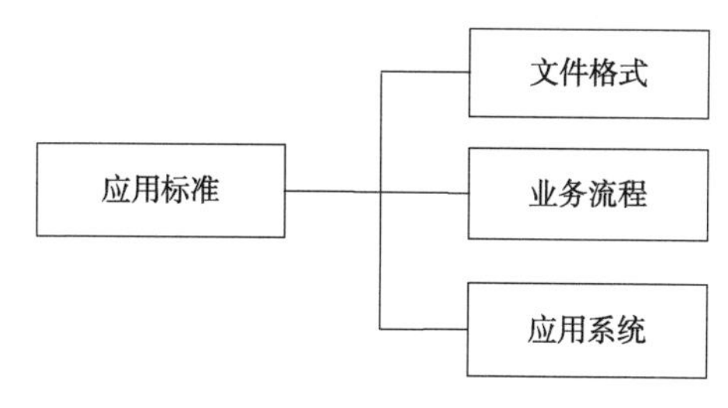

图 4-11　企业应用标准分体系层次结构图

文件格式标准提供各个企业业务信息系统之间的交换和共享、规范化的文件格式。文件格式标准主要包括企业业务所涉及的文件格式和相关标准。

业务流程是在企业信息业务领域中，为达到业务目标的一类过程和策略，该过程由一组按策略执行的、相互协调的活动步骤组成。业务流程标准包括企业业务所涉及的业务流程规范、流程控制规范和相关标准。流程控制规范包括通用建模语言（UML）、业务流程规范模式（BPSS）以及电子商务业务流程设计规范等。

应用系统标准包括企业的核心业务应用系统和综合应用系统规范以及相关标准。

企业核心业务应用系统包括财务管理、人力资源管理、电子商务等信息系统。

企业综合应用系统包括协同办公平台、门户平台、统一沟通平台、CA 系统、数据中心、视频会议、统一身份系统、系统管理等综合性的以及为核心业务应用系统提供支撑的应用系统。

（三）信息资源标准

信息资源标准用于规范不同业务的数据类型，以实现跨层级、跨部门的信息资源共享。

信息资源标准分体系的层次结构图如图4-12所示，包括数据元、元数据、信息分类与编码、数据库四个二级类目。

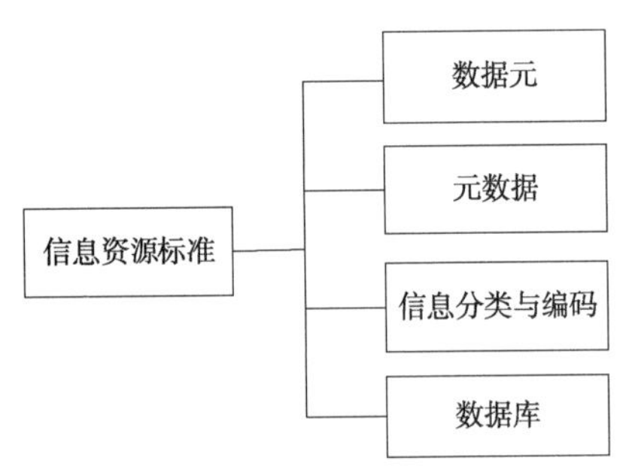

图 4-12　企业信息资源标准分体系层次结构图

数据元是指用一组属性描述定义、标识、表示和允许值的数据单元。数据元字典列出并定义相关数据元。数据元标准包括企业专用的数据元以及数据元的通用规则、贸易数据元等方面的相关标准。

元数据定义和描述其他数据的数据，它是按照一定的规则，从信息资源中抽取相应的特征，组成一个特征元素的集合。元数据标准主要包括企业元数据和相关标准。

信息分类是指具有共同属性或特征的信息，按科学的规律集合在一起并进行概念的划分，以区别和判断不同的信息。信息编码是对分类的信息，科学地赋予代码或某种符号体系，作为有关信息系统进行处理和交换的共同语言。

信息分类与编码标准包括企业专用信息分类与编码标准以及方法性，区域、场所和地点，计量单位，人力资源，组织机构代码和科学技术等标准。

数据库标准包括企业业务应用数据库标准、企业信息资源共享平台规范和通用的数据库规范以及相关标准。企业信息资源共享平台建立在企业的业务数据库、中心数据库和共享数据库之上，它为信息资源提供共享交换机制。

（四）应用支撑标准

应用支撑标准分体系为各项企业业务应用提供支撑和服务，它是一个与物理网络无关、与应用细节无关的基础设施，确保各类资源的可互联、可访问、可交换、可共享、可整合。

应用支撑标准分体系的层次结构图如图 4-13 所示，包括信息交换、目录服务、描述技术和 SOA 技术四个二级类目。

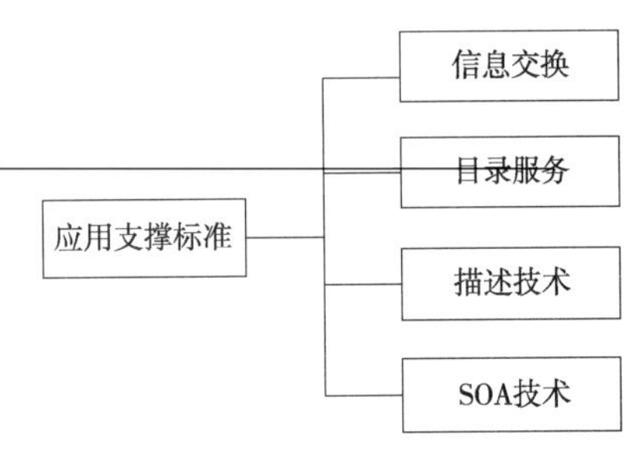

图 4-13　企业应用支撑标准分体系层次结构图

信息交换标准指为保证跨层级、跨部门的不同网络、不同系统、不同平台之间的数据交换提供服务的标准。信息交换标准包括企业信息资源交换体系、数据中心开发所涉及的标准和相关标准。

目录服务是指在网络环境中，定位和标识各种数据和数据处理资源，并提供搜索和权限管理功能的服务机制。目录服务标准包括企业业务应用信息资源目录的分级分类标准以及 X. 500 系列目录服务、轻量级目录访问协议

(LDAP)服务、Web 服务和消息服务方面的相关标准。

描述技术标准包括标准通用置标语言(SGML)、可扩展置标语言(XML)、超文本置标语言(HTML)等相关标准。

SOA 技术标准包括 SOA 系统建设的各个环节的相关技术标准规范。

(五)网络基础设施标准

网络基础设施标准分体系为网络的组织、建设、运行、维护、管理以及设备生产、引进提供了主要技术依据,确保企业网络基础设施间能互联互通。根据企业对通信和计算机网络基础建设的实际需求,企业网络基础设施标准分体系的层次结构图如图 4-14 所示,包括企业 IP 网络、以太网、网络设备、网络安全和网络管理五个二级类目。

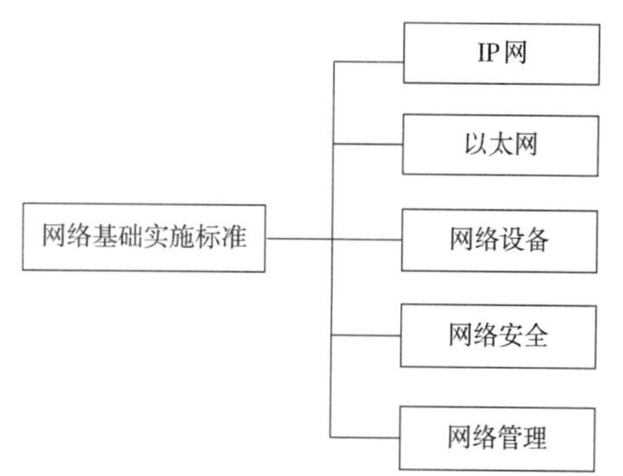

图 4-14 企业网络基础设施标准分体系层次结构图

IP 网标准主要包括企业专用的标准和 IP 网总体要求、IP 传输方式、协议、IP-VTPN 等方面的相关标准。

以太网标准包括 802.3 以太网、相关局域网标准、无线局域网标准和 VLAN 标准。

网络设备标准主要包括路由器、以太网设备、视频会议、网络接入服务器、ADSL 接入和综合布线等方面的相关标准。

网络安全标准主要包括企业网络安全总技术要求、安全协议、电子邮件安全、Web 安全和域名系统安全等方面的相关标准。

网络管理标准主要包括企业网络管理总体要求、网络协议、路由器管理信息管理库、网络服务器管理信息管理库和网络管理接口等方面的相关标准。

(六)信息安全标准

信息安全标准分体系是确保企业信息系统安全运行,确保信息和系统的保密性、完整性和可用性的保障体系,为企业信息化建设提供各种安全保障的技术和管理方面的标准规范。

信息安全标准分体系的层次结构图如图 4-15 所示,包括信息安全总体标准、信息安全技术标准和信息安全管理标准三个二级类目。

信息安全总体标准包括企业标准以及安全体系结构、模型和总技术要求方面的相关标准和规范。

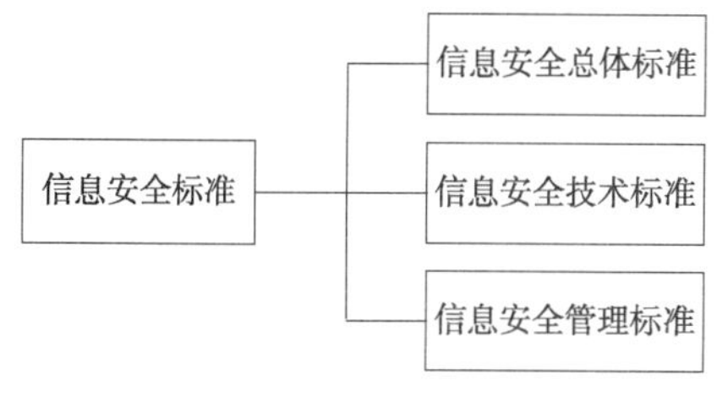

图 4-15 企业信息安全标准分体系层次结构图

信息安全技术标准包括企业标准以及网络安全、系统安全、应用安全、物理安全等方面的相关标准和规范。网络安全标准主要包括与计算机网络系统安全如安全协议、网络访问控制、入侵检测和密钥管理等相关的标准和规范。系统安全标准主要包括与操作系统安全、数据安全、密码技术、电子签名、抗抵赖机制、鉴别机制和信息安全产品相关的标准和规范。应用安全标准主要包括与电子邮件安全、Web 安全和域名系统安全等相关的标准和规范。物理安全标准主要包括与物理设备的安全和设备的运行环境等相关的标准和规范。

信息安全管理标准包括与系统安全管理、测试与评估、等级与风险管理等方面相关的标准、规范和规章制度。

（七）信息化管理标准

信息化管理标准分体系为企业信息化建设提供管理的手段和措施，是实现科学管理、保证信息系统有效运转的重要保障，是确保企业信息化建设正常运行的保障体系。

信息化管理标准分体系层次结构图如图 4-16 所示，包括软件工程标准、项目管理标准、系统运维标准、信息资源评价标准和信息化管理标准五个二级类目。在该分体系中，除参照相应的国际/国家/行业标准外，还包括了企业信息化管理所需要的标准、规范及其相应的管理文件和规章制度等。

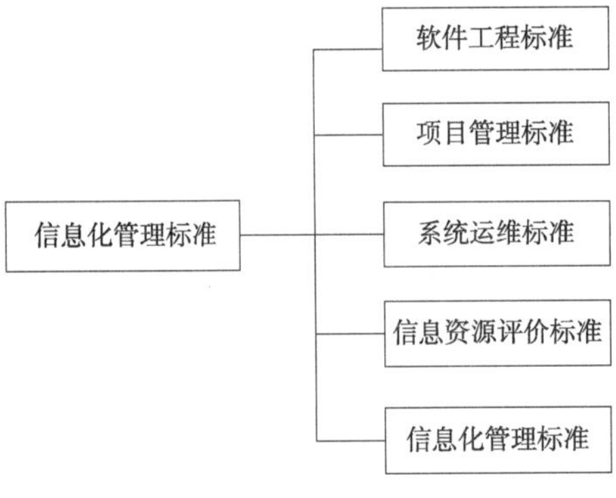

信息化管理标准
软件工程标准
项目管理标准
系统运维标准
信息资源评价标准
信息化管理标准

图 4-16　企业信息化管理标准分体系层次结构图

软件工程标准包括企业软件文档编制、软件生存周期、软件维护及软件评价等方面的相关标准。

项目管理标准包括企业在信息化项目建设与管理过程中所涉及的标准和相关标准。主要指项目的规划、立项、审批、实施、验收、监理、测试、评估以及技术培训等相关的标准规范和规章制度。

系统运维标准包括信息技术服务管理（ITSM）和企业信息化运行维护相关的标准、规范。

信息资源评价标准是指对企业业务应用信息系统中信息资源进行共享程度评价的标准和规范。

信息化管理标准主要包括企业信息化主管部门为企业信息化建设工作制定的标准、规范和管理文件。

五、公交企业信息化标准体系建设案例

常州市公共交通集团公司率先建立了比较完善的企业标准体系，表 4-3 为其“企业信息化标准体系表”。从该表可以看到，其与信息相关的标准主要包括信息技术标准、管理标准和工作标准三大类。

企业信息化标准体系表　　表 4-3

序号	标 准 名 称
	信息技术标准
1	《信息技术　软件工程术语》（GB/T 11457—2006）
2	《信息技术　图片编码方法　第 1 部分：标识》（GB/T 10022.1—1998）

续上表

序号	标 准 名 称
	信息技术标准
3	《信息技术　图片编码方法　第2部分:等级规程》(GB/T 10022.2—1996)
4	《信息技术　数据库语言SQL　第1部分:框架》(GB/T 12991.1—2008)
5	《信息技术　数据管理参考模型》(GB/Z 18219—2008)
6	《信息技术　服务质量:框架》(GB/T 18903—2002)
7	《信息技术　信息技术安全管理指南　第1部分:信息技术安全概念和模型》(GB/T 19715.1—2005)
8	《信息技术　信息技术安全管理指南　第2部分:管理和规划信息技术安全》(GB/T 19715.2—2005)
9	《信息技术　安全技术 信息安全管理体系　要求》(GB/T 22080—2008)
10	《信息技术　安全技术　信息安全事件管理指南》(GB/Z 20985—2007)
11	《信息技术　安全技术　信息安全管理实用规则》(GB/T 22081—2008)
12	《信息技术　安全技术　IT网络安全　第3部分:使用安全网关的网间通信安全保护》(GB/T 25068.3—2010)
13	《信息技术　安全技术　IT网络安全　第4部分:远程接入的安全保护》(GB/T 25068.4—2010)
14	《信息技术　安全技术　IT网络安全　第5部分:使用虚拟专用网的跨网通信安全保护》(GB/T 25068.5—2010)
15	《信息技术服务　运行维护　第1部分:通用要求》(GB/T 28827.1—2012)
16	《信息技术服务　运行维护　第2部分:交付规范》(GB/T 28827.2—2012)
17	《信息技术服务　运行维护　第3部分:应急响应规范》(GB/T 28827.3—2012)
18	《信息技术　服务管理　第1部分:规范》(GB/T 24405.1—2009)
19	《信息技术　服务管理　第2部分:实践规则》(GB/T 24405.2—2010)
20	《信息技术　软件维护》(GB/T 20157—2006)
21	《信息技术　软件生存周期过程》(GB/T 8566—2007)
22	《信息技术　软件生存周期过程　配置管理》(GB/T 20158—2006)
23	《信息技术　软件生存周期过程　风险管理》(GB/T 20918—2007)
24	《信息技术　系统安全工程　能力成熟度模型》(GB/T 20261—2006)
25	《交通统计信息交换格式》(JT/T 486—2002)
26	《交通汉语主题词表编制与引用规则》(JT/T 36—2006)
27	《交通管理信息属性分类与编码城市道路》(GB/T 21379—2008)
28	《交通管理地理信息实体标识编码规则城市道路》(GB/T 21318—2008)
29	《道路交通信息服务　公共汽电车线路信息基础数据元》(GB/T 29110—2012)
30	《道路交通信息采集信息分类与编码》(GB/T 20143—2006)
31	《道路交通信息服务信息采集事件信息集》(GB/T 20144—2006)

续上表

序号	标 准 名 称
	信息技术标准
32	《道路交通信息服务信息分类与编码》(GB/T 21394—2008)
33	《道路运输管理与服务系统数据交换接口》(JT/T 785—2010)
34	《道路运输车辆卫星定位系统终端通信协议及数据格式》(JT/T 808—2011)
35	《道路运输车辆卫星定位系统车载终端技术要求》(JT/T 794—2011)
36	《道路运输车辆卫星定位系统平台技术要求》(JT/T 796—2011)
37	《卫星导航动态交通信息交换格式》(GB/T 27605—2011)
38	《运输指示报文 XML 格式》(GB/T 19947—2005)
39	《运输计划及实施信息报文 XML 格式》(GB/T 19948—2005)
40	《运输信息集控制系统车载导航系统通信信息集要求》(GB/T 23434—2009)
41	《基于 XML 的运输工具驶离通知报文》(GB/T 20535—2006)
42	《基于 XML 的道路客运结算数据交换》(GB/T 20925—2007)
43	《智能运输系统数据字典要求》(GB/T 20606—2006)
44	《智能运输系统数据集模板》(GB/T 28425—2012)
45	《智能运输系统体系结构服务》(GB/T 20607—2006)
46	《智能运输系统中央数据登记簿数据管理机制要求》(GB/T 20611—2006)
47	《智能运输系统数据字典要求》(JT/T 642—2005)
48	《大楼通信综合布线系统》(YD/T926.1—2—1997)
49	《数字化技术标准》(Q/CGJ J5.48—2014)
	管 理 标 准
1	《信息指挥管理标准》(Q/CGJ G4)
2	《科技信息项目管理规定》(Q/CGJ G10.1—2014)
3	《信息系统应用管理规定》(Q/CGJ G10.2—2014)
	工 作 标 准
1	《信息指挥中心主任工作标准》(Q/CGJ Z2.4—2014)
2	《信息指挥指挥中心副主任工作标准》(Q/CGJ Z2.5—2014)
3	《信息指挥中心综合管理科科长工作标准》(Q/CGJ Z2.56—2014)
4	《信息指挥中心综合管理科副科长工作标准》(Q/CGJ Z2.57—2014)
5	《信息数据分析员工作标准》(Q/CGJ Z3.43—2014)

第四节　公交企业信息化管理培训

一、信息化培训的目的和意义

在信息化高度发展的今天,企业信息化对企业成败起着非常关键的作用。要实现企业生产经营战略目标并保持可持续发展,关键在于拥有一支具有良好素养(包括信息技能)的员工队伍。在企业大量使用信息技术提升企业战略规划能力、生产经营能力和创新发展能力的过程中,企业员工作为信息化建设的主体,发挥着重要的作用,因而在信息化建设过程中努力加强企业IT文化建设,不断提升员工的信息化应用技能,对于企业发展显得尤为迫切。因此,全员信息化培训已成为企业信息化建设中一个不可缺少的重要环节,有效及时地开展全员信息化培训是确保企业信息化建设取得成功的基础工作之一。尽快建立完善的企业信息化培训体系,并形成长效培训机制,是提升员工信息化素质和技能,保证信息化顺利推进和成功应用的一项关键措施。

企业信息化培训工作的总体目标是:根据企业信息化发展和企业员工队伍建设的实际需要,不断健全和完善信息化培训体系,实施各种类型、层次的信息化培训,全面提升企业信息化队伍的整体素质和能力。具体包括:全面提升各级领导对企业信息化发展趋势与最佳应用实践的认知和把握水平;全面提升信息化队伍的管理水平和技术能力;全面提升各类信息系统用户的信息化操作能力和应用水平。

二、分析企业信息化现状,明确培训需求

企业信息化现状分析主要是为了明确企业目前的信息化水平以及信息化实施进展状况,从而有针对性地开展信息化培训工作。

(一)企业结构分析及培训需求

对正在或即将进行信息化建设的企业来说,信息技术的进入将引发企业组织结构的变革,另外,企业组织结构不合理亦会影响信息化的开展,所以对企业结构的分析可以为信息化培训提供线索。企业结构分析包括企业各部门之间信息传递是否畅通,各部门职能是否重叠,能否完成业务目标等。结合企业结构分析情况进行信息化培训,可以促进组织结构优化。

(二)业务流程分析及培训需求

了解企业目前的业务状况,分析企业信息化进程,并且用图形的方式画出,然后判断哪些冗余流程可以通过信息化删除,哪些流程可以通过信息化进行改善,哪些信息化新技术新知识需要通过培训来掌握,哪些信息化工作需要员工配合才能完成等,使公司的业务网络更加清晰。结合以上需求进行培训可使信息化培训更具有针对性,并推动企业的业务流程重组进程。

（三）员工信息技能分析及培训需求

由于公交企业员工的文化程度参差不齐，计算机应用知识相对缺乏，了解各类人员信息化操作系统的应用水平，可以判断何种信息化新技术、新方法、新知识是其需要改进或掌握的，可以根据其工作职责和内容的不同，将培训对象分类并进行分析，分别确定培训内容，设计培训课程，编制培训计划。

公交企业信息化对员工的素质提出了新要求，从公交企业需求来看，应着力培育三支企业信息化队伍：一是信息化管理队伍信息化素质提高，包括各级管理人员，通过强化信息化管理理念，全面提高企业信息化的规划、建设、实施和运营的针对性、可靠性和有效性。二是信息化应用队伍，主要是抓一线驾驶人员、调度人员的信息化素质提高，确保全面有效地实现公交企业经营战略的终端实施。三是信息化系统维护队伍素质提高，主要是建立专业维护队伍，强化其技术维护水平，保障信息化设备运行。

三、制订企业信息化全员培训规划

（一）培训工作流程

1. 开展需求调研

为保证信息化培训效果，培训工作必须紧紧围绕岗位工作内容进行设计。首先需要针对拟培训岗位的信息化知识、技能需求及现状进行调研。具体从两个方面入手：

（1）落实岗位有关信息化作业的工作流程、岗位职责、操作规程、作业标准和岗位考核目标。

（2）征集该岗工作人员对培训的需求及其有关工作经验。

以上内容可以采取现场调研、召开座谈会或收集相关工作人员的工作总结等方式进行。

2. 确定培训形式

公交企业信息化的教育和培训应根据岗位职责和实际需求采取基层实习、进修学习、脱产培训、企业内部培训和“请进来，走出去”等多种形式。

3. 确定培训内容

根据岗位任职要求，明确各种岗位所需要的与信息化相对应的能力程度，确定各种岗位的信息化培训内容。明确培训的时间、地点、人员、师资、条件（经费、教具和设备）和实际内容。结合培训形式，编写培训内容，确定培训大纲、培训课时和授课人员。

4. 做好培训准备工作

根据授课内容准备授课环境，搭建信息化培训系统。准备授课讲义、授课软件和操作设备，并对培训系统进行调试。

5. 组织实施与考核

（1）按培训计划组织安排学员上课。

（2）组织阶段性测验和结业考试。

（3）调研培训效果，并写出调查报告。

(二)信息化培训规划的层次

依据公交企业信息化建设和应用对各类人员的不同要求,可按照决策层、管理层、技术保障层和用户层四层分别制订相应的信息化培训计划。

1. 决策层信息化培训

决策层不会也不应该做具体的技术开发和数据处理操作等工作,对他们的培训应放在国家信息化战略与政策,信息化发展及其趋势,信息化在本行业、本企业的应用价值,国内外同行业企业信息化实践的成功经验上,重点放在对企业信息化建设的认识和观念的转变上,形成共识,更加充分地发挥各级领导对信息化建设的决策和推动作用。

(1)培训目的。

更新观念,提高认识,全面理解企业信息化的目的、意义以及企业信息系统各模块的管理理念,能够找到其所需要的决策数据,增强对信息化建设的全面掌控能力。

(2)培训方式。

主要采取“请进来,走出去”的培训形式,如专题讲座、出国或国内考察等。对具有发展潜力的人员,可采取系统学习进修的方式。

(3)培训内容。

在制定有关决策层的信息化培训内容时,应注意结合企业信息化现状以及其他先进企业的信息化成果,使决策层意识到信息化对企业的重要性。具体内容包括企业信息化战略和需求、信息化战略管理与规划、企业信息化建设趋势和最佳实践、企业信息化对企业管理的挑战、决策支持系统的理论和应用、信息时代的领导艺术、业务流程再造等。如:某公交企业每年都组织企业中高层管理人员进行信息化专题培训。每年两期,每期两天。培训内容一般结合当年的发展目标和业务重点等进行精心安排。授课老师为高校教师、IT行业专家及培训机构的专业人士。对具有发展潜力的人员,送其参加MBA研修班等进行系统学习。

2. 管理层信息化培训

企业管理层是信息化建设的中坚力量,其对信息化的认识程度直接影响着企业信息化建设的进程。

(1)培训目的。

使其充分认识到企业信息化对企业经营管理的作用和意义,充分理解企业信息化对各项业务管理的规范化、标准化及业务处理流程优化的要求,全面提升管理层的业务技能和管理水平,更好地发挥管理职责,提高推进信息化建设工作的能力等。使之能够熟悉企业信息化环境,提出对计算机及信息网络的应用需求。

(2)培训方式。

由企业信息管理部门统一组织实施,参加国家相关执业资格认证培训,还可根据需要安排外出考察。

(3)培训内容。

除信息化理念、信息化战略与政策外,还应涉及前沿信息技术和知识、信息化最新动态及应用实践、信息化战略管理与规划等内容,并结合企业管理层的业务范围和各级管理者的实际工作,针对系统的实际应用进行培训。培训内容应根据培训对象的不同进行适当增减和调整。某公交企业针对管理层的培训有如下几种:

①短期脱产培训:根据企业信息化发展要求,对管理人员分岗位分批次进行短期脱产培训。如调度技能短期培训班、车队长培训班等。

②"校企联合办学 ":为提高管理人员的综合能力,企业同本地大学以"校企联合办学"的方式进行合作,提升管理人员的素质和能力。

③定期举办经验交流和研讨会:结合企业生产实际和需求,对管理人员进行培训。

3. 技术保障层信息化培训

企业技术保障层是指企业的信息化专业技术人员,是信息化建设的骨干力量,是信息化建设成功的保证,其主要负责企业的信息化建设工作,与业务部门共同组织、协调企业应用系统建设项目的推广实施、培训和运行维护。

(1)培训目的。

提升信息化技术人员的业务技能与专业技术水平,使其全面了解信息化基本理论和信息化基础知识,了解掌握信息技术最新动态,熟练运用信息技术相关专业知识,了解项目最佳实践的基本做法,提高信息系统规划、设计和分析能力,推进信息化的建设,保障信息化应用。

(2)培训方式。

可以邀请外部专家举办讲座或者研讨会进行专业技术培训,也可以通过企业组织的信息化培训或经验交流会来提高专业技能。另外,还可以通过外出考察、学习深造、承担课题等,提升专业技术水平。

(3)培训内容。

培训内容包括前沿信息技术和知识、信息系统的各项功能和具体操作、信息系统开发与运维管理、信息网络建设与管理以及信息安全管理与策略等。

案例

某公交企业信息设备管理员培训大纲

设备管理员培训主要围绕岗位工作和岗位职责内容组织。本年度培训目标重点在于提高设备管理员的操作技术水平和技术管理工作水平,通过培训,使公司信息化管理和应用上一个新的台阶。

主要内容包括信息相关的工作内容、规章制度、基础操作以及运营软件的应用与维护等。同时为保证智能调度生产系统的维护需要,要求设备管理员全程参加调度员岗位的培训。

培训课时:设备部分 6 个课时

调度软件部分 10 个课时

考试时间 2 个小时

一、岗位描述

1. 岗位概述

2. 岗位职责

3. 岗位工作内容

二、规章制度

培训目标:熟知公司信息化的各项规章制度,培训结束后,日常的信息化工作按照本次培训的流程来操作

培训课时:2 个课时

培训模式:利用 PPT 进行讲解

培训内容:公司信息化设备管理规定、公司车载信息化设备管理规定、公司弱电网络工程建设管理规定

三、基础培训

培训目标:熟知计算机、网络使用的基本原理、技巧以及处理在使用过程中遇到的故障

培训课时:2 个课时

培训环境:利用 PPT 和上机实际操作相结合进行讲解

培训内容:计算机故障处理(搭建环境进行现场演示)、网络故障处理(搭建环境进行现场演示)

四、生产运营子系统培训

培训目标:熟知报站器、收费机的基本操作技巧以及解决在使用过程中遇到的问题

培训课时:2 个课时

培训环境:利用 PPT 和上机实际操作相结合进行讲解

培训内容:车载终端使用培训(搭建环境进行现场演示)、消费终端使用培训(搭建环境进行现场演示)、视频监控平台培训

4. 用户层信息化培训

信息化用户人员主要负责系统日常运行中的经常性工作,包括数据的录入、日常业务的处理及数据的打印输出等,其工作质量的高低直接关系着信息系统的使用效果。

(1)培训目的。

提升用户人员的信息化操作能力和系统应用水平,使之能够正确完成计算机和网络应用软件的各项功能操作,提高信息系统应用效果,促进业务发展。

(2)培训方式。

一般采取岗前培训和在岗培训等形式。

(3)培训内容。

熟知本岗位的业务,各信息系统的功能、使用操作及常见问题解决办法;了解掌握信息技术的最新动态、计算机应用基础知识、办公自动化系统的基本操作、应用软硬件的基本情况以及具体的操作知识。如某公交企业对操作人员开展了如下培训。

①系统化操作脱产培训:按照培养系统化操作员的要求,在企业内部开展轮岗培训工作。系统化操作培训以掌握岗位规范操作为重点。

②职工技能竞赛培训:针对一些特殊岗位和技术工种开展各种形式的技术比武竞赛,做到赛训有机结合,学用相互促进。

③在岗定向培训:根据企业信息化发展需要或者部分岗位需求,对部分操作人员进行定向培训。

四、信息化培训应注意的问题

（一）针对性

根据企业信息化建设战略规划、项目实施和应用操作的不同需要，结合企业目前亟待解决的问题，在培训中对企业不同层面的人员在培训内容和形式上要具有针对性。

（二）实用性

以企业信息化建设的需要为中心，坚持讲求实效，学以致用，注重教育培训的实用性，坚持理论学习与案例分析相结合，补充知识与提高能力相结合。培训班的课程体系均按照信息化建设全过程来设计，关注每一个关键环节，关注解决实际问题。

（三）前瞻性

企业信息化培训需要树立超前意识，要有预见性。要着眼于企业信息化长远发展，着眼于信息化建设人才的接替与储备，超前规划，提前运作，为企业信息化可持续发展培养和储备信息化人才。

（四）严谨性

加强对培训需求的调研，制定切实可行的培训计划和培训大纲，精心选编教材和挑选师资，积极改进培训方法，建立完善的员工信息化培训体系，建立健全培训质量评估考核制度。

第五节　信息系统的日常管理与维护

城市公交企业的信息系统正式投入使用，就开始进入了运行维护管理（简称运维管理）阶段，“三分建设、七分运维”，这足以说明信息系统运维管理的重要性。在这个阶段，主要是对城市公交企业的信息化需要维护的内容进行归类，对维护方法进行汇总，并确定信息化维护工作的模式，从服务并支撑业务运营发展的角度出发，树立新的运维管理理念，建立包括组织、制度、流程、技术支撑、绩效考核的城市公交信息系统运维管理体系，全面提高运维管理的质量和水平，保障系统高效、稳定、安全的运行，为用户提供良好、优质的服务。

一、维护内容

（一）日常管理维护目标

信息系统正式投入使用之后，就需要对其进行管理和维护，系统的日常管理和维护是信息系统管理的核心和重点，其目标是：

（1）使信息系统的各个要素适应环境和其他因素的各种变化，保证系统正常、可靠、安全的运行，始终处于最佳的工作状态。

（2）使信息系统不断得到改善和提高，增强系统的生命力，延长系统生命周期，使其按照目标要求，在企业管理中充分发挥应有的作用。

(3)树立“面向业务服务”和“变事后处理为主动预防”的维护管理理念，有效整合企业各类信息技术和服务资源，建立并完善持续、高效的服务体系和机制，大力推进“服务集中化，管理流程化，队伍专业化”，确保系统实时、稳定、高效、安全的运行，提高系统的管理水平和经济效益。

(二)日常管理维护内容

系统维护面向信息系统中的各种构成因素，按照维护对象的不同，信息系统维护的内容可分为5类：基础设施的维护、系统软件的维护、数据的维护、代码的维护、系统安全的维护。

1. 基础设施的维护

基础设施包括通信线路、交换机、路由器等网络设备，服务器、存储、磁盘、办公电脑、打印机等计算机硬件设备，以及机房及其场地环境等。基础设施是保障信息系统运行的基础，需要保持不间断的良好运行状态。因此，必须注意对基础设施的维护。

对于城市公交企业而言，基础设施还应该包括公交车载设备(刷卡机、报站器、行车记录仪、伺服器等)，站台设备(电子站牌、BRT闸机、收费机、监控终端等)，IC卡发售设备(读卡器、查询机、票据打印机、管理PC、UPS等)，监控设备(监视器、管理器、播放器等)，场站设备，巡更设备等。

企业在配置基础设施时，要选购高质量的硬件设备，配备过硬的维护人员，同时还要建立完善的管理制度。操作人员要严格遵守操作规范，维护人员要认真做好基础设施的日常维护与管理，时刻监视系统硬件的工作情况，及时发现系统不正常运行的现象或苗头，及时进行易损件的更换及故障的处理，及时采取预防措施。

基础设施的维护要注意以下几项。

(1)增强运维人员的主动预防、主动服务意识，在充分考虑安全、环保以及节能等因素的前提下，确保信息系统基础设施的正常运行。

(2)实施对系统基础设施的日常检查和维护，做好检查记录，保证系统的正常运行。

(3)在系统发生故障时，及时进行故障分析，排除故障，恢复系统运行。在维护过程中，小故障一般由企业的维护人员负责，较大的故障应及时与供应商联系解决。对发生的故障、造成的损失、引起的原因及解决的办法等，要做详细的记录。

(4)在设备更新、扩充或修复后，由系统管理员与维护人员共同决定并由系统维护人员负责安装和调试，直至系统运行正常。

(5)在系统环境发生变化时，随时做好适应性的维护工作。

(6)有关备品配件的准备，及时补充基础设施的日常消耗品。

2. 系统软件的维护

系统软件的维护主要是指随着用户需求变化或硬件环境的变化对应用系统和程序进行部分或者全部的维护。由于系统的各种业务流程是先于应用程序发生的，因此当业务流程出现问题或有某些变化时，就必然要修改应用程序，以适应新的变化，所以，系统软件的维护是系统维护中最主要的内容。系统软件的管理和维护包括操作系统、应用软件、数据库和备份的维护。

(1)操作系统的维护。

操作系统的维护内容主要包括操作系统补丁管理,操作系统的日常文件系统、日志、网络接口、磁盘等监控管理,操作系统优化和系统故障排查等。维护人员需要填写操作系统检查记录表和配置变更表等维护记录并存档。

(2)应用软件的维护。

应用软件的管理和维护主要是针对办公管理系统和业务应用系统,包含对企业自身核心业务系统运行情况的监控与管理,要求维护人员除了具备必要的信息系统相关技术能力外,还需要具备相关的业务知识。应用软件的维护要加强主动预防性检修维护,增强维护人员的主动服务意识,增加对系统的定期巡检和用户回访,确保这些应用软件成为企业及员工安全、高效的日常工作平台。

(3)数据库的维护。

系统的正常运行有赖于状态良好的数据库提供存取信息的支持。为了防止特殊情况下(如断电、严重的误操作等)对数据库的损害,同时为了适应业务变化引起的对数据库的某些更改要求,必须加强对数据库的维护。一方面,为防止数据库的丢失、损坏,应定时进行数据库备份,保证原数据库系统发生问题时,备份数据库能保障信息系统的正常运行。另一方面,在系统运行中,由于对数据库不断进行增、删、改的操作,可能引起数据库物理结构的破坏,影响对数据库存储空间的利用和降低数据的存取效率。为此,需要进行数据库的重组织操作,按原设计要求重新安排数据记录的存储位置。

(4)系统备份的管理。

备份管理是容灾的基础,用于后备支援,替补使用,是系统维护不可缺少的重要工具。备份管理主要体现为系统备份和数据备份。

系统备份指的是用户操作系统因磁盘损伤或损坏,计算机病毒或人为误删除等原因造成的系统文件丢失,从而造成计算机操作系统不能正常引导。使用系统备份,可将操作系统事先储存起来,用于故障后的后备支援。

系统备份包括操作系统备份、重要系统文件备份、数据库系统备份等。系统备份管理包括对备份作业进行监控和检查,对产生的故障进行排查,并定期针对已进行的备份进行恢复测试。维护人员要填写备份记录表和备份恢复测试记录表等维护检查记录并存档。

3. 数据的维护

在系统运行过程中,随着业务流程的变化,对数据的需求是不断发生变化的,除了系统中主体业务数据的定期正常更新外,还有许多数据需要进行不定期的更新。数据维护人员主要负责数据的安全性、完整性以及进程并发性的控制,包括删除过时数据,增加新的数据,调整数据结构,备份和恢复数据等,还要负责定期出版数据字典文件及一些其他的数据管理文件,以保留系统运行和修改的痕迹,当系统出现硬件故障并得到排除后负责数据的恢复工作。为防止系统中数据资料的丢失、损坏,防止他人篡改、滥用系统内的数据信息,应利用加密技术设定进入系统的权限,来保证系统中数据的安全。

数据备份是数据维护中的一项重要工作,是指为防止系统出现操作失误或系统故障导致数据丢失,而将全部或部分数据集合从应用主机的硬盘或阵列复制到其他存储介质的过程,用于数据恢复时使用。

数据备份的方式主要有以下几种。

(1)定期磁带备份数据。

①远程磁带库、光盘库备份:即将数据传送到远程备份中心制作完整的备份磁带或光盘。

②远程关键数据+磁带备份:采用磁带备份数据,生产机实时向备份机发送关键数据。

(2)远程数据库备份。就是在与主数据库所在生产机相分离的备份机上建立主数据库的一个拷贝。

(3)网络数据镜像。这种方式是对生产系统的数据库数据和所需跟踪的重要目标文件的更新进行监控与跟踪,并将更新日志实时通过网络传送到备份系统,备份系统则根据日志对磁盘进行更新。

(4)远程镜像磁盘。通过高速光纤通道线路和磁盘控制技术将镜像磁盘延伸到远离生产机的地方,镜像磁盘数据与主磁盘数据完全一致,更新方式为同步或异步。

(5)云备份。通过集群应用、网格技术或分布式文件系统等功能,将网络中大量不同类型的存储设备通过应用软件集合起来协同工作,共同对外提供数据存储备份和业务访问的功能服务。

数据备份必须要考虑到数据恢复的问题,包括采用双机热备、磁盘镜像或容错、备份磁带异地存放、关键部件冗余等多种灾难预防措施,这些措施能够在系统发生故障后进行系统恢复。

4. 代码的维护

由于信息系统应用范围和应用环境的变化,系统中的各种代码需要进行一定程度的增加、删除、修改的操作。变更代码应经过详细讨论,确定之后要用书面形式写清并贯彻,代码维护的困难往往不在于代码本身的变更,而在于新代码的贯彻。因此,除了专门的代码维护人员外,各业务部门要指定专人进行代码管理,通过他们贯彻使用新代码,这样既可以明确管理职责,又有助于防止和订正错误。

5. 系统安全的维护

信息系统的安全维护是指为防范意外或人为破坏信息系统的运行、非法使用信息资源,采用技术和非技术的各种手段对信息系统采取的安全保护。信息系统的安全性体现在可用性、完整性、保密性、可控制性、可靠性五个方面。信息系统安全的内容包括系统安全和信息安全两个部分,系统安全主要指各种物理设备、网络设备、操作系统和应用系统的安全,信息安全主要指信息在存储传输和使用过程中的安全。

(1)物理安全。

物理安全是保护计算机网络设备、设施以及其他载体,免遭环境事故以及人为操作失误或错误,及各种计算机犯罪行为导致的破坏过程。保证信息化系统各种设备的物理安全是整个信息系统安全的前提。基本环境安全方面,要建立严格的机房管理制度,采用比较先进的门禁系统,确保非授权人员无法从物理空间上进入和接触机房、机柜、主机或主要的网络设备等。信息化设备安全方面,要包括智能车载终端、客流量统计仪、服务评价器、计算机等硬件设备的防毁、防盗、防电磁信息辐射泄漏、抗电磁干扰、防止线路截获及电源保护等。此外,各种重要的服务器、网络设备以及信息设备都应该设置严格的物理访问口令。传输介质安全方面,要包含有介质数据的安全以及介质本身的安全,要采取相关措施将存放于系统相关数据的介质妥善保管,重要的设备应该考虑使用双机热备份操作。

(2)网络安全。

确保网络的安全,其主要任务是保障各种网络资源运行的稳定性和可靠性,同时要确保这些资源受控且合法地使用。具体的安全策略可详见第三章第二节网络建设策略。

(3)操作系统和应用系统的安全。

所有的应用系统均运行在特定的操作系统上,如果失去了操作系统的安全,那么应用系统就失去了安全基础。一方面,操作系统在不同程度上都存在着一些安全漏洞。如系统管理员或用户对比较复杂的操作系统和其自身的安全机制了解不够清楚,或者配置不当会形成一定的安全隐患。另一方面,针对应用系统的攻击,防火墙等设备往往是无法控制的。因此,所有的应用系统和用户终端必须采用身份认证、访问控制和安全审计与跟踪等措施,以确保系统的安全。

(4)信息安全。

信息安全是信息系统安全维护的核心,信息安全的保障措施主要有:

①数据存取的控制。主要采用识别与验证访问系统的用户和决定用户访问权限两种措施。

②数据加密。包括加密存储和加密传输,采用安全传输层协议和安全超文本传输协议,保障数据和信息传递的安全。

二、常用维护形式和模式

(一)主要维护形式

1.从维护的性质上分类

(1)更正性维护。

由于系统测试不可能发现系统中的所有错误,还有许多潜在的错误,只有在系统运行过程中具备一定的激发条件才可能出现,诊断和修正信息系统中的错误,就是更正性维护。

出现这些错误的原因通常是由于遇到了调试阶段从未使用过的输入数据的某种逻辑组合或判断条件的某种组合,即没有测试到这些情况。在系统运行期遇到的错误,有些可能不太重要或者很容易处理或回避,有的可能相当严重,甚至会使系统无法正常工作。但无论错误的严重程度如何,都要设法去改正。修改工作需要制订修改计划,提出修改要求,经审查批准后,在严格的管理和控制下进行系统的更正性维护。

(2)适应性维护。

适应性维护是指信息系统的外部环境发生变化时需要进行的系统维护。计算机技术的发展速度非常快,而一般的系统使用寿命都超过最初开发这个系统时的系统环境的寿命。计算机硬件系统的不断更新,新的操作系统或操作系统新版本的出现,都要求对系统作出相应的改动。此外,数据环境的变化也要求系统进行适应性维护。适应性维护必须制订维护计划,有步骤、分阶段地组织实施。

(3)完善性维护。

当信息系统投入使用并成功运行以后，由于企业业务需求变化和扩展，用户可能会提出修改某些功能、增加新的功能等要求，这种系统维护被称为完善性维护。其目的是为了改善和加强信息系统的功能，满足用户对系统日益增长的需求。此外，还有一些其他的完善性维护工作，例如，系统经过一段时间的运行，发现某些地方运行效率太低而需要提高，或者某些功能界面的可操作性有待提高，或者需要增加一些新的安全措施等，这类维护也属于完善性维护。

(4)预防性维护。

预防性维护是一种主动性的预防措施，对一些使用时间较长，目前尚能正常运行，但可能要发生变化的部分模块进行维护，目的是通过预防性维护为未来的修改与调整奠定更好的基础。与前三种维护类型相比，预防性维护工作相对较少，具体见表4-4。

信息系统的维护中四种维护类型出现的比例 表4-4

维护类型	描　述	在维护中占的比例(%)
更正性维护	修复系统设计和规划错误	70
适应性维护	因环境改变而修改系统	10
完善性维护	维护系统解决新的问题或者为新问题解决提供有利条件	15
预防性维护	维护系统将来的问题	5

2. 从维护的手段上分类

(1)远程维护。

远程维护是指信息系统的服务工程师或运维人员通过局域网络、拨号网络或双方都接入Internet等手段连接目标维护计算机或所需维护管理的网络系统，通过本地对远程系统进行配置、安装、维护、监控与管理，解决以往运维服务人员必须亲临现场才能解决的问题。远程维护大大降低了信息系统的维护成本，最大限度减少用户损失，是实现高效率、低成本的服务方式。远程维护的实现部分依赖于远程桌面技术，它是由TELNET协议发展而来的，专业的远程维护除了远程桌面功能外，还需要具有满足工程师服务请求自动分配、座席间协同、脚本下发、重启并重连、系统信息读取、客户身份识别、客户隐私保护等特性。

(2)现场维护。

现场维护是指信息系统的服务工程师或运维人员亲临现场解决用户反馈问题，现场分析问题原因并进行处理，现场进行系统的配置、安装、维护、监控与管理等工作。

(二)常见维护模式

1. 外包维护模式

信息系统的外包服务模式是指企业根据市场和自身资源的评估，为了更好地合理利用企业的内外资源、控制成本、转移风险，而将运营工作中的某一项或是所有项外包出去，由专业的组织或机构进行运作，以减少人力投入、企业投资，降低成本，实现效率最大化。

信息系统的维护外包服务方式有整体式外包和合作式外包两种。

(1)维护的整体式外包。

维护的整体式外包是指由企业给出明确的需求，承包商凭借自身的力量按企业需求完成所承包任务的一种方式。这种外包方式中企业只需要提供所需要的资金,承包商就可为企业提供全套的信息系统管理和维护以及技术支撑等整体服务。企业只需检验承包商是否按时、保质完成承包任务。

整体式外包适用于现有自身运维力量比较薄弱,又要实现规范化管理,使信息系统发挥更大价值,并迫切希望降低运营成本的企业,外包内容必须是能独立划分出来,且不需要企业帮助的任务,最好不要涉及企业的核心竞争力。

(2)维护的合作式外包。

维护的合作式外包是指企业和网络运营商、系统集成商、软件开发商等多方承包商集合力量来完成信息系统管理和维护任务的一种方式。双方合作包括人员的合作、设备的共用,甚至是承包商为企业预先垫付资金等几个方面,外包协议中要详细规定外包内容、服务项目、信息安全、评价考核等,以免影响服务质量和信息安全。

合作式外包适用于有一定信息系统开发与应用能力的大型企业,外包内容不能独立划分出来,需要企业和承包商共同协作才能更好完成的任务。

2. 以企业为主导的维护模式

以企业为主导的维护模式主要适用于有一定的资金、维护人员、技术能力保证的城市公交企业。企业要统筹考虑、有效整合各类公交信息服务资源,综合考虑组织、人员、制度、流程、技术和考核等多方面的因素,整合培养企业专业化维护队伍,建立并完善分工明确、协同高效的信息系统维护综合服务体系。

信息系统是技术与管理结合的人机系统,其维护体系主要采用三级架构,包括组织体系、制度体系、流程体系、技术支撑体系和绩效考核体系 5 个部分,环环相扣,共成一体。城市公交企业信息系统维护的基本架构如图 4-17 所示。

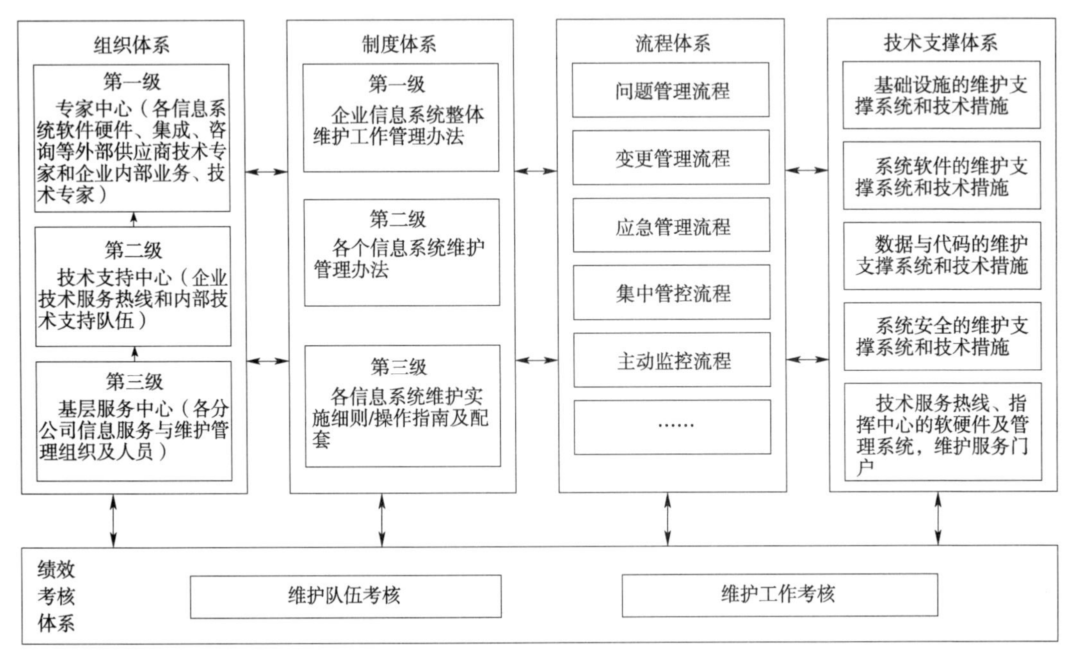

图 4-17 城市公交企业信息系统维护的基本架构

(1)组织体系。

主要形成专家中心、技术支持中心、基层服务中心三级人员管理体系，遵循自下而上的管理流程。

①专家中心由信息系统的软硬件、集成、咨询等外部供应商的技术专家和企业内部业务、技术专家组成。主要负责为企业提供维护服务工作整体方案的策划、技术规范的审核、系统升级改造和最高层次的专业技术支持和服务，帮助企业内部的技术支持中心解决无法处理的系统突发事件和重大技术难题。

②技术支持中心包括企业技术服务热线和内部技术支持队伍(信息中心)。主要负责开展企业信息系统的整体技术支持和维护工作，同时为基层单位提供所需服务支持，保证系统安全平稳运行，推动系统应用，发挥系统价值。信息中心在工作过程中接受技术服务热线分派的工作任务，及时解决用户提出的问题，如果不能解决则及时提交并配合专家中心解决问题。

③基层服务中心是指各分公司、基层单位信息服务与维护管理组织及人员，主要负责信息系统在所属单位应用的技术支持和维护服务工作，第一时间电话或现场处理、解决系统故障或使用者遇到的问题，如果不能解决则及时上报总公司技术服务热线。

(2)制度体系。

制度体系由“企业信息化维护管理办法”“各信息系统维护管理办法”“各信息系统维护实施细则或操作指南及其配套表单”三个层次组成。

(3)流程体系

运维流程覆盖维护工作的全过程和各方面，流程的建立和不断完善是运维工作的重要内容和保障，主要包括问题管理、变更管理、应急管理、集中管控、主动监控等诸多流程，体现在服务管理、服务支持、服务交付等方面。

①问题管理流程。

问题管理流程旨在解决信息系统运行过程中用户提出或系统发生的问题，尽快恢复中断或受到影响的信息系统，如图4-18所示。

问题管理流程的步骤是：

a.基层服务中心受理用户提交的问题，进行问题的分类和判断，如果问题能解决，则直接将解决方案反馈给用户；否则将问题上传，向技术支持中心寻求帮助。

b.技术支持中心接到技术服务热线转来的请求后，判断问题是否能解决，如果能解决，则将解决方案通过技术服务热线反馈给用户；否则将问题传递到专家中心。

c.专家中心评估技术支持中心提报的问题，判断问题是否为重大问题。如果不属于重大问题，指导技术支持中心制订解决方案；如果需要也可以协调外部厂商提供解决方案，最终提供给用户。如果属于重大问题，则需要向信息主管部门汇报，并根据信息主管部门的指导意见，组织协调各方力量和资源，制订解决方案。

②变更管理流程。

变更管理流程就是对变更的申请、审批、实施的管理流程，采用标准的方法和步骤，管理和控制所有对信息系统有影响的变更，减少或消除由于变更不当或实施准备不充分等原因对信息系统产生的影响，维护系统的完整性。

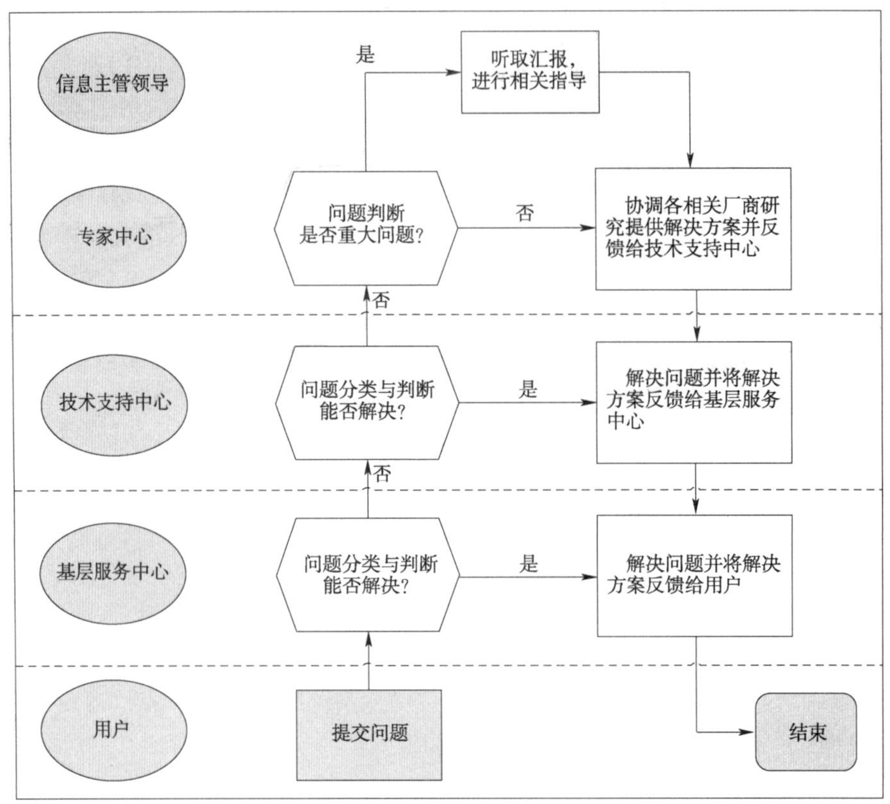

图 4-18　问题管理流程

变更管理流程的步骤是:

a. 变更申请的提出。

b. 变更申请的分类、评估和审批。

c. 变更的实施。

d. 变更后评估。

③应急管理流程。

应急管理流程主要是指信息系统突发故障应急预案和事件处理制度与流程,企业只有建立完善的应急管理流程,才能保证对突发故障进行及时有效的控制和处理。

在信息系统事件的处理中,一个组织良好、职责明确、科学管理的应急队伍是成功的关键。城市公交企业信息系统应急管理工作可由技术支持中心来承担,也可专门成立应急管理小组,专门负责快速响应信息系统发现的故障事件;业务部门对信息系统故障的申告;执行信息系统故障的诊断、排查和恢复操作;定期通过设备监控软件、系统运行报告等工具对信息系统的使用情况进行分析,尽早发现信息系统的异常状况,排除信息系统的隐患等。

信息系统的用户遇到突发故障后,应立即通知基层服务中心,其服务人员应立即对突发情况的故障类型进行初步判断和处理。如果是基层服务人员无法解决的系统及设备等故障,应立即通知技术支持中心/应急管理小组,相关技术人员接到通知后,应立即前往故障现场,提取故障记录及与之相关的提示信息,了解故障原因,进行故障解决和系统恢复;如果是外界不可抗拒的事件,在特定时间内无法恢复信息系统,则应立即上报专家中心和上级领导,启动应急预案,联系相关外部供应商立即到故障现场解决问题。

城市公交企业应因地制宜,针对不同的信息系统建立各自的应急处理预案,同时建立和完善信息监测、消息传递和指挥决策支持系统,保证应急处理过程中的资源共享、运转正常、指挥有力。

④集中管控流程。

负责信息基础设施和应用系统集中监控的监控平台及信息系统的管理平台,实现对各系统管理子系统,包括主机、数据库、中间件、存储备份、网络、安全、机房、业务应用和客户端等的实时监控,并通过集中管控平台对各系统管理子系统进行综合处理和集中管理。

⑤主动监控流程。

主动监控流程是指支持人员对系统运行情况进行定期的监控,以便及时发现问题,减少突发事件发生,有效降低系统风险。

主动监控流程主要包括:

a. 基层服务中心的支持人员定期监控系统的运行情况,并向技术支持中心报送主动监控报告。

b. 技术支持中心审阅主动监控报告后,与基层服务中心就报告反映的问题进行沟通,督促该单位尽快解决问题。

c. 各级运维团队要针对主动监控所提出的问题及时作出反应,加以改进,并形成从发现问题到完成改进的闭环管理。

(4)技术支撑体系。

技术支撑体系是信息系统维护管理的重要实现手段,是具体落实制度体系和流程体系的技术支撑平台。主要包括:基础设施的维护支撑系统和技术措施、系统软件的维护支撑系统和技术措施、数据与代码的维护支撑系统和技术措施、系统安全的维护支撑系统和技术措施、技术服务热线、指挥中心的软硬件及管理系统和维护服务门户。这些子系统及其整合集成,构成企业统一完整的系统技术维护体系,支撑维护工作的专业化、流程化和自动化。

(5)绩效考核体系。

绩效考核体系包括维护队伍绩效考核和维护工作绩效考核两个方面,并构成企业整体信息化工作考核体系的重要组成部分。

①维护队伍绩效考核。

维护队伍绩效考核的主要内容包括:人员配备到岗率、胜任度、重视度、知识转移、服务完成率、工作质量、满意度等。

维护队伍绩效考核应每年至少进行一次,考核结果作为维护队伍工作检查、评优表彰、优化提升队伍能力和水平的重要依据。

②维护工作绩效考核。

维护工作绩效考核的主要内容包括:服务级别协议情况、服务级别承诺的兑现情况、系统平均无故障情况、重大事件处理效果、用户满意度等。

定期对各个信息系统维护工作进行绩效考核,考核结果作为信息系统维护工作检查、评优表彰、优化提升服务能力和水平的重要依据。

第五章　公交企业信息化水平评价体系

公交企业信息化水平直接关系到企业未来的发展，因此对公交企业信息化水平的评价日益引起公交企业的高度重视。建立系统的、科学的、合理的指标评价体系有利于对公交企业的信息化进行客观的评价。

第一节　建立评价体系的目的和意义

一、评价指标体系的概念

企业信息化水平的评价体系主要是指由评价指标体系制订的原则、评价指标体系、评价内容、评价原则和评价组织等所组成的整体。评价指标体系是指由表征评价对象各方面特性及其相互联系的多个指标所构成的，具有内在结构的有机整体。评价指标体系的科学性、实用性和可操作性是实现对企业信息化客观、公正评价的前提。评价指标体系的设计要遵循“指标全面、标准客观、方法科学、制度规范、促进发展”的基本原则，将影响企业信息化的各种因素都纳入评价范围。评价指标是对企业信息化状况的客观描述，是评价体系中最重要的组成部分，是评价工作的基本要素。为了使评价指标体系科学化、规范化，在构建评价指标体系时，应遵循科学性、独立性、全面性、简明性和实用性等原则。

二、建立评价体系的目的

近几年，我国一些城市的公交企业，为了改善服务质量，提高工作效率，不断加大企业信息化建设的力度，企业信息化水平迅速提高。为了适应公交信息化建设和应用管理的需要，有必要建立一套公交企业信息化水平的评价体系。进行公交企业信息化评价是为了全面了解和掌握信息化建设水平，有效控制信息化的进程，促进信息化和企业业务的融合。信息化评价不仅是对信息化过程和结果的总结展示，更是对信息化建设、应用、管理和服务进行导向及促进和改善的重要手段。

（一）引导和促进信息化融入企业决策和主营任务

随着信息系统向支撑企业战略目标转移，信息化建设与投资回报成为企业最为关注的话题。从战略层面看，企业迫切需要建立一套信息化评价体系，帮助企业发现和证明信息系统的价值所在，把握信息化支撑企业发展的总体情况和问题，明确企业信息化当前所处的发展阶段和目标任务，找准信息化与业务融合的大方向、关键点和切入点，促使企业领导层和业务部门理解、支持和推动信息化，保证信息技术总体规划和企业战略的融合，提高信息技术总体规划实施的成效。

（二）引导和提高信息化管理的科学性和执行力

从管理与控制层面看，企业迫切需要通过建立信息化评价体系，增强企业信息化管控能力，最大限度地提高信息化组织管理的科学性和执行力。

（1）有了科学的信息化评价，就可以规范信息化组织的定位和职责，提升信息化工作的地位，进一步落实信息化主管领导的职责权限。

（2）有了科学的信息化评价，可以促进信息化专职管理部门的设立，并做到机构、职能、人员和责任的落实。

（3）有了科学的信息化评价，可以促进信息化工作管理职能的不断强化和优化，确保信息化主管部门的知情权、参与权和管理权。

（4）有了科学的信息化评价，除了可以引导规范信息化管理流程的有效运作，督导企业信息化管理制度和技术标准的建立、健全和有效实施，还可以促进信息化建设与业务需求的深入融合。

（三）引导和强化落实信息化建设和应用责任

没有信息化评价，不管是信息化建设的责任，应用的责任，还是维护、升级、优化的责任，都很难落实到位。通过研究制定具体、简便、合理、可行的信息化建设与应用的评价指标，并将其列入企业各部门和各成员企业，以及信息化组织领导、工作管理、建设应用、运维服务等各环节的工作评价体系，就可以将信息化建设和应用的任务及责任分解落实到企业各级领导、各业务部门、各建设单位及每一个员工身上，做到了信息化建设责任和权利紧密结合，引导企业上下群策群力，共同推进信息化建设，努力提升企业信息化水平，促进企业实现跨越式发展。

（四）引导和促进企业进行信息化水平的提升

有了科学的信息化评价，可以帮助企业了解信息化建设的基本情况，对其内部因素和外部因素进行诊断，对存在的问题和瓶颈有比较深刻的认识，找到解决问题的正确途径；明确企业信息化下一步建设目标，围绕全面提高管理水平和核心竞争力推进信息化建设。有助于对企业绩效进行横向比较，找到本企业与行业先进水平之间的差距，分析和研究产生差距的原因，采取得力措施，向行业先进水平看齐。有助于企业合理配置信息化资源，使有限的投资发挥最佳的效果，促进企业各种资源得到更有效的利用。

三、建立评价体系的意义

在信息化蓬勃发展的大背景下，深入研究公交企业信息化评价指标体系和评价方法，客观评价公交企业信息化发展水平，比较公交企业之间信息化水平方面的差异和特点，对于政府完善公交信息化产业发展政策、正确指导公交企业信息化的发展，对于公交企业通过科学、高效、实用的信息化建设，全面提高自身的管理水平和整体发展能力，具有重大战略意义和现实意义。

（一）对公交企业信息化实施的效果做出客观的反映

建立公交企业信息化评价体系，可以帮助政府部门客观、正确、科学地评价目前公交企业信息化实施的效果，加大资金投入力度，为优先发展公共交通提供客观依据。建立公交信息化评价体系，可以帮助公交企业正确认识企业信息化建设中存在的不足之处，降低企业实施信息化的风险，提高信息化建设的效率。

（二）为公交企业信息化的科学决策提供有力支撑

公交企业信息化评价体系的建立，可有效地评价公交企业信息化水平，准确地把握公交企业信息化现状，确定信息化建设各阶段建设内容，通过将企业信息化建设进程和既定目标对比，找出差距，总结经验和教训，研究制定相关推进措施，还能对当前面临的新环境和新业务如何做出调整提出依据。

（三）为公交企业信息化的发展方向提供正确引导

企业信息化评价体系的建立，从宏观层面看，可以为公交信息化战略提供依据，为公交企业信息化整体水平提供参考。从微观层面看，可以引领公交企业更准确地认识信息化的内涵，明确信息化的发展方向，帮助企业合理配置信息化建设资源，使有限的投资发挥最佳效果，从而为公交企业制定信息化战略、明确信息化发展方向、提高信息化水平提供正确引导。

四、信息化评价的发展趋势

信息化评价是一个极富挑战性的课题，需要一套科学的指标体系和理论方法，一直吸引着国内外学者在评价方法和技术方面不断探索。总体上看，国内外学者提出的信息化评价体系各有侧重，企业信息化评价指标体系的研究，已积累了一定的成果，但还有待新的突破。

目前国际上的众多知名公司采用多种方法进行信息化评价。例如，运营平衡计分卡对信息化战略目标进行规划，并依据规划进行信息化跟踪和评价；采用 COBIT 和 ITIL 模型对信息技术服务进行管控；采用 CMMI 模型和 SCAMPI 方法对系统开发过程和信息化产品提供商进行评价和监控等。

我国近年来在信息化评价领域也开展了许多研究工作，取得了一些研究成果。国家信息化评测中心长期致力于信息化评估领域的研究，跟踪国内外信息化评价领域的最新研究成果，于 2002 年 10 月推出中国第一个面向效益的信息化指标体系——中国企业信息化指标体系。该体系由基本指标、效能指标、评议指标组成，主要从效能角度全面评价企业信息化应用水平，为政府了解企业信息化应用情况和进行相关决策服务。之后，中国 IT 治理研究中心（ITGov）提出了从战略层、管控层、项目层三个层面对企业信息化过程进行评价，也就是从信息化战略、信息化管控体系、信息化项目三个视角进行评价的框架思路。目前，国内企业大都没有建立起自身完善的信息化评价体系。少数企业已经开始这方面的研究,进行了比较成功的实践和探索,取得了可喜的成果和经验。

通过对国内外信息化评价主要方法,特别是近十年内出现的一些新方法、新理论的比较研究发现,在 20 世纪 80 年代,企业大多采用传统的财务方法对信息化工作进行评价,而后在财务方法的基础上进一步发展,产生了基于行为科学和经济学的评价方法。而到了 20 世纪 90 年代后期,一些综合评价方法开始出现,并得到了广泛应用,与此同时与管控紧密结合的过程评估模型也日趋成熟。

第二节 公交企业信息化评价体系的构建

企业在建立信息化评价体系时,第一,要进行大量需求调研,借鉴国内外的成功经验,以保证评价体系的科学性和实用性。第二,要根据企业战略和管理要求制定科学的评价原则,并根据不同的考核评价对象,采用针对性、操作性强的评价方法。第三,要根据企业特点并结合企业自身需要,设计具体的评价指标和权重设定,建立符合本企业实际和需求的信息化评价指标体系。第四,要制定信息化评价的实施细则,并付诸实施。第五,要在实施的实践中不断完善信息化评价体系。

公交企业信息化评价主要包括指标体系的构建和指标体系的评价方法两个方面。公交企业信息化评价涉及面广、内容繁杂,选取评价指标时需要考虑的因素众多。因此,用简单的线性结构难以描述各指标间的内在联系,宜采用层次分析法建立树状的关系结构,运用目标层次分类展开法,将总目标按照逻辑分类关系分层构建公交企业信息化评价体系,运用层次分析法和德尔菲法确定指标权重,运用模糊综合评判法进行评价。

一、评价指标设立的原则

对公交企业信息化的评价依赖于一定的指标,每个评价指标都应当可以从不同的侧面反映公交企业信息化的某种特征。指标选择的好坏影响到整个评价工作的质量,为了确保评价结果的科学性、准确性和实用性,在建立评价指标体系时,应当遵循以下基本原则。

(一)导向性原则

要考虑企业的战略目标,并通过评价体系中不同评价指标的权重设置与灵活调整来体现与之相关的管理导向,使评价体系成为有效的管理工具。要从项目立项、需求分析、系统设计与实施、运维和提高信息化在企业发展中的支撑作用等方面加以引导,推动信息化建设和应用,促进信息化水平的提升。

(二)科学性原则

评价标准和理论必须建立在科学的基础上,且对实践具有指导作用。因此,评价指标的选择与指标权重的确定、数据的选取以及计算与合成必须以公认的科学理论为依据,充分参考国际成熟经验,参照国家相关标准,采用的评价方法要全面、准确地反映企业信息化的实际状况和发展规律,具有代表性和综合性。

(三)客观性原则

要尽可能避免人为因素的影响,尽可能量化指标,指标数据尽可能以现实的或能够计算的数值作为基础,定性指标可用程度差来体现,对于不同的等级应该有明确的描述。

(四)独立性原则

每个指标要既能全面地反映系统的总体特征,又要避免指标之间的重叠,指标体系要层次分明、简明扼要,指标在同一层次上应该相互独立,没有过多的信息包容、涵盖而使指标内涵重叠,具有较高的区分度。

(五)全面性原则

公交企业信息化建设包括技术应用、信息管理、信息安全、人才开发等多个方面,设立的评价指标体系在总体上应能反映公交企业信息化的方方面面,同时指标的选取又应当有所侧重。

(六)可比性原则

可比性原则指的是不同时期或者不同对象之间的比较,这就要求所设计的评价指标体系,不仅要在时间上延续,而且还可以在内容上拓展。既便于不同企业间的横向对比,又便于本企业不同时期的纵向对比。

(七)简明性原则

拟定的评价指标体系应当条理清晰、层次分明,评价标准应当简单明确,便于推广应用。同时,在评价过程和评价结果应用过程中,往往涉及评估者、咨询专家、管理者、决策者等不同方面的人员,因此指标应易于理解,以保证评价判断及其结果交流的准确性和高效性。

(八)实用性原则

对公交企业信息化进行评价的意义在于分析现状,认清所处阶段和发展中存在的问题,以更好地指导和改进实际工作。因此,应尽量选取日常统计指标或容易获得的指标,以便直观、简便地说明问题。

二、公交企业信息化评价指标体系的构建

公交企业与一般企业相比,有共同的地方,又有其自身的特殊性。一方面,城市公共交通是社会公益性事业,具有社会性和服务性,要考虑其社会效益。另一方面,公交企业作为企业(不管是国有大型、中型、小型企业,还是民营、合资企业),必然有企业经营要追求的经济效益。因此,公交企业信息化评价指标的设计,既要考虑信息化建设给企业带来的经济效益,又要考虑为城市居民提供优质出行服务带来的社会效益。围绕信息化建设内容,本书从信息化战略地位、基础设施建设、信息技术应用、信息安全与管理、信息化人才开发、信息化效益水平六个层面,构建公交企业信息化评价指标体系,具体详见表5-1。

公交企业信息化评价指标体系 表 5-1

层次(一级指标)	维度(二级指标)	要素(三级指标)	性质
A 信息化战略地位	A1 领导重视程度	A11 企业各层领导重视程度	定性
		A12 职能部门组织与定位	定性
		A13 信息化建设投资比例	定量
	A2 战略规划与计划	A21 信息化总体规划与管理	定性
		A22 信息化行动计划	定性
B 基础设施建设	B1 日常办公信息化	B11 管理人员电脑配置率	定量
		B12 计算机联网率	定量
		B13 办公自动化系统覆盖率	定量
	B2 信息采集与储备	B21 信息化数据采集手段	定量
		B22 数据库购买及应用情况	定性
C 信息技术应用	C1 运营管理信息化	C11 智能调度覆盖率	定量
		C12 车载定位终端在线使用率	定量
		C13 乘车一卡通使用率	定量
	C2 对外信息服务	C21 来车信息实时预报覆盖率	定量
	C3 信息化项目建设	C31 技术项目的实现率	定量
		C32 项目质量水平	定性
		C33 投资执行及时率	定量
		C34 入围投标商资质	定性
		C35 项目的先进性	定性
		C36 总体技术水平	定性
	C4 信息化效能考核	C41 主要信息系统功能适用水平	定性
		C42 信息技术架构成熟度	定性
		C43 系统应用集成度	定性
		C44 信息机构能力成熟度	定性
	C5 信息化运维	C51 系统平均无故障率	定量
		C52 系统运维机制建设水平	定性
D 信息安全与管理	D1 组织和控制	D11 信息管理规章制度建设	定性
		D12 信息标准化建设	定性
		D13 信息化工作体制	定性
		D14 信息技术总体规划与预算管理	定性
	D2 信息安全管理	D21 信息安全管理措施	定性
		D22 信息安全管理费用投入	定量
		D23 信息系统安全	定性
E 信息化人才开发	E1 人才建设	E11 人员配备到岗率	定量
		E12 信息化专业技术人员比例	定量
		E13 信息化应用技术人员比例	定量

续上表

层次(一级指标)	维度(二级指标)	要素(三级指标)	性质
E 信息化人才开发	E2 信息化教育	E21 人才培养和培训投资比例	定量
		E22 信息化技能普及率	定量
F 信息化效益水平	F1 社会效益	F11 乘客信息服务满意度	定量
	F2 经济效益	F21 信息化经济效益占比	定量
	F3 成果与荣誉	F31 国家级成果及荣誉	定性
		F32 省级成果及荣誉	定性
		F33 市级成果及荣誉	定性

参考相关文献资料,给出各项指标的定义,具体参见表5-2。

公交企业信息化评价指标定义 表5-2

序号	代码	名　称	定　义	单位
1	A11	企业领导重视程度	企业信息化工作最高领导者的地位较高,信息化建设资金投入比例合理,具有一定的政策支持	无
2	A12	职能部门组织与定位	设立专门的信息化职能部门,具有高效的组织结构和工作机制,技术人员数量与分工合理	无
3	A13	信息化建设投资比例	信息化建设年度投入总额占固定资产投资比重	%
4	A21	信息化总体规划与管理	制订企业信息化总体规划和管理办法,具有可持续性	无
5	A22	信息化行动计划	制订三年(或五年)行动计划,具备可行性和可操作性	无
6	B11	管理人员电脑配置率	配备电脑的管理人员及专职技术人员占管理人员及专职技术人员总数的比例	%
7	B12	计算机联网率	接入企业内部网络的计算机总数占企业拥有的计算机总数的比例	%
8	B13	办公自动化系统覆盖率	应用办公自动化系统的管理人员及专职技术人员占管理人员及专职技术人员总数的比例	%
9	B21	信息化数据采集手段	企业信息采集已应用信息化手段的领域数目占信息化手段可应用的领域数目的比例,其中信息化手段可应用的领域主要有政策、法规、市场、销售、技术、管理、人力资源等领域	%
10	B22	数据库购买及应用	公交企业关于运营、财务、人力资源等数据库的数量和应用情况	无
11	C11	智能调度覆盖率	实现智能调度的公交线路在全部公交线路中所占的比例	%
12	C12	车载定位终端在线使用率	安装车载定位终端并在线使用的公共汽电车数量占公共汽电车总数的比例	%
13	C13	乘车一卡通使用率	统计期内,使用一卡通的公交客运量与客运总量的比例	%
14	C21	来车信息实时预报覆盖率	城市市区内公共汽电车来车信息实施预报服务的覆盖率	%
15	C31	技术项目的实现率	反映方案设计能达到的技术目标水平	%

续上表

序号	代码	名 称	定 义	单位
16	C32	项目质量水平	反映验收专家组对项目质量的评价结果	无
17	C33	投资执行及时率	反映预算资金到位时间与“年度预算”的符合程度	%
18	C34	入围投标商资质	通过调查投标商在业界的信誉，反映招标工作的质量，如投标商对行业前10名的覆盖率等	无
19	C35	项目的先进性	反映项目的技术先进性，包括自主知识产权、多项新信息技术的首次应用、单项新信息技术的首次应用	无
20	C36	项目总体技术水平	反映项目的总体技术水平，包括项目的主要技术、经济指标和总体技术水平与国内外同类项目最好水平比较的结果，项目应用水平等	无
21	C41	主要信息系统功能适用水平	反映信息系统功能与业务的适用程度	无
22	C42	信息技术架构成熟度	反映企业信息系统总体架构成熟度情况	无
23	C43	系统应用集成度	反映企业设定的系统应用集成度目标的实现情况	无
24	C44	信息机构能力成熟度	反映企业设定的信息机构能力成熟度目标的实现情况	无
25	C51	系统平均无故障率	反映本单位负责维护的系统的稳定性	%
26	C52	系统运维机制建设水平	反映运行维护的人员、制度、流程、费用、考核体系到位情况	无
27	D11	信息化管理规章制度建设	建立健全信息化管理各项规章制度，包括部门职能与岗位工作职责、信息设备使用管理规定等	无
28	D12	信息标准化建设	建立信息标准化体系，制定信息化管理、技术、服务等标准，并应用于实践	无
29	D13	信息化工作体制	反映企业信息化工作体制的建设情况，信息化工作的统一领导和重大项目的推进情况	无
30	D14	信息技术总体规划与预算管理	反映企业是否将信息技术总体规划纳入企业发展规划和预算管理，确保信息化持续发展	无
31	D21	信息安全管理措施	制定企业信息安全管理体系、信息安全保密管理制度、员工信息安全规范、企业信息安全管理检查执行规定等	无
32	D22	信息安全管理费用投入	具有信息安全管理费用投入年度计划，在信息化建设投资中占有一定比例	%
33	D23	信息系统安全	反映企业信息系统安全建设、信息系统稳定运行保障水平	无
34	E11	人员配备到岗率	反映按照合同约定，服务队伍人员配备的到岗情况	%
35	E12	信息化专业技术人员比例	信息化应用与网络开发的技术人员占员工总数的比例	%
36	E13	信息化应用技术人员比例	信息化应用与网络开发的技术人员占员工总数的比例	%
37	E21	人才培养和培训投资比例	用于信息化人才培养和培训的投资占全部信息化投入的比例	%

续上表

序号	代码	名　称	定　　义	单位
38	E22	信息化技能普及率	掌握专业IT应用技术的员工和管理层非专业IT人员接受信息化培训的人数，占专业IT应用技术的员工和管理人员总数的比例	%
39	F11	乘客信息服务满意度	乘客满意度调查有效调查问卷的平均得分率	%
40	F21	信息化经济效益占比	由信息化建设带来的直接经济效益占公交企业票款总收入的比例	%
41	F31	国家级成果及荣誉	企业获得国家级成果数量，或企业及个人荣获国家级荣誉数量	项
42	F32	省级成果及荣誉	企业获得省级成果数量，或企业及个人荣获省级荣誉数量	项
43	F33	市级成果及荣誉	企业获得市级成果数量，或企业及个人荣获市级荣誉数量	项

上述指标可以对公交企业信息化整体情况进行评价，也可以对公交企业信息化的某一方面进行评价，表5-3～表5-5分别是对公交企业信息化建设与规划、公交企业信息化应用水平、公交企业信息化日常管理进行评价的指标体系。

公交企业信息化建设与规划评价指标体系　　表5-3

指标类别	序号	名　　称	单位
基本指标	1	企业领导重视程度	无
	2	职能部门组织与定位	无
	3	信息化建设投资比例	%
	4	信息化总体规划与管理	无
	5	信息化行动计划	无
	6	管理人员电脑配置率	%
	7	计算机联网率	%
	8	办公自动化系统覆盖率	%
	9	系统运维机制建设水平	无
	10	信息化管理规章制度建设	无
	11	信息标准化建设	无
	12	信息化工作体制	无
	13	信息技术总体规划与预算管理	无
	14	信息安全管理措施	无
	15	信息安全管理费用投入	%
	16	信息系统安全	无

续上表

指标类别	序号	名 称	单位
关键指标	17	人员配备到岗率	%
	18	信息化专业技术人员比例	%
	19	信息化应用技术人员比例	%
	20	人才培养和培训投资比例	%
	21	信息化经济效益占比	%
	22	国家级成果及荣誉	项
	23	省级成果及荣誉	项
	24	市级成果及荣誉	项

公交企业信息化应用水平评价指标体系 表5-4

指标类别	序号	名 称	单位
基础指标	1	管理人员电脑配置率	%
	2	计算机联网率	%
	3	办公自动化系统覆盖率	%
	4	信息化数据采集手段	无
	5	数据库购买及应用	无
	6	智能调度覆盖率	%
	7	车载定位终端在线使用率	%
	8	乘车一卡通使用率	%
	9	来车信息实时预报覆盖率	%
	10	技术项目的实现率	%
	11	项目质量水平	无
	12	入围投标商资质	无
	13	项目的先进性	无
	14	项目总体技术水平	无
	15	主要信息系统功能适用水平	无
	16	信息技术架构成熟度	无
	17	系统应用集成度	无
	18	信息机构能力成熟度	无
关键指标	19	系统平均无故障率	%
	20	信息化技能普及率	%
	21	乘客信息服务满意度	%
	22	信息化经济效益占比	%

公交企业信息化日常管理评价指标体系　　表 5-5

指标类别	序号	名　称	单位
基本指标	1	车载定位终端在线使用率	%
	2	乘车一卡通使用率	%
	3	来车信息实时预报覆盖率	%
	4	技术项目的实现率	%
	5	信息化技能普及率	%
	6	信息系统安全	无
关键指标	7	投资执行及时率	%
	8	系统平均无故障率	%
	9	乘客信息服务满意度	%

（一）信息化战略地位

公交企业信息化战略规划是指为满足企业经营需求、实现企业战略目标，根据企业总体战略的要求，对企业信息化的发展目标和方向所制定的基本谋划。其最根本的作用在于为企业信息化建设提出一个纲要性的目标和指导，使得信息化建设与业务的结合上考虑得更缜密细致，目的性、计划性更强。表 5-1 主要从“领导重视程度”和“战略规划与计划”两个方面，评价公交企业信息化战略地位。

（二）基础设施建设

信息化基础设施建设，是企业发挥信息化作用的第一步。信息化基础设施主要包括连通企业各部门或单位的计算机网络，以人或岗位为单位配备的电脑以及打印机、扫描仪等相关信息化办公设备。建设并完善以网络为核心的信息基础建设，是信息化进一步建设和发展的必要物质条件。表 5-1 主要从“日常办公信息化”和“信息采集与储备”两个方面，评价公交企业信息化基础设施建设。

（三）信息技术应用

公交企业的服务对象是公交出行者，公交运营管理的信息化和及时准确地对外发布相关公交出行信息，是公交企业运营服务管理的重点。

（1）运营管理信息化，主要表现为对公交车辆日常运营的管理，主要是车辆运营智能调度和监控，包括实现公交车辆的动态监控、智能调度等。

（2）对外信息服务，包括静态信息服务、动态信息服务二种。静态信息服务主要是公交线路的查询、公交车辆班次查询等；动态信息服务主要指站台和公交车辆上公交服务设施所显示的公交车辆运行状态等服务内容。

（3）信息化项目建设，包括技术项目的实现率、项目质量水平、投资执行及时率、入围投标商资质、项目的先进性、总体技术水平等。

（4）信息化效能考核，包括主要信息系统功能适用水平、信息技术架构成熟度、系统应用集成度、信息机构能力成熟度等。

(5)信息化运维,包括系统平均无故障率、系统运维机制建设水平等。

表5-1主要从这五个方面对信息技术应用情况进行评价。

(四)信息安全与管理

企业信息化的组织和控制是基于信息化的深入应用,企业逐步建立的科学高效的、完善的信息化规划组织、管理组织和管理控制机制,同时也必然伴随着有关信息化方面的政策、制度和标准的制定过程。例如企业信息安全管理即当前企业面临的病毒泛滥、黑客入侵、恶意软件、信息失控等复杂的应用环境,必须制定相应的防御措施,以保护企业信息和企业信息系统不被未经授权的访问、使用和侵入,为企业信息和企业信息系统提供保密性、完整性、真实性、可用性、不可否认性服务。表5-1通过企业信息化的“组织和控制”和公交企业“信息安全管理”两方面指标,对公交企业信息安全与管理进行评价。

(五)信息化人才开发

信息化人才是公交企业中不可或缺的资源之一,培养不同层次的信息化人才是知识经济时代对信息化人才教育提出的新要求。随着公交企业信息化的深入,员工积累了丰富的专业技术知识、技能和经验,这是进一步推动企业信息化的基础。公交企业必须明确信息化人才应有的素质,制定和实施科学的信息化人才资源开发与管理战略,推动企业信息化建设进程。表5-1主要从信息化“人才建设”和“信息化教育”两个方面来评价公交企业信息化人才的开发。

(六)信息化效益水平

信息技术的发展极大地影响和促进着公交企业的变革和发展,信息化建设已成为公交企业实现跨越发展的必要途径。公交企业充分利用科学信息技术进行信息化建设,在生产、经营和运营的各个环节推广应用信息技术。充分开发和利用内、外部信息与人力资源,不仅提高了运营生产的效率,还通过动态监控等信息化手段,提高了运营生产的安全性,从而提高了企业的经济效益。同时,通过信息技术手段,为乘客提供实时出行动态信息,满足乘客出行需求,从而提高了公交企业的社会效益。表5-1主要从“社会效益”“经济效益”和“信息化成果与荣誉”三个方面来评价公交企业信息化效益水平。

三、公交企业信息化水平的模糊综合评价

(一)指标权重的确定方法

本书利用层次分析法确定指标的权重,层次分析法(简称AHP)基本思想是:首先将所要分析的问题层次化,根据问题的性质和所要达到的总目标,将问题分解为不同的组成因素,并按照这些因素间的相互关联影响以及隶属关系,将因素按不同层次聚集组合,形成一个多层次分析结构模型,最后将该问题归结为最低层相对最高层(总目标)的比较优劣的排序问题。

层次分析法是一种行之有效的确定权重系数的方法，特别适宜于那些难以用定量指标进行分析的复杂问题。它把复杂问题中的各因素划分为互相联系的有序层，并使之条理化，根据对客观实际的模糊判断，就每一层次的相对重要性给出定量的表示，再利用数学方法确定全部元素相对重要性次序的权重系数。

层次分析法有以下步骤。

1. 确定目标和评价因素

P 个评价指标 $u=\{u_1,u_2,\cdots,u_p\}$。例如本研究中建立的指标体系，一级指标评价指标为信息化战略地位、基础设施建设、信息技术应用、信息安全与管理、信息化人才开发、信息化效益水平，每个一级指标下设二级指标，二级指标又下设三级指标。

2. 构造判断矩阵

判断矩阵元素的值反映了人们对各元素相对重要性的认识，一般采用1－9及其倒数的标度方法。但当相互比较因素的重要性能够用具有实际意义的比值说明时，判断矩阵相应元素的值则取这个比值。即得到判断矩阵 $S=(u_{ij})_{p\times p}$。

3. 计算判断矩阵

用 Matlab 软件计算判断矩阵 S 的最大特征根 $\lambda_{\max}$，及其对应的特征向量 A，此特征向量就是各评价因素的重要性排序，也即是权重系数的分配。

4. 一致性检验

判别矩阵具有如下性质：

①$b_{ii}=1$；②$b_{ij}=1/b_{ji}$；③ $b_{ij}=b_{ik}/b_{jk}(i,j,k=1,2,\cdots,n)$。

只要判断矩阵满足以上三个条件时，说明矩阵具有完全的一致性。当矩阵不具备完全一致性条件时，需要计算判断矩阵的一致性指标 $CI=\dfrac{\lambda_{\max}-n}{n-1}$。当随机一致性比率 $CR=\dfrac{CI}{RI}<0.10$ 时，认为层次分析排序的结果有满意的一致性，即权重系数的分配是合理的；否则，要调整判断矩阵的元素取值，重新分配权重系数的值。式中 RI 为平均随机一致性指标。

（二）模糊综合评价法

模糊综合评判法是运用模糊数学的思想和方法，对现实世界中不易明确界定的事物进行综合评判的一种数学方法。模糊数学诞生于1965年，它的创始人是美国自动控制专家查德（L. A. Zadeh）教授。模糊综合评判法就是应用模糊数学中的模糊集理论对系统进行综合评价的一种方法，通过模糊评价能获得各种替代方案优先顺序的有关信息，以供决策者参考。

应用模糊综合评判法构建指标体系应遵循以下基本原则：保持评价指标体系整体的完备性，内部的独立性；评价指标体系中各评价指标要有可测性和可比性；凸显评价指标中的人文要素，充分渗透评价中的人为因素；评价指标中评价等级的划分不能过细。

模糊综合评价法的步骤如下：

（1）确定评判的因素集。根据评价指标体系的一级指标的性质特征，确定评价关系中因素集为 $U=\{u_1,u_2,\cdots,u_n\}$。

（2）确定评判的评价集（评语集）。设评价集为 $V=\{v_1,v_2,\cdots,v_n\}$。

(3)建立从 U 到 V 的单因素评判矩阵 R。对每个因素 $U_i(i\leq n)$ 作出单因素评价,由于有 n 种不同的评价等级(或评语),对每一因素的评价结果为评价集 V 上的模糊集,写成模糊向量为 $R_i=(r_{i1},r_{i2},\cdots,r_{in})(i=1,2,\cdots,n)$,$R\in u(v)$。上述评价结果满足归一化条件,向量的各分量之和为1,即对每一个 i,均有:$r_{i1}+r_{i2}+r_{i3}+\cdots+r_{im}=1$。所有单因素评价构成 u 到 V 的模糊关系 R: $R=(r_{ij})_{nm}$,即:

$$R=(r_{ij})_{nm}=\begin{bmatrix} r_{11} & r_{12} & \cdots & r_{1m} \\ r_{21} & r_{22} & \cdots & r_{2m} \\ \cdots & \cdots & \cdots & \cdots \\ r_{n1} & r_{n2} & \cdots & r_{nm} \end{bmatrix}$$

(4)确定指标权重。权重就是表示每项评价指标在指标体系中依据重要程度所占的比重,因素集中各因素对被评判事物的影响是不一致的,赋予各因素 u_i 一个权重 a_i,则因素的权重分配集 A 可以看成是因素 U 上的一个模糊集,记为:$A=\{a_1,a_2,\cdots,a_n\}$。其要求满足归一化条件:且 $0<a_1<1$。

(5)作出评判结果。用指标权重向量与单因素评判矩阵 R 相乘得出评判结果:$B=A\times R=(b_1,b_2,\cdots,b_m)$。

(6)得出评判结论,对 B 集作归一化处理,即用 B 集中各分量之和去除 B 集中的各个分量,第 i 个评价等级 V_i 对 R_i 的隶属度为 V_i 在综合评价结果中所占的份额,根据最大隶属度原则,用 B 中隶属度最大者所对应的评价等级作为评判对象的等级,最终的结果即为综合评判的结论。

(三)公交企业信息化水平评价实例

下面应用模糊综合评判法对某企业的信息化水平进行综合评价。

1. 确定公交企业信息化水平评价因素集

根据公交企业信息化水平评价指标体系,确定指标体系中的六个层次因素作为该企业信息化水平的因素集 U:

$U=\{u_1,u_2,\cdots,u_6\}=\{$信息化战略地位,基础设施建设,信息技术应用,信息安全与管理,信息化人才开发,信息化效益水平$\}$

确定公交企业信息化水平评价指标体系中层次 A 信息化战略地位的因素集 U_1:

$U_1=\{u_{11},u_{12}\}=\{$领导重视程度,战略规划与计划$\}$

确定公交企业信息化水平指标体系中层次 B 基础设施建设的因素集 U_2:

$U_2=\{u_{21},u_{22}\}=\{$日常办公管理信息化,信息采集与储备$\}$

确定公交企业信息化水平指标体系中层次 C 信息技术应用的因素集 U_3:

$U_3=\{u_{31},u_{32},u_{33},u_{34},u_{35}\}=\{$运营管理信息化,对外信息服务,信息化项目建设,信息化效能考核,信息化运维$\}$

确定公交企业信息化水平指标体系中层次 D 信息安全与管理的因素集 U_4:

$U_4=\{u_{41},u_{42}\}=\{$组织和控制,信息安全管理$\}$

确定公交企业信息化水平指标体系中层次 E 信息化人才开发的因素集 U_5:

$U_5=\{u_{51},u_{52}\}=\{$人才建设,信息化教育$\}$

确定公交企业信息化水平指标体系中层次 F 信息化效益水平的因素集 U_6：

$$U_6=\{u_{61},u_{62},u_{63}\}=\{社会效益,经济效益,成果与荣誉\}$$

公交企业信息化水平评价指标体系中，各个维度的因素集的确定类似，这里不一一列举。

2. 确定公交企业信息化水平评价的评语集

由于对公交企业信息化水平各因素的评价比较模糊，设置对各因素评价的评语集 V 为五个等级，$V=\{v_1,v_2,\cdots,v_5\}=\{优秀,良好,一般,较差,差\}$，并对各个等级进行赋分：优秀为5分，良好为4分，一般为3分，较差为2分，差为1分。

3. 建立从 U 到 V 的单因素评判矩阵 R

选取10位具有代表性的专家组成公交企业信息化水平的专家评判组，由这些专家对公交企业信息化水平进行评价。在专家组成员对公交企业信息化水平进行深入了解后，由专家独立对该企业信息化的评价因素给出评价等级。

以维度 C_1 运营管理信息化为例，对其下设的 C_{11} 智能调度覆盖率、C_{12} 车载定位终端在线使用率、C_{13} 乘车一卡通使用率三个要素进行评价。其中，C_{11} 智能调度覆盖率的评价结果为：认为优秀的专家有4人、认为良好的为3人，认为一般的为2人，认为较差的为1人，认为差的为0人。因此，C_{11} 智能调度覆盖率的各等级评语的隶属度分别为0.4、0.3、0.2、0.1、0。转化成模糊向量为 $R_{11}=(0.4,0.3,0.2,0.1,0)$，评判结果均满足归一化条件，向量的各分量之和为1。

类似地，得到 C_{12} 车载定位终端在线使用率、C_{13} 乘车一卡通使用率的评价结果为：

$$R_{12}=(0.6,0.2,0.1,0.1,0)$$

$$R_{13}=(0.5,0.2,0.2,0.1,0)$$

由上述三个单因素评判的结果，得到单因素评判矩阵为：

$$R_2=(r_{ij})_{3\times5}=\begin{bmatrix}0.4 & 0.3 & 0.2 & 0.1 & 0\\0.6 & 0.2 & 0.1 & 0.1 & 0\\0.5 & 0.2 & 0.2 & 0.1 & 0\end{bmatrix}$$

4. 确定指标权重

采用层次分析的方法计算指标权重，仍然以维度 C_1 运营管理信息化为例，以其下设的 C_{11} 智能调度覆盖率、C_{12} 车载定位终端在线使用率、C_{13} 乘车一卡通使用率三个要素构造判断矩阵 $S=(u_{ij})_{3\times3}$，即见表5-6。

一级指标的判别矩阵　　表5-6

权重指标 \ 权重指标	智能调度覆盖率	车载定位终端在线使用率	乘车一卡通使用率
智能调度覆盖率	1	5	3
车载定位终端在线使用率	1/5	1	1/2
乘车一卡通使用率	1/3	2	1

应用 Matlab 软件计算判断矩阵 $S=(u_{ij})_{3\times3}$ 的最大特征根得 $\lambda^2{}_{max}=3.0037$。为进行判断矩阵的一致性检验，需计算一致性指标：

$$CI_2=\frac{\lambda_{max}^2-n}{n-1}=\frac{3.0037-3}{3-1}=0.00185$$

根据表 5-7，$n=3$ 时，平均随机一致性指标 $RI_2=0.58$。随机一致性比率：

$$CR_2=\frac{CI_2}{RI_2}=\frac{0.00185}{0.58}=0.0032<0.10$$

平均随机一致性指标　　表 5-7

1	2	3	4	5	6	7	8	9
0.00	0.00	0.58	0.90	1.12	1.24	1.32	1.41	1.45

因此认为层次分析排序的结果有满意的一致性，即权重系数的分配是合理的。

其对应的特征向量为：

$$A_1=(0.9281,0.1747,0.3288)$$

进行归一化处理：

$$A_1^0=(0.6483,0.1220,0.2297)$$

归一化处理，即是将特征向量 A_1 的每个元素除以所有元素的和，这样的处理后，向量 A_1^0 各个元素的和为 1。

各因素的权重集可以用模糊向量表示为：

$$P_2=(0.6483,0.1220,0.2297)$$

5. 计算评价结果

专家对该企业的“运营管理信息化”的评价结果为：

$$B=A\times R=(0.6483,0.1220,0.2297)\times\begin{bmatrix}0.4 & 0.3 & 0.2 & 0.1 & 0\\0.6 & 0.2 & 0.1 & 0.1 & 0\\0.5 & 0.2 & 0.2 & 0.1 & 0\end{bmatrix}$$

$$=(0.4474,0.2648,0.1878,0.1000,0)$$

6. 评价结论分析

依据评价计算结果可知，44.74% 的专家认为某公交企业的“运营管理信息化”为优秀；26.48% 的专家认为该公司的“运营管理信息化”为良好；18.78% 的专家认为该公司“运营管理信息化”为中等；10.00% 的专家认为该公司“运营管理信息化”为较差；没有专家认为该公司“运营管理信息化”为差评。根据最大隶属度原则，B 集中的最大数字评价 0.4474 对应的评价等级为“优秀”，因此该公交企业“生产管理信息化”的综合评价等级为“优秀”。

综上所述，公交企业信息化水平的评价是信息化建设过程中一个不可缺少的环节。通过公交企业信息化水平的评价，可以对企业信息化建设的现状、问题、原因和成效进行评估和诊断，发现企业信息化建设存在的优势和薄弱环节，并加以改进。信息化水平评价是公交企业信息化建设的策略和方法，对城市公交企业的可持续发展具有重大的实践意义。

第六章　城市公交信息化展望

第一节　城市公交信息化未来发展趋势

信息化是公共交通的重点发展领域，随着新技术的不断涌现和成熟，城市公交信息化在未来必将拥有更多的发展可能。根据交通运输部对于未来公交信息化建设的规划，结合国外先进城市的公交信息化发展经验，以下几个方面将成为未来城市公交信息化发展的主要方向。

一、着力转变公交企业营运调度管理模式，推进传统调度向智能化集群调度转变

改变公交企业一线一调的传统调度模式，推行灵活配置、集中和分散有机结合的智能化集群调度模式。这种智能化集群调度模式，不仅应拆解目前公交企业内部（线路与线路、车队与车队、分公司和分公司）存在的壁垒，还应打破公交企业间存在的壁垒，实现一个城市或一个地域空间上的统筹，创建诸如运营公司集群调度、公交枢纽站集群调度等协调调度的新模式。此外，在运营调度中将更加注重根据客流特征的变换及公交服务定位功能的改变而及时进行动态调整，在保障服务质量的前提下，充分挖掘利用客流数据和历史数据，实现调度信息的数字化和标准化，实现调度信息的共享与交换，优化行车作业计划及调度方案，提高计划执行率和运营调度水平，提高运力和运量的匹配度，全面提高城市公共交通系统的运营效率。

城市公共交通协调调度是公共交通信息化、智能化的重要内容。在今后一段时期内，城市公共交通协调调度的发展需要在完善交通数据资源库、综合应用工作流程管理、海量数据存储和数据挖掘分析等方面进行深入研究，并探索基于云服务模式的公交智能调度模式，实现各种资源的动态、精细化管理，提高运输组织效率。

二、注重城市交通大数据的挖掘应用

注重城市交通大数据的挖掘应用，首先要清楚什么是交通大数据，什么是交通大数据分析。

在信息化时代,交通在运转过程中产生了大量数据。以北京交通为例,北京市为加强交通管理,建设了一个交通智能化分析平台,其海量数据源自路网摄像头/传感器、地面公交、轨道交通、出租汽车以及省际客运、旅游业、危货运输、停车、租车等运输行业。该交通智能化分析平台每天记录4万辆浮动车产生的信息2000余万条;交通卡刷卡记录每天约1900万条;手机定位数据每天约1800万条;出租汽车运营数据每天100余万条;高速ETC数据每天50万条……上述数据就是北京地区的交通大数据。将这些数据进行收集、分析,得出相关判断,并计算验证的过程,就是大数据分析。大数据分析目前是交通智能化的一个热点领域,也是未来发展的一个重点领域。

大数据在实际应用中有多种形式,根据数据收集的不同衍生出各种各样的大数据交通。大数据有四个"V"字开头的特征:Volume(体量),Velocity(速度),Variety(种类),Value(价值),这些特征造就了大数据规划、管理、设计、实施的功能。

1. 大数据可以改变传统公共交通管理的路径

社会经济的快速发展促使城市机动车辆的数量大幅增加,城镇化的加速打破了城市道路系统的均衡状态,传统的交通管理信息系统已难以满足当前复杂的交通需求,交通堵塞成为棘手问题。而长尾理论告诉我们,在大数据时代,将海量数据聚合时,其中的离散数据在聚合时能形成数据长尾,重视并分析数据长尾,可以发现传统方法中难以发现的需求。若以交通需求为例,即:个体对某一交通路段的特定需求,尽管人数不多、份额较少,但聚合效应加长了数据的长尾,这些个体的需求数据会在数据的长尾下形成庞大的需求市场,为满足特定人群的需求以及个性化服务奠定了数据基础。可见,用大数据管理交通是交通管理模式的变革,与此同时也变革了公共交通市场管理的整个内涵。

阻碍传统交通的瓶颈可通过大数据解决。其原因在于:

第一,大数据可以跨越行政区域的限制。行政区域的划分在促进各个行政区域自治的同时,也导致各个地方政府追求各自辖区利益的最大化,而对各个行政区域之间,处于边界区域的公共交通基础设施建设、过境交通的管理建设等,往往漠不关心。交通大数据的虚拟性,有利于其信息跨越区域管理,只要多方共同遵照相关的信息共享原则,就能在已有的行政区域下解决跨域管理问题。

第二,大数据具有信息集成优势和组合效率。目前,我国大部分城市的各类交通运输管理主体分散在不同主管部门,呈现出条块分割的现象。这种分散造成公共交通管理的碎片化,如交通信息分散、信息内容单一等问题。大数据有助于建立综合性立体的交通信息体系,将用户可能利用的各种交通数据全部纳入系统,构建公共交通信息集成利用模式,发挥整体性交通功能,通过在大数据中进行集成检索、利用和分析来提取相关信息,满足各种交通需求,以解决实时交通障碍。

第三,大数据能较好地配置公共交通信息资源。传统的交通部门权责界定不够清楚,专业分工的过分细化造成了公共交通管理部门职能重叠或缺失,因而在运营上浪费了大量人力、物力。大数据能辅助人们制订出较好的统筹与协调解决方案,在各个交通部门之间合理地配置交通职能,针对有关道路问题进行合理的信息资源配置。

第四,大数据能促进公共交通均衡性发展。用传统的思维来改善城市交通拥堵,一般是加大基础设施投入,即通过加宽道路、增加道路里程来提高交通通行能力,但这种做法往往要受到土地资源、道路建设资金等方面限制，而且这种解决模式不利于交通发展、城市空间发展以及土地利用发展这三者之间的整合。大数据解决方案可将信息技术应用于公共交通，从制度层面提高信息资本利用率，减少对诸如土地等外部资源的依赖。

2. 交通大数据的来源

车联网、路网监控、公交刷卡数据及挖掘、出租汽车轨迹挖掘、手机数据挖掘、社会化网络数据挖掘将成为交通大数据来源的主要方向。此外，还有物流公司的物流信息平台和船联网等。

3. 交通大数据的应用

采用大数据分析客流，可以辅助公共交通规划、辅助决策。传统的交通规划需要投入大量人力物力进行 OD 调查和数据收集，调查数据存在着样本量小、精确度差等问题。而使用车联网、一卡通、手机数据等交通大数据进行整合分析，则让交通数据更为全面地展现在规划人员和决策人员面前。例如，根据乘客的出行信息可以获取乘客在一定时间范围内乘车的起点、终点，以分析目前的公交线路设置得是否合理，从而进行资源的优化配置，使公交服务的针对性、有效性大大增强。又如，通过对某些大型活动乘客出行数据的分析，可以获取乘客出行时间、出行线路、流向和密度等信息，对这些数据进行分析加工，便可获得城市公交制订大型活动运营组织方案的基础资料。再如，通过对公交线网数据的分析，可以为公交线网的规划设计、调整优化提供重要的数据依据，还可以实现常规公交与轨道交通更好的对接等。

济南公交已经开始了大数据的深度挖掘工作。如：目前利用 20 亿条手机数据进行了交通分析。通过对海量手机数据的分析，获取了济南市交通相关数据，包括人口分布、客流分布、客流走廊分布等，对济南市的交通发展规划、公共交通的发展规划、公交线路的开辟与优化，以及公交运营计划的改善都发挥了重要作用。未来，济南公交将融合 IC 卡数据、GPS 数据、道路流量数据与手机数据，利用大数据来减少交通拥堵时间，提高运转效率。

4. 建设城市交通综合信息平台

由于大数据涉及城市规划管理、城市建设管理、城市道路交通管理、城市客运管理、市政管理、物流管理和公共交通企业运营管理等多个层面和主体，所以每一个层面和主体既是大数据的数据源，又是其他层面和主体所提供数据（进行挖掘处理后的数据）的需求者，只有各部门协调配合、协同行动，建立起城市交通综合信息平台，并在一定的机制和技术手段下充分实现部门间的信息共享，城市交通大数据才可能实现充分整合和广泛应用。

三、公交车智能车辆技术的发展

公交客运车辆是公交最基础、最重要的设施，车辆的性能直接关系着运营服务的质量。为了提高公交客运车辆的运营性能，客车生产厂家的设计人员、工程技术人员和公交企业的车辆管理人员、工程技术人员在公交车辆的智能技术应用上已做了不少探索。未来，打造真正意义上的智能公交车将成为客车生产厂家和公交企业共同关心和亟待解决的课题。

1. 研发智能化的公交车辆

公交驾驶员的工作，是一项既耗费体力又耗费脑力的职业。工作中，驾驶员既要处理来自车辆驾驶方面的问题（应付复杂的交通环境、处理道路上和车厢内各类突发事件、安全驾驶车辆、安全进出站、随时观察车辆工作状况等），还要维持好车内的乘车秩序，疏导乘客上下车、监督乘客投币，做好车厢服务工作（如解答乘客疑难问题、照顾有特殊需求的乘客）等，同时还要随时接收来自指挥中心的指令。另外，驾驶员的自身情况（如身体状况、精力和情绪等）以及来其他方面的情况，也会影响到驾驶员对车辆的操控能力。

智能化的公交车辆依托于“智能车辆”的发展。所谓“智能车辆”，就是在普通车辆的基础上增加了先进的传感器（雷达、摄像机）、控制器、执行器等装置，通过车载传感系统和信息终端实现与所有有关方面的智能信息交换，使车辆具备智能的环境感知能力，能够自动分析车辆行驶的状态，能够自如地应付复杂的交通环境，能够协助驾驶员处理道路上和车厢内各类突发事件，能够协助驾驶员维持车内的乘车秩序，能够协助驾驶员保持与指挥中心的互动，并使车辆按照人们设定的程序安全到达目的地。对智能化公交车辆的研发和应用，相当于延伸扩展了驾驶人员的感官功能，提高了驾驶人员对车辆的控制能力，能极大地提升公交车辆运行的安全性和经济性，并减少公交驾驶人员的工作压力。

智能化公交车辆是一个集环境感知、规划决策、多等级辅助驾驶等功能于一体的综合系统，是多学科、高科技和高新技术的结合体，目前已成为世界众多发达国家重点发展的领域，也是世界车辆工程领域研究的热点和汽车工业增长的新动力。目前研发应用的重点主要集中在大数据分析车辆工况、智能导航技术应用和安全、节能辅助驾驶技术应用等方面。

2. 大数据用于分析车辆的工况

随着城市公交车辆装备水平的不断提升，CAN 技术已经在公交车辆上得到广泛的应用。通过安装在驾驶室的显示屏，可以显示车辆的各种工况信息，使驾驶员随时了解运行过程中车辆性能的变化情况。还可以利用无线网络将运行车辆实时工况信息上传到企业车辆信息管理平台，实时监控车辆车速、车辆工作状态等情况，发现异常情况及时处理。通过车辆信息管理平台，使用数据挖掘技术，可以整合车辆使用、维修、维护和管理等方面信息，实现对车辆整个生命周期运行情况的跟踪和管理，分析并掌握运行车辆的性能、技术特点以及存在问题，提出每辆运行车辆在使用、维护及管理方面的具体建议和方案。总之，大数据分析技术在车辆使用、管理和维护等方面有着广阔的应用前景，具有很强的发展潜力。

3. 智能导航技术的应用

智能导航辅助驾驶技术可以实现车站自动停靠，以降低驾驶员疲劳，提升乘客登乘效率与安全性，并可为残疾人等特殊群体提供便利的乘降服务。根据导航方式与原理的不同，智能车辆所应用的导航技术主要包括：机器视觉、磁钉、惯性导航系统、全球定位系统等。目前，应用在公交车辆的导航技术包含光学导航、磁钉导航两种。光学导航通过识别路面划线实现自动驾驶，技术相对成熟，但易受天气和路面污迹影响，目前该技术在法国鲁昂市、尼姆市，意大利博洛尼亚市的公交系统中均有应用，其中鲁昂市已成功在 3 条“TEOR”线路的 52 个车站配备制导设施，在 66 辆铰接公交车上配备制导装置，实现 900 多万次自动停靠。磁钉导航依靠安装磁钉与磁力传感器识别，具有造价低、建设周期短、安全度高等特点，目前技术尚存在于实验室阶段，在日本 IMTS 和荷兰 APTS 试验系统中有所应用。除了可以实现自动停靠外，借助电子挂钩和信号协同可扩展为电子车辆编组及自动驾驶。

公交车辆的运行环境是复杂多变的，每种导航方式都有自身固有的局限性，为保证自主驾驶过程的高度可靠，仅靠任何一种传感器来获取可靠的导航信息是不切实际的。因此，近年来,智能车辆的多传感器组合导航技术研究受到了国内外学者的普遍关注,这很可能成为智能导航公交车辆研发的重要方向。

4. 安全、节能辅助驾驶技术的应用

辅助安全驾驶系统利用传感器技术、信号处理技术、通信技术、计算机技术等技术,辨别车辆所处的环境和状态,及时作出分析与判断,并协助进行驾驶调整,以防止事故发生。如行人检测系统,在行人出现在车辆前方时可自动制动,最大限度上保障行人安全。安全辅助驾驶技术主要包括车辆偏离预警与保持、车辆周围障碍物监测、驾驶员状态监测、车辆运动控制与通信等;辅助节能驾驶系统通过控制发动机输出频率、增加减速电量回收、空调节能控制等技术手段,以降低车辆的能源消耗。

5. 公交车辆故障自诊断系统

公交车辆在日常行驶过程中,受环境、零部件磨损、驾驶员操作习惯等因素的影响,故障在所难免。但有些故障会直接或间接引发交通事故,给公交企业的运营和乘客的乘车安全带来严重的影响。所以,对公交车辆故障的诊断及健康管理是公交车辆维护所关注的重点问题之一。

预测与健康管理技术(Prognostics and Health Management,PHM)是综合利用现代信息技术、人工智能技术的最新研究成果而提出的一种全新的管理健康状态的解决方案。PHM 系统可以预测未来一段时间内被检测对象失效的可能性,并具有提出采取适当维护措施建议的能力。PHM 系统一般具备故障检测与隔离、故障诊断、故障预测、健康管理和部件寿命追踪等功能。这项技术在国外目前主要应用在飞机、军用汽车等领域,据美国麻省理工学院(MIT)《技术评论》杂志报道,美国罗彻斯特理工学院和洛克希德-马丁公司的研究人员已经开发出一种监控系统,可以很好地评估汽车的健康状况,并在故障发生前提醒驾乘人员注意。这一系统主要是利用部署在有可能引发问题的汽车零部件附近的智能传感器网络而发挥作用的。这些传感器所获取的信息通过无线网络传送到中央控制中心,再经由相关软件进行分析,从而获取汽车的相关健康信息。在我国,PHM 已经开始应用于飞机、导弹发射车、工程车等领域。随着汽车电控系统的应用在整车应用中的比例逐年增加,一方面,汽车安装的传感器越来越多,汽车的故障诊断越来越复杂;另一方面,大容量存储、高速传输和处理等技术迅速发展,车辆的信息系统已经具备了完成信息的采集、存储和处理信息的能力,为车辆自诊断系统的运行奠定了基础。因此,采用汽车维护与健康管理的技术,建立公交车辆的自诊断系统,快速、及时地发现车辆问题的隐患,科学地进行车辆的维护管理,降低车辆生命周期的维护成本,有可能在不久的将来走进公交车辆信息化管理领域。

四、乘客信息服务向多元化发展

未来,乘客信息服务系统的核心,将围绕着公交实时数据的处理及多源数据的融合展开,主要将呈现以下的发展趋势:

(1)公交信息服务模式从以静态信息为主,转变为以实时信息为数据基础的动态信息服务。

利用城市智能交通系统的多源动态信息,未来的公交信息服务将实现以实时信息为数据基础的动态信息服务。动态公交信息服务本质是将实时的公交信息经过处理,预测出公交系统未来的运营趋势,将动态的公交运营信息提供给乘客。

(2)从以被动式公交信息服务为主,转变为以主动式公交信息服务为主。

除了传统的公交信息服务模式,例如公交信息网站、公交电子站牌、公交热线电话、电台广播等,未来智能公交信息服务系统将向乘客自主式信息服务模式发展。通过乘客与公交信息服务系统的对话,乘客能够及时、准确地获取个人所需要的信息。服务模式将包括手机网络、手机短信、PDA 信息终端公交信息服务等。可以实现公众对车辆距所在站点的距离、预计到站时间甚至车内乘客数量等公交车辆实时信息的查询。

(3)实现多种运输方式信息资源的融合。

在实现公交车辆实时信息与乘客互动的基础上,由政府协调,充分利用社会资源,建设覆盖地面公交、轨道交通、出租汽车、索道交通以及轮渡等全部公共交通模式在内的"一门式"公共交通信息服务网站,并提供智能手机客户端等多种形式的服务。另外,乘客在主要交通枢纽、换乘站点等查询信息时,系统在提供该站点公交车辆实时信息的同时,还可将在该站点附近的其他公共交通工具,如地铁、长途客车、铁路客运的换乘信息、动态信息一并提供给乘客,为乘客提供更加全面的交通出行信息服务,全方位地实现人、车、路三者在信息方面的互动。

五、建立信息化企业绩效考核与分析体系

建立信息化企业绩效考核与分析体系,利用自动数据采集系统采集运营调度、生产经营、财务收入和支出、安全生产、车辆维护、物资管理等数据,并进行挖掘分析,实现考核分析的自动化和电子化。信息化绩效考核与分析系统,应包括整个企业生产经营管理活动的方方面面,包括对各运营单位运营、服务、安全、技术、生产经营等所有岗位的绩效考核与情况分析,可以自动生成各类对比分析结果,包括计划与实际的对比、实际与前期的对比、实际与同期的对比等,并可通过报表或直观图例的形式表现出来。生成的分析结果将服务于企业各管理层,为一线运调人员制定科学合理的运行时间表、为运营车辆及企业各类资源合理配置提供依据,为各级决策人员精确掌握本单位、本部门情况,科学决策提供依据,为公交企业最高决策层制订工作计划、制定企业战略目标提供决策支持。

智能企业绩效考核与分析体系还可用于行业和企业管理部门对运营服务质量、经营管理指标、安全管理指标等指标的考核。该体系作为行业管理部门对公交运营企业进行管理和考核的重要技术手段,有利于行业管理部门加强对公交运营企业的监管,并利用补贴、奖惩、提供服务、提供政策支持扶持等手段,激励公交企业改善服务、提高效率。

第二节 国外城市公交信息化选介

一、美国的公交信息化

美国国会 1991 年通过了"地面综合运输效率法案",旨在通过高新技术和合理的交通分配提高整个网络的效率,其核心是智能化技术和信息化技术。美国城市公共交通管理局于 20 世纪 80 年代启动了智能公共交通系统项目 Advanced Public Transportation Systems

(APTS)。美国的 APTS 主要研究动态公共交通信息的实时调度理论和实时信息发布理论,以及使用先进的电子、通信技术提高公交效率和服务水平。实施技术具体包括车队管理、出行者信息、电子收费和交通需求管理等几方面的研究。其中车队管理主要研究通信系统、地理信息系统、自动车辆定位系统、自动乘客计数、公交运营软件和交通信号优先。出行者信息主要研究出行前、在途信息服务系统和多种出行方式接驳信息服务系统。

1. 全方位的出行信息服务系统

(1)基于乘客需求的公交出行信息服务。

美国公共交通行业正在推广的智慧巴士(Smart Bus),一个基本的特征就是任何人都可以在任何时间和任何地方了解公交车辆在线路上的运营状况,知道下一辆公交车什么时间将达到附近的车站,有助于大众更好利用公共交通,而公共交通运营商也不会因为道路交通堵车而被抱怨其运行时刻表不准时。

(2)全出行方式的一体化交通出行信息服务。

美国的 511 交通信息是当前世界上功能最完善的出行信息服务系统之一。该系统建于 2000 年,2002 开始推广使用。通过网站(www.511.org)和 511 电话服务台向公众提供全面交通出行信息。目前美国大部分地区都能接通 511 系统。交通信息中心通过装备在道路、机动车、换乘站、停车场以及气象中心的传感器和传输设备,收集全面的交通信息。对各类信息提取和分析后,向社会提供实时的道路交通信息、政府交通信息、换乘信息、交通气象信息、停车场信息以及与出行相关的其他信息,出行者可根据这些信息确定自己的出行方式和行程路线。511 系统的信息发布方式主要有以下几种:互联网、可变信息板、电话、手机信息等。511 系统提供的交通出行信息主要有:

①道路信息。系统提供的道路信息范围包括意外交通状况、某一路段的交通拥挤状况、行驶时间数据、有关道路状况、道路施工信息,以及事件报告和时间的最新发展状况报告。

②天气信息。包括各个路段和地区目前和预报的天气状况,风速,温度,雨雪、结冰和干湿之类的路面状况信息等。预报的信息可提前 72h 向用户提供。

③报警信息。511 系统是发布橙色预警信息的一种有效途径。所有拨打 511 系统的用户,在进入其他信息服务项目之前,都可以听到橙色预警信息。

④出行信息。511 系统可将用户电话转给运输经营者,有的还可以与旅游服务网站联系起来。例如弗吉尼亚州在出行信息服务网站上有 26000 个旅游点信息。同时,511 系统还与航空公司和铁路客运公司的服务电话相对接。

2. 智能监控识别

美国城市公共交通管理局越来越多地使用摄像头以应对犯罪和恐怖问题。由于录像数据的容量不断增加,现有的数字录像监控系统仅仅提供了捕捉、储存录像的设施,但危险探查的工作还需要人工操作。研究表明,当一个人坐在录像检测器前观察意外事件几个小时以后,即使这个人很负责,注意力很集中,也不能有效发现危险。仅仅 20min 的观察和评估之后,他的注意力就降到了不可接受的水平。监控录像非常枯燥、使人犯困,不会引起大脑刺激。为解决这个问题,新泽西公交将 1400 多个摄像头连接到电脑上,使用复杂的基于图像的算法自动探测可疑情况。探测到任何反常的行为都会发出警报、寻呼或给负责人打电话。其他类型的智能录像监控包括:

(1)通过可疑行为的实时警报,在对意外事件的处理中占得先机;

(2)通过录像提供的内容,提供法庭证据;

(3)通过监控区域物体位置、身份和行为的联合监控,感知态势。

增加态势感知的能力可以提高乘客的安全及现场工作人员的工作效率。警报可以在事情发生之前就发布出来。可以对事件立即回放使得决策变得更加容易,且不会忽略一些小的细节。

当发现犯罪以及威胁时,负责人员和机构会获得实时的信息。通过事前的设置,可以发出多种警报。警报信息可以通过手机短信、屏幕、邮件、图像、录像等方式发送。录像中犯罪分子的面部影像有助于确定罪犯。引起人们注意的行为,例如物体移动或物体遗留可以立即被系统检测到而不会发生人工监视可能的遗漏。

图像分析系统的缺点是其在应对环境变量上存在漏洞,例如强烈的光线及天气,这些不利的情况会引发错误的警报。另一个缺点是事件必须是提前设定的,否则就不能检测。相反,人工检测就具有很强的灵活性。图像分析算法对参数和原始校正很敏感,事件监测的性能主要依赖这种校正过程,很难在事件监测和错误警报之间取得平衡,高的检测率会造成高的错误警报率,反之亦然。另外,一些图像分析设施需要不断地进行校正,需要改进核心技术算法来提高人类行为感知的可靠性。

在过去的十年中,提出了许多评估核心技术的方法,然而缺乏对人类行为识别的标准评估方法。标准的评估工具包括对一般术语的定义,生成模拟运营的数据集。例如,一个公交站和地铁站同样可以是拥挤的,但在运营中,这两种情况下的人群有很大差别。因此,没有对人群的标准和准确定义,比较就变得很困难。

3. 交通大数据的应用

美国许多州都积极运用大数据管理理念,以实现智能交通管理目标,其主要应用有:

①应用大数据减少交通堵塞。美国新泽西州安装了 INRIX 计算机系统,可对手机和 GPS 信号进行分析,因为它们是最有前途的数据源,可以保持较高的准确性。新泽西州将它们分析之后,转化为一张完整的道路交通状况地图,并在地图上以不同颜色标示各个路段的运行现状,以确定造成交通堵塞的地点。例如,如果某个位置变成红色的“蛇形”和黑色的线条,就意味着这一段交通已停歇。

②应用大数据处理恶劣天气的道路状况。美国俄亥俄州运输部(ODOT)充分利用 INRIX 的云计算分析以及所提供的交通信息,帮助俄亥俄州利用大型数据,从而实现在暴风雪淹没了 400 多个关键路线后,在 3h 内实现清理道路状况的目标。为了尽快将交通恢复至正常状况,ODOT 使用来自气象信息站和 INRIX 交通高速数据的信息,以评估对全州关键路线的道路进行清理所要耗费的时间,从而提高处理道路状况的效率。这种大数据应用,减少了冬季连环撞车事故发生概率,通过提高公共安全来确保商业正常运行和日常生活有序。

③应用大数据评估路况。美国俄亥俄州运输部 (ODOT)计划使用 INRIX 交通的高速数据和分析,以评估出关键路段的行驶可靠性。此外,为了能从高速公路改善工程中最大受益,ODOT 通过 INRIX 确定哪些路段的行驶速度低于最高限制速度,以评估出公路改善的实施战略和须改善的路段位置。

④定位拥挤路段。波士顿城市计划推出名为“Street Bump(路拱)”的手机应用程序,该程序可以利用类似于重力系统的原理来确定城市道路中的拥挤路段。

二、首尔的公交信息化

2004 年,首尔市成功实施了公共交通系统改革,实现了市民、公交企业和政府的多赢。由于公共交通系统改革的成功实施,首尔市获得了包括“大都市奖”“环境奖”“可持续奖”在内的多个奖项。ITS 技术的应用是本次改革成功的重要保障。

1. 新智能卡系统

首尔开发了新型的多功能智能卡,即可储值的智能卡(T-money)。自 1997 年起,首尔便已采用无线射频识别卡系统(采用飞利浦的 Mifare 卡)进行收费,成为世界上最早采用这一系统的城市之一。在实施 6 年之后,由于内存容量有限、交易速度不快以及存在安全隐患等原因,这一系统性能已大大削弱。因此,首尔新开发了一种使用集成电路芯片的智能卡系统(Smart Card)。新智能卡符合国际标准,它采用了 EMV 标准,即 Europay、万事达(Mastercard)、维萨(Visa)三大国际信用卡的标准,有助于确保智能卡、终端以及其他系统之间的兼容,增加了新卡容量,使新卡具有多种功能,可以用于预订饭店、购物、医疗等。

智能卡的应用使免费换乘得以实现,智能卡可以获得每个乘客上、下车的时间、地点、线路,出行距离,临时票价、换乘站点、最终票价等相关信息,通过这些信息可以进行票款的分配。使票款管理公开化、透明化,有利于政府监管和公平竞争。积累全部的公交出行数据,既便于不断研究改善公交系统,也节省了大量的交通调查费用。

新智能卡系统的基础设施如图 6-1 所示。

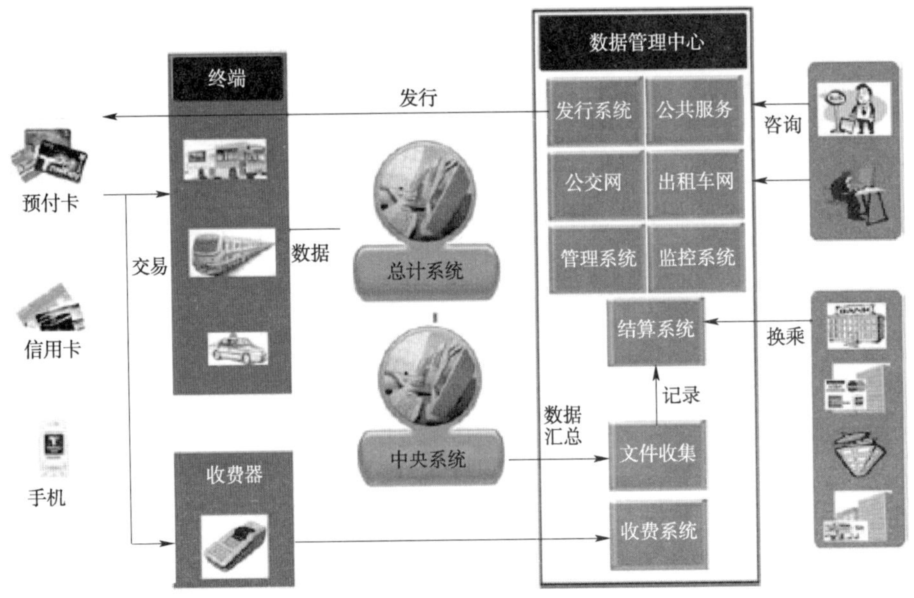

图 6-1　新智能卡系统的基础设施

智能卡可以信用卡的形式也可以预付卡的形式使用,其中 45% 以预付卡的形式使用,55% 以信用卡的形式使用。智能卡在公交系统中的使用比例如图 6-2 所示。

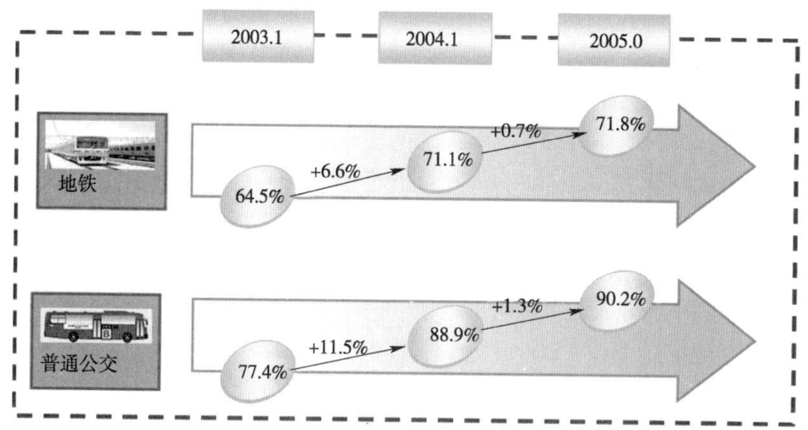

图 6-2 智能卡的使用比例

智能卡采取了合资经营的方式，从服务供应商、硬件供应商和金融投资商多处获取投资。2003 年 10 月，由 LG 集团和首尔市政府共同成立了韩国智能卡公司。2003 年 11 月，智能卡公司与首尔市达成了电子交通卡系统协议；2004 年 1 月，与首尔地铁和快速公交公司等运营商达成协议；2004 年 6 月，获得股东投资；2004 年 7 月，智能卡开始在公交车和地铁使用。目前，智能卡已发行了 400 万张，并且以每月发生 65 万张的速度递增，每天的交易量达 2 千万次。

智能卡公司采取公私合营（PPP）的方式，政府制订方案，对经营进行审批，私营公司则负责投资、运营、维护。智能卡运作的关键是所有的机构需要达成一致意见，对不同的交通模式、不同的地区以及银行进行整合。

首尔还开发了手表式智能卡，手机内嵌智能卡、MP3 智能卡等多种形式的智能卡，以吸引更多的乘客使用，扩大发行量。

2. 以信息技术为支撑的公交管理系统

为加强对公交运营的有效管理，首尔建立了公交管理系统（BMS）。这一系统将交通运营与信息服务（TOPIS）融为一体，如图 6-3 所示。

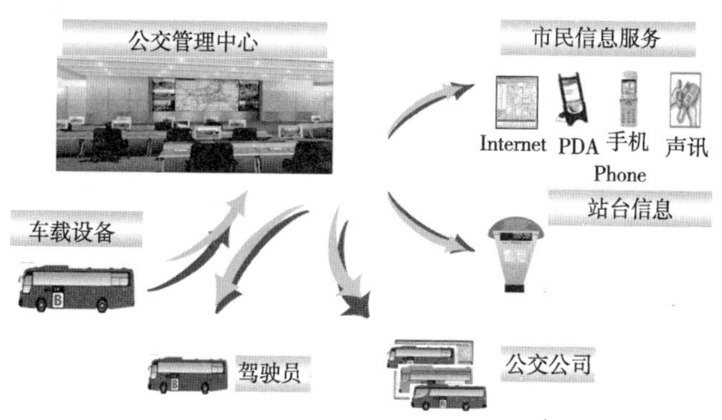

图 6-3 公交管理系统

所有公交车均安装 GPS 卫星导航装置，随时将公交车所在位置、车速、乘客数量、违章及事故等信息传送到公交管理中心，分析处理后再反馈回每辆公交车，并通过设在车站的显示器和移动通信系统直接提供信息服务。公交公司根据得到的信息,可以及时调整车速和与前方车辆的间隔,确保正点运行。乘客可以通过手机、网络、声讯台或车站的电子显示屏了解公交车线路、到达时间等信息,缩短候车时间。公交公司则可根据每位驾驶员运营业绩和事故情况进行奖惩。

通过智能卡收集的数据可以获得单个的出行链、站台的上客量、每小时的上客量、换乘率等数据。公交管理中心可以获得发车间隔、行驶距离和速度数据,继而可以分析基于时间和位置的需求模式、最大车距、最大载客量,可以进行线路配车数、调度计划和人力配置的优化。可进行大规模的交通仿真,通过实时分析减少拥堵,改进公交。

首尔交通运营与信息服务(TOPIS)整合了公交管理系统、智能卡系统、个体交通数据、韩国高速公司、交警、消防署、远程实施系统等各相关部门的数据。它可用于实时公交运营管理、决策支持、信息共享、实时拥堵管理、远程及自动实施。

三、法国的公交信息化

1. 灵活的运营调度模式

基于美国的全球卫星定位技术,3 颗卫星不断给巴黎运行中的公共汽车定位并发出定位信号,车上的接收器不断接收这些信号并迅速计算出本车当前所在位置,定位误差小于10m。在公交车辆的仪表板上设置液晶显示屏,可以分别显示这辆车与前后两辆公共汽车的时间差,驾驶员据此可及时地了解自己在这条线路上所处的位置,适当调整车速,以尽量与前后车保持同等距离,保证车辆的均衡运行。当公共汽车在隧道内或在建筑密集区行驶时,汽车接收器与卫星的联系中断,这时车上的航向指示仪和里程表自动工作,估算定位。目前在巴黎,这种利用信息进行调度的方式正全面取代过去的人工无线调度方式。

2. 全面的公共交通出行信息服务

法国的公共交通出行信息均采取“动态”和“静态”结合的方式,从普通站台、地铁入口、地铁站台、有轨电车站台、车辆、枢纽、手机 App、网站等八个方面为乘客提供公共交通出行服务信息服务。普通公交站台静态信息分为几个部分:一是本站点周边的小范围区域信息,包括周边同名双向站点布局及停靠的线路、相关道路信息、公益单位信息(如学校)等;二是本区域所有线路的首末站信息;三是周边线路途经站点及大的换乘站点线路信息;四是途经本站的线路时刻表信息。动态公交出行信息服务包括线路和服务水平估计。巴黎的 Ratp 网站包括巴黎地铁、全部公交线路等相关静态出行信息情况,手机 App 提供静态信息的同时提供行程时间规划服务。巴黎公交线路上的候车棚设置公共汽车等车时间电子信息显示牌,可以清楚地显示距离下一辆公共汽车进站还有多长时间,显示牌每 30s 进行一次信息更新,提高乘客出行时间的计划性。

巴黎 Connecthings 主导使用基于 NFC 标签来提供公共信息,现在法国 8 个城市已开始使用。这些标签无须像传统信息显示屏那样占用地方,可以轻易安置在公交车站、旅游景点以及机场入境休息室的墙上,成本低廉,只需约 10 美元(而传统信息屏则要超过 1000 美元)。另外,NFC 标签都已经接入了各城市的寻路标记系统以及环境数据系统。如斯特拉斯堡,已经在公共场所安装了约 1500 个标签。候车乘客只要使用带有 NFC 技术的手机在公交站台上一扫,就能获知下一班公共汽车到站的时间以及附近的公共自行车出租信息。越来越多的带有 NFC 功能的手机售出让这种智能标签的前景日益光明，若手机不具有 NFC 技术，则可以通过扫描标签上的二维码来获取信息。

3. 智能化公交亭的建设使用

为了让人们体验智能化公交亭的乐趣，负责管理巴黎公交亭的德高公司在位于巴黎 9 区巴士底狱广场圣安东尼路路口处安装了一座智能化公交亭。通过亭内显示屏，乘客或路人可以使用十余种方便快捷的应用程序。在这里，人们可以查询公交换乘信息，登录新闻网站，搜寻便利的生活信息，例如过了午夜，周围还有哪些便利店营业等。如果恰好手机没电了，还可以在这里给手机充电。由巴黎大众运输公司修建的另一种智能化公交亭位于巴黎 12 区里昂火车站附近。这座小小的公交亭同样功能强大，提供无线上网、自动售卖服务，自助式图书借阅以及承接包裹快递业务。巴黎市政府打算继续建设更多的智能化公交亭，巴黎市政府认为，作为城市景观的一部分，未来的智能化公交亭必须美观、环保、现代化，提供可以满足大众需求的各种功能。

4. 光学导航辅助公交车辆驾驶

法国将光学导航系统广泛地应用在快速公交上。光学导航车辆在前风窗玻璃下方位置配置一排摄像头，在公交站台进站处以及拐弯处设有白色导航线，车辆进入站台前，只要将车辆控制在一定车速下，摄像头传感器便采集地面导航线信息，由电脑系统根据地面标识判断车辆位置，实现自动导航，使车辆和站台对接空隙在 5cm 以内，提高了上下客的便利性，尤其是方便了残疾人的出行，减少了停靠时间，有利于车辆拥有良好的行车速度和行车规律性。自动辅助驾驶还提高了车辆行驶和进站时的安全保障，降低了驾驶员劳动强度。

5. 先进的智能卡

法国国营铁路公司 SNFC 采用了一种带有 USB 接口的 RFID 智能卡。该卡可插到一台 PC 机或笔记本上，自动连接到 SNCF 网站，这样用户在家时就可以实现卡片充值。这套系统被称为 Weneo ID Smart，由非接触技术新公司 Neowave 提供。SNCF 计划通过 NFC 卡或支付设备(如 Weneo ID Smart)向公司所有的顾客推行非接触支付。乘客在一个特定站点利用非接触读写器对卡片充值，每趟车费可以通过 RFID 阅读器或 SNCF 列车员携带的手持阅读器从卡里扣除。Weneo ID Smart 设备带有 USB 端口，这允许用户将从智能卡上传数据到 PC 上，或从 PC 下载信息到设备上，两者可通过 USB 接口或闪存盘连接。卡片芯片的内存多达 4G 字节，可储存持卡者的姓名和个人信息，如身份(学生或老人)、余额和从因特网下载下来的列车表。卡片里起到 RFID 功能的第二个芯片，独立于 USB 储存的数据，只含有一个 ID 号。当乘客经过一个旋转栅门时，阅读器接收到设备的 ID 号，系统自动扣除车费。卡片内嵌一个基于 ISO 14443 标准的无源 13.56 MHz RFID 标签，卡片 ID 码可与后端系统存储的持卡者相关数据相对应。在车站，用户将卡放在距离 RFID 阅读器几厘米处，阅读器读取 ID 码并将它发送到 SNFC 后端数据库，后者查询持卡者的金额，从预付款中扣除车费。用户可升级卡里的个人数据。同时，SNCF 还可以采用这个设备向用户提供更多的信息，如地图、列车表、广告和促销信息等。

参考文献

[1] 袁文清,张策.企业信息化管理与应用[M].北京:机械工业出版社,2012.

[2] 范玉顺,胡光耀.企业信息化战略规划方法与实践[M].北京:电子工业出版社,2007.

[3] 李冠.现代企业信息化与管理[M].北京:清华大学出版社,2014.

[4] 高复先.信息资源规划——信息化建设基础工程[M].北京:清华大学出版社,2002.

[5] 柯新生.企业信息资源规划理论与方法[M].北京:电子工业出版社,2013.

[6] 闫平.城市公共交通概论[M].北京:机械工业出版社,2011.

[7] 高洋.企业信息系统分析与应用[M].北京:北京理工大学出版社,2010.

[8] 陈佳,谷锐.信息系统开发方法教程[M].4版.北京:清华大学出版社,2013.

[9] 陈艳艳,林正,周雨阳.公交车辆监控与区域调度技术[M].北京:人民交通出版社,2013.

[10] 郭树行.企业架构与IT战略规划设计教程[M].北京:清华大学出版社,2013.

[11] 雷万云.信息化与信息化管理实践之道[M].北京:清华大学出版社,2012.

[12] 刘希俭,等.企业信息技术总体规划方法[M].北京:石油工业出版社,2012.

[13] 刘希俭,等.企业信息化实务指南[M].北京:石油工业出版社,2011.

[14] 李旭芳,夏志杰.现代城市公共交通智能化管理概论[M].上海:同济大学出版社,2013.

[15] 赵捷.企业信息化总体架构[M].北京:清华大学出版社,2011.

[16] 娄策群,桂学文,赵云合.信息化管理理论与实践[M].北京:清华大学出版社,北京交通大学出版社,2010.

[17] 欧阳锋,傅湘玲.企业信息化管理导论[M].北京:清华大学出版社,北京交通大学出版社,2006.

[18] 王鲁滨.企业信息化管建设——理论·实务·案例[M].北京:经济管理出版社,2012.

[19] 交通运输部道路运输司.世界主要城市公共交通[M].北京:人民交通出版社,2010

[20] 郑德香.成都公交集团信息化建设规划研究[D].四川:西南石油大学,2012.

[21] 董翠荣.企业信息化评价方法研究及应用[D].重庆:重庆大学,2004.

[22] 朱海荣.企业信息化评价指标体系及评价方法的研究[D].南京:南京航空航天大学,2007.

[23] 张国华,黎明,王静霞.智能公共交通系统在中国城市的应用及发展趋势[J].交通运输系统工程与信息,2007,7(5):24-30.

[24] 李宁,徐宝云,王武宏.公共交通智能调度系统的研究探讨[J].车辆与动力技术,2003

(4):59-62.

[25] 张晓利,陆化普. 城市公共交通协调调度现状与发展趋势[J]. 工程研究:跨学科视野中的工程,2014,6(1):81-85.

[26] 陈美. 大数据在公共交通中的应用[J]. 图书与情报,2012(6):22-28.

[27] 李旭,张为公. 智能车辆导航技术的研究进展[J]. 机器人技术与应用,2007(4):25-27.

[28] 唐家华,胡祺,廖鸿志,等. AHP 方法在企业信息化水平评价中的研究与应用[J]. 云南大学学报(自然科学版),2011,33(S2):234-238.

[29] 金勇. 企业信息化评价体系的研究[J]. 武汉理工大学学报,2002,24(9).

[30] 肖素梅,殷国富,汪永超,等. 企业信息化评价原理与方法分析[J]. 机械,2005,32(9):57-59.

[31] 金勇. 企业信息化评价指标体系及其评价方法[J]. 科技进步与对策,2003,20(4):122-123.

[32] 马莉,孙延明,田志军,等. 企业信息化评价指标体系及其评价方法的研究[J]. 现代制造工程,2005(3):41-44.

[33] 王浩. 企业信息化评价指标体系研究与应用概述[J]. 中国管理信息化,2010,13(11):74-77.

[34] 程刚. 企业信息化水平的评价体系研究[J]. 数量经济技术经济研究,2003,20(5):103-106.

[35] 陈福增. 企业信息化水平评价的指标体系和方法[J]. 计算机光盘软件与应用,2013(8):141-142.

[36] 陈淮莉,张洁,范菲雅,等. 企业信息化水平评价模型及方法的研究[J]. 计算机工程,2004,30(23):28-30.

[37] 颜习煌. 企业信息化水平评价文献综述[J]. 科技情报开发与经济,2011,21(12):140-143.

[38] 倪明,徐福缘. 企业信息化水平评价指标及评价方法研究[J]. 图书情报工作,2007,51(4):75-79.